ÉCOLO, MON CUL !

Éditions Eyrolles
61, bd Saint-Germain
75240 Paris Cedex 05
www.editions-eyrolles.com

Depuis 1925, les éditions Eyrolles s'engagent en proposant des livres pour comprendre le monde, transmettre les savoirs et cultiver ses passions !

Pour continuer à accompagner toutes les générations à venir, nous travaillons de manière responsable, dans le respect de l'environnement. Nos imprimeurs sont ainsi choisis avec la plus grande attention, afin que nos ouvrages soient imprimés sur du papier issu de forêts gérées durablement. Nous veillons également à limiter le transport en privilégiant des imprimeurs locaux. Ainsi, 89 % de nos impressions se font en Europe, dont plus de la moitié en France.

ISBN : 978-2-416-00900-6

Pierre Rouvière et Barnabé Crespin-Pommier

Illustrations d'Anaïs Prévoteau

ÉCOLO, MON CUL !

14 DILEMMES DU QUOTIDIEN pour aller au-delà du bullshit écologique

Éditions EYROLLES

SOMMAIRE

POURQUOI CE LIVRE ?

Cet ouvrage n'a pas vocation à être un énième cri d'alerte sur le changement climatique, l'effondrement de la biodiversité, la pollution de l'air, des sols, des eaux, et tous les enjeux environnementaux qui conditionnent la survie de notre espèce – rien que ça ! Notre intention est de vous apporter un prisme de lecture qui alterne entre le micro et le macro, entre les petits gestes et les changements sociétaux, entre votre caddie de supermarché et la société de consommation dans son ensemble. Nous voulons introduire un regard croisé sur les pressions environnementales que l'on exerce, en empruntant autant à l'idée de complexité chère à Edgar Morin qu'aux méthodes d'analyse du cycle de vie (ACV).

Vous pouvez voir ce livre comme une invitation à prendre du recul sur la situation, sur votre rôle et sur les solutions qui nous sont généralement proposées par les politiques, les entreprises ou nos proches. Parce qu'entre l'ex-trader repenti qui plaque tout pour élever des grivettes[1] en Isère et la star de téléréalité insouciante qui passe des rooftops new-yorkais aux soirées endiablées de Dubaï en un claquement d'aile d'avion, il y a tout un monde de nuances, de questionnements et d'actions. Et surtout, il y a vous.

Il vous est peut-être arrivé de rêver d'une vie autarcique, en communion totale avec la nature, ou de cauchemarder une apocalypse survivaliste sur une planète de feu et de sable. Quoi que nous fassions, quoi que nous pensions, l'avenir ne sera pas exactement comme nous l'imaginons. Il est trop complexe, et il sera inévitablement ponctué de « cygnes noirs[2] », ces événements imprévisibles aux conséquences disproportionnées. Le changement climatique, pour ne parler que de cet « éléphant noir », fait l'objet des cris d'alertes des scientifiques depuis bien des années, et on sait désormais avec certitude que le réchauffement en cours est directement lié aux activités humaines[3].

---

1 Vous vous demandez sans doute ce qu'est une grivette. Il s'agit simplement d'une race de brebis de la région Rhône-Alpes.

2 N. N. Taleb, *Le Cygne noir*, Les Belles Lettres, 2012.

3 J. Cook *et al.*, « Consensus on Consensus: a synthesis of consensus estimates on human-caused global warming », *Environmental Research Letters*, 2016, vol. 11.

Ce qui relève de l'imprévu, c'est la façon dont nous allons prendre en charge ce problème, l'atténuer, nous y adapter ou le subir. Quelle sera son influence sur nos sociétés, nos comportements, nos systèmes économiques, notre quotidien, nos perspectives de vie.

La plupart des éléments abordés dans ce livre reposent sur des rapports d'organismes publics ou de la littérature scientifique (ça donne toujours l'air malin de commencer ses phrases par « Une étude dit... »). Mais toute étude présente des limites et nous ne prétendons pas délivrer une vérité absolue. L'idée est plutôt d'éveiller votre esprit critique et de stimuler vos méninges face à la constance du niveau de bullshit à l'œuvre dans l'espace public et médiatique. À commencer par le climato-rassurisme béat laissant entendre que l'humanité en a connu d'autres. Soyons clairs : l'espèce humaine n'a jamais rien vécu qui ressemble de près ou de loin à ce qui est en train de se produire et à la vitesse à laquelle cela se produit. Car ce qui caractérise le mieux notre époque, plus encore que son niveau d'enfumage écologique, c'est peut-être cette courbe exponentielle qui décrit si bien notre trajectoire à tous les niveaux : quantité de gaz à effet de serre émise dans l'atmosphère, surpêche, acidification, perte des espaces de forêts...

Ce livre est l'humble proposition de deux *millenials* angoissés par les décennies à venir et s'évertuant, comme beaucoup d'autres, à modifier, millimètre par millimètre, l'inclinaison d'un futur qui semble englué dans les erreurs du passé. Nous sommes conscients d'éluder un certain nombre de choses. N'hésitez pas à vous approprier les faits avancés et à approfondir cette lecture en consultant les références en note : un ouvrage de vulgarisation ne peut être qu'une porte d'entrée, pas un achèvement, et les sujets balayés ici sont vastes. D'autres les ont traités en profondeur, quand nous tentons plutôt d'entrapercevoir « *the big picture* » pour mettre le doigt sur notre empreinte environnementale et en questionner les causes – ceci en empruntant aussi bien à l'économie qu'à la sociologie, la psychologie, l'anthropologie...

« Vous n'avez besoin de suivre personne, vous devez penser par vous-mêmes. » Surtout, ne suivez pas ce livre comme Brian que l'on prend pour le Messie dans le film des Monty Python. Nous vous souhaitons de poursuivre dans votre démarche : réfléchir, chercher, comprendre, discuter de la complexité, pourquoi pas vous émerveiller d'une époque qui s'achève, et peut-être même faire des choix concrets dans votre vie réelle. La fin « d'un » monde n'est pas la fin « du » monde. Pourquoi ne pas trouver du bonheur dans la réinvention de notre vie ? On espère vous en donner l'énergie !

1

~~Espace, frontière de l'infini~~

Terre, les frontières d'un monde fini

LA FÊTE EST FINIE[1]

Tour d'horizon climatique des emmerdes à venir

Des changements insoupçonnés

Nous écrivons ces lignes en suant à grosses gouttes sur les claviers de nos ordinateurs reconditionnés, par une température de 41 °C caractérisant peut-être l'été le plus froid du reste de notre vie.

Donc oui, le pays brûle littéralement, et bon nombre d'autres pays ont déjà brûlé ces dernières années dans l'indifférence la plus totale. Il ne s'agit pas d'un slogan de campagne présidentielle, et pourtant : le changement (climatique), c'est maintenant ! En fait, c'était hier, et c'est demain aussi. Car il faut être clairs : de manière générale, ni les politiques, ni les entreprises, ni les citoyen·ne·s[2] ne se bougent suffisamment pour atténuer la crise en cours, et le thermomètre va continuer à grimper tant que ce sera le cas.

Vous avez peut-être déjà en tête certains des phénomènes à venir les plus spectaculaires. Il y a la montée du niveau des mers par exemple, d'abord sous l'effet de l'augmentation de la température des océans (par expansion thermique, autrement dit on chauffe notre casserole d'eau salée), ensuite alimentée par la fonte des glaces continentales et

1 Référence au troisième album d'Orelsan.

2 Sauf vous, bien sûr !

des calottes (on ajoute de l'eau dans la casserole). Et la montée continuera bien après la stabilisation des températures globales ! Est-ce vraiment le bon moment pour investir dans cette résidence dont vous rêviez tant au Touquet, à deux pas de la maison de vacances de notre grand leader charismatique ?

Il y a aussi l'augmentation de l'intensité des événements extrêmes : ouragans, canicules, mégafeux, inondations, sécheresses. Il va devenir de plus en plus coûteux de jeter un mégot dans une pinède, après six mois consécutifs sans une goutte de pluie. Il y a enfin les famines, les conflits, la pauvreté et les déplacements de populations qui ne vont cesser de s'accentuer, quelle que soit notre propension à nous mettre des œillères en tentant de nous emmurer à l'intérieur de nos frontières. Et le changement climatique lui-même n'est qu'un problème écologique planétaire parmi plusieurs autres – nous aurons l'occasion d'y revenir.

Face à ce constat tout bonnement monstrueux, il semble que nous nous trouvions en état de sidération, ou de grave inconsidération. Nous ne bougeons pas. Nous ne dévions pas d'un pouce. En Europe de l'Ouest, jusqu'alors privilégiée et épargnée, nous commençons à peine à ressentir les effets de ces bouleversements dont nous sommes en grande partie la cause. Aussi, pour secouer notre inertie, voyons les choses sous un autre angle.

L'augmentation des températures favorise le développement de nouveaux vecteurs pour la transmission des virus. C'est le cas en France avec le moustique tigre et ses multiples maladies infectieuses, ou avec la tique *Hyalomma marginatum*[1], arrivée depuis peu dans le sud de l'Hexagone et capable de transmettre la fièvre hémorragique de Crimée-Congo (FHCC)[2]. Certains rongeurs, oiseaux, et autres créatures dont le réchauffement altère les trajectoires migratoires, sont aussi de potentiels réservoirs de virus. Même chose pour les humains

---

1 F. Stachurski et L. Vial, « Installation de la tique *Hyalomma marginatum*, vectrice du virus de la fièvre hémorragique de Crimée-Congo, en France continentale », *Bulletin épidémiologique*, 2018, vol. 84.

2 A. Estrada-Peña *et al.*, « The impact of climate trends on a tick affecting public health », *PLOS One*, 2015, vol. 10.

eux-mêmes… Vous n'avez pas aimé le Covid-19 ? Préparez-vous, car cette pandémie n'était qu'une bande-annonce[1].

Un autre effet notable, pour celles et ceux qui s'y intéressent, est la perturbation d'une habitude franchouillarde consistant à savourer un bon verre de vin après une journée de labeur. Le changement climatique modifie l'époque de floraison et les propriétés du breuvage[2] (en induisant notamment une augmentation du taux d'alcool, ce qui risque de rendre les débats aux repas de famille encore plus houleux). Les risques d'aléas qui lui sont inhérents, comme le gel précoce, les incendies ou encore l'arrivée de parasites, peuvent provoquer des pertes de récoltes, et certains scénarios pessimistes évoquent la disparition d'une partie du vignoble français au-delà de 2 °C de réchauffement[3]. Le climat se fiche pas mal des traditions !

Plus largement, tout ce qui a trait à la production de nourriture changera avec le climat et l'effondrement de la biodiversité. Il y a fort à parier que notre assiette en 2050 ne ressemblera en rien à celle de 2023. Exemple symbolique : ce chocolat qui déchaîne vos passions. Les cacaotiers ne prospèrent que dans des conditions spécifiques de température, d'hygrométrie et de qualité du sol, or les endroits où le cacao est aujourd'hui cultivé vont indubitablement changer de visage[4]. Sans forcément aller jusqu'à disparaître de la surface de la Terre, le chocolat pourrait bien se faire plus rare dans nos supermarchés. Elle risque d'être bien triste, votre tablette de chocolat fleur de sel avec uniquement… de la fleur de sel !

---

1 S. Morand *et al.*, « Climate variability and outbreaks of infectious diseases in Europe », *Scientific Reports*, 2013, vol. 3.

2 J.-M. Touzard et N. Ollat, « Adaptation au changement climatique pour la vigne et le vin », *Cahier régional Occitanie sur les changements climatiques*, 2021.

3 I. Morales-Castilla *et al.*, « Diversity buffers winegrowing regions from climate change losses », *Proceedings of the National Academy of Sciences*, 2020, vol. 117.

4 A. J. Daymond et P. Hadley, « Differential effects of temperature on fruit development and bean quality of contrasting genotypes of cacao (*Theobroma cacao*) », *Annals of Applied Biology*, 2008, vol. 153.

Fin du monde vs choix du quotidien

Des constats, beaucoup de constats. Quand on les a sous les yeux, on doute rarement de la nécessité de passer à l'action. Pourtant, nous n'agissons pas toujours de manière rationnelle, et sans le vouloir, nous obtenons souvent des résultats au mieux insignifiants, au pire contre-productifs. Ces actions parfois incohérentes sont entretenues par ce qu'on pourrait appeler le « bullshit écologique », un brouillard de fausses bonnes idées, de croyances simplistes ou alambiquées, et de supercheries dans lesquelles les marques et les politiques s'engouffrent avec joie, quitte à nous faire avaler n'importe quoi (parfois littéralement). Face à ce grand flou jeté sur la fin du monde, peu importe le produit ou le service à acheter, peu importe le système auquel on fait face, et peu importe son échelle : pour aller dans la bonne direction, il s'agit de mesurer, évaluer, comparer – et surtout questionner.

Vous voilà donc traînant votre caddie au milieu de ces rayons interminables du supermarché. Vous avez conscience des enjeux, vous sentez qu'il y a un problème, comme une odeur de roussi dans l'air et un orage qui gronde au loin. Toutefois vous restez là, dans la mécanique bien huilée du système contemporain – vous en êtes même un des rouages : par votre travail, votre consommation, votre furtif bulletin de vote glissé dans l'urne sans grande conviction une fois tous les cinq ans. Vous feriez sans doute face à vos dissonances de bon gré, si vous ne naviguiez pas constamment dans le flou. On vous fait miroiter une infinité de produits. Comment choisir ? En quête d'un peu de lucidité, vous commencez à interroger le moindre de vos actes, le moindre de vos achats. Cette sortie pour faire quelques courses s'est muée en véritable angoisse du supermarché !

L'ART DU GREENWASHING

Quand le vert est à moitié vide

De l'angoisse à la curiosité

Remarquant que les grands médias sont aussi performants sur le sujet de l'écologie que votre papy Jacquot sur un smartphone, vous suivez des médias indépendants et regardez des vidéos de vulgarisation sur YouTube. Depuis la sortie de la BD *Le Monde sans fin*[1], vous lisez peut-être même tout un tas de livres rattachés à l'écologie de près ou de loin. Vous tentez d'ailleurs d'agir au quotidien. Attention à mettre les déchets dans la bonne poubelle. Tiens, il fait beau, allons au travail à vélo pour changer. Y a-t-il une alternative végétarienne sur ce menu ?

Et puis vous revenez, jour après jour, faire vos courses dans ce fichu supermarché aux grandes allées, temple de la consommation et des petites boîtes, véritable salle-sur-demande pour moldus[2]. C'est alors que commence à monter le brouillard. Le plus audacieux des « enfumages écologiques » : la surenchère de l'écoresponsabilité.

Pour certains départements marketing, l'environnement est perçu comme une mode, un nouveau segment de marché qui reste à

1 J.-M. Jancovici et C. Blain, *Le Monde sans fin*, Dargaud, 2021.

2 Référence à l'univers de *Harry Potter*.

conquérir[1]. Sur le pont du *Titanic*, ces personnes seraient capables de diriger le bateau vers l'iceberg pour y creuser des glaçons, puis de les vendre en plein naufrage en débitant des slogans du type : « Avec Aglagla, gardez votre sang-froid ! » Au même moment, vous verriez leur patron grimper dans la dernière chaloupe et fonder une start-up de rames en libre-service.

Que faites-vous là au juste, à pousser ce caddie encore vide ? La réponse est simple : vous ne savez pas vivre sans supermarché. Vous n'avez jamais planté un radis et vous connaissez plus de noms de célébrités que de variétés de plantes. Vous dépendez de l'eau qui coule de votre robinet, de l'électricité qui jaillit de votre prise, de toutes ces panoplies de marques qui vous déplacent, vous nourrissent, vous habillent et vous divertissent. Magie du capitalisme et de la révolution industrielle (ou piège infernal légué par nos ancêtres), vous vivez hors sol dans un tourbillon d'abondance, comme nous, comme tout le monde. Comme une dinde à quelques jours de Noël.

Vous n'avez pas le choix. Bien souvent, vous vous réconciliez avec votre maigre marge de manœuvre en essayant d'acheter « le moins pire »... et ce n'est déjà pas évident ! Toutes les entreprises parlent d'écologie, mais peu d'entre elles passent réellement à la pratique. L'art de la publicité mensongère portait autrefois sur la prouesse technique, la qualité, le style. Aujourd'hui s'ajoute le concours de celui qui paraîtra le plus vert.

Les stratégies à l'œuvre pour nous entourlouper sont à la fois toujours les mêmes et toujours plus efficaces, anesthésiant le peu de recul critique que l'on essaie de cultiver. Et le greenwashing est partout. Certaines marques et lobbies le pratiquent délibérément, sans honte ni consistance. D'autres essaient sincèrement de faire mieux, mais manquent cruellement de connaissances sur la question. Rentrer dans ce sujet, c'est se confronter à la complexité du réel, et le problème ne se réduit certainement pas à remplacer des pailles en plastique par des pailles en papier, comme on pourrait le croire sur les bancs de l'Assemblée nationale.

1 En même temps, 66 % des citoyens sont prêts à payer plus cher pour des produits plus respectueux de l'environnement (étude Nielsen Media Research, 2015).

Heureusement, tout le monde ne reste pas impassible devant ce grand n'importe quoi. Vous rappelez-vous ce petit guide de l'ADEME qui informait sur les différentes techniques de greenwashing[1] ? Connaissez-vous les interpellations du collectif Pour un réveil écologique, l'association Alerte Greenwashing ou le média *BonPote* ? En fait, les dénonciations se multiplient... Écolo, mon cul !

Mode éco-fighter activé

Comme toute personne douée de raison, vous avez le potentiel pour reconnaître et décrypter les techniques d'enfumage. Il suffit d'une dose de bonne volonté et d'un peu de pratique.

D'abord, le cadre sémiologique du produit (autrement dit, la tronche de l'emballage). Les signes véhiculent des idées. Regardez ce packaging : à quoi vous fait-il penser ? C'est dans cette logique qu'une grande marque de fast-food troquera le rouge pétard de son logo pour un doux vert évoquant les forêts de sapins, ou qu'un constructeur automobile présentera son dernier SUV dans une jungle luxuriante.

Après l'image, le mot. Vous ne croyez pas à l'influence des mots ? Avouez-le, au fond, vous préférez que figure la mention « naturel » sur votre crème hydratante. Or que signifie « naturel », exactement ? Issu de la nature, comme l'eau (mais aussi comme le pétrole, l'arsenic, le plomb, le venin de cobra) ? La mention « naturel » peut rarement être contredite et peut pratiquement tout désigner, pourtant elle fait bel et bien partie de nos critères d'achat, avec une armada d'autres signaux lexicaux vides de sens ou jouant sur des nuances mal comprises. On peut ranger dans le même sac les qualificatifs « durable », « écoresponsable », « biodégradable », « vert », « biosourcé »...

1 ADEME, *Guide anti-greenwashing*, 2012.

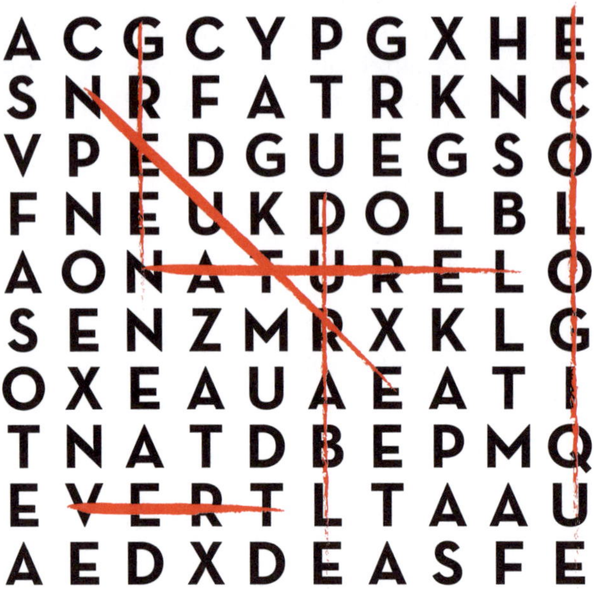

Le greenwashing, c'est ludique

Ne quittez pas la salle d'entraînement, jeune écologiste ! Passez d'un rayon à l'autre, scrutez les articles. Car après les visuels et les mots-clés, un autre élément signalétique va tenter de vous retourner le cerveau : les labels. Il en existe une multitude, si bien qu'il est devenu difficile de distinguer les vrais des faux. Si les vrais labels reposent sur des référentiels plus ou moins ambitieux (publics comme l'Éco-label européen, ou privés comme le label Ecocert), les autres sont littéralement autodécernés par les entreprises et reposent sur des critères au mieux fragiles, au pire inexistants. Malheureusement, les faux labels sont parfois plus visibles que les vrais sur l'emballage (et en plus, ils sont stylés). Quand vous tombez sur un joli logo évoquant la circularité de la nature, n'hésitez pas à vous renseigner sur ce qu'il signifie réellement : cela pourrait vous surprendre !

Faux labels (à gauche) et vrais labels (à droite)

Biodégradable *vs* compostable

S'il y a un mot qu'on utilise aujourd'hui à tout-va dans les couloirs des départements marketing, et même dans nos conversations d'écologistes en herbe, c'est bien l'adjectif « biodégradable ». Dans notre tête, il signifie grosso modo que nous pouvons mettre le produit au compost, voire le laisser dans la nature sans trop de conséquences… Mais c'est une erreur.

La biodégradabilité renvoie à une propriété de la matière : par l'action des bactéries environnantes, elle se décompose en un certain laps de temps. En aucun cas cela n'implique obligatoirement de bénéfice écologique : par exemple, cela ne veut pas dire que le produit génèrera moins de pollutions ou moins de gaz à effet de serre. C'est parfois même l'inverse ! Une matière organique qui serait abandonnée dans un lieu chaud, compact, et où l'oxygène viendrait à manquer – comme c'est parfois le cas dans une décharge – provoquerait une émission de méthane (CH_4). En outre, un produit présenté comme biodégradable peut très bien ne l'être que sous des conditions très spécifiques, et nécessiter des infrastructures de compostage industrielles.

La mention « compostable » en revanche est beaucoup plus exigeante ! Le processus de décomposition qu'elle qualifie correspond mieux à l'intuition que nous avons du terme : un produit « compostable » doit pouvoir se dégrader dans un compost riche en minéraux en moins de trois mois. On fait d'ailleurs la distinction entre le compostage domestique (dans votre jardin) et le compostage industriel pour éviter cette confusion. Toutefois les labels de compostabilité ne sont pas non plus exempts de limites. Pour qu'un compost soit de qualité, il faut lui apporter les éléments dont il a besoin, et on ne peut clairement pas mettre sur le même plan des pelures de courgettes et un emballage. On pourra dès lors interroger la pertinence de nourrir nos lombrics avec des bioplastiques qui n'apportent finalement aucun bénéfice réel au compost.

Vous progressez. Vous acquérez peu à peu la capacité de percer le brouillard des labels factices, des promesses exagérées et des *punchlines* frôlant la démesure – jolie déclinaison de l'*hubris* humaine à la sauce marketing. C'est avec ces outils-là qu'une marque de fast-fashion vous fera croire qu'en achetant un t-shirt composé de 30 % de polyester recyclé, vous sauverez les océans, ou qu'acheter un produit est finalement plus écolo que ne rien acheter du tout. Ben voyons !

Certaines approches, répétons-le, ont une part de sincérité, ce qui ne les empêche pas d'être du bullshit total. Mais beaucoup d'entreprises entretiennent volontairement un flou sur la véritable portée de leur démarche. Demandez-vous toujours où sont les preuves de leur engagement. Voyez cette marque de chaussures et sa nouvelle paire de sneakers, 100 % iconique, 50 % recyclée. On peut trouver jusqu'à trente matériaux dans une paire de chaussures : qu'est-ce qui est recyclé dans le lot ? 50 % de la chaussure en poids ? 50 % des matériaux utilisés ? Sont-ils issus d'un recyclage post-consommation (déchets ménagers) ou post-industriel (recyclé en interne dans les usines, ce qui relève plus d'une optimisation des coûts que d'un engagement écologique) ? Recyclé signifie-t-il recyclable[1] ? Dans le cas où ces informations ne figurent nulle part, alors « 50 % recyclée » ne veut rien dire. Vous pouvez raisonnablement en déduire que la marque

1 Voir « Recyclable *vs* recyclé », p. 102.

n'a, de fait, rien d'intéressant à dire sur ce sujet. Si c'était le cas, elle l'aurait fait !

Dans la famille des stratégies tordues, on voit parfois des sociétés surfer sur l'actualité politique pour glorifier leurs « initiatives » écologiques, quand celles-ci relèvent en réalité du simple respect des réglementations. C'est ce qu'ont fait les fast-foods en bannissant leurs jouets en plastique... après la loi AGEC prévoyant la fin des jouets en plastique dans les menus enfants pour 2022[1]. Tous les moyens sont bons pour créer une fausse exclu ! Et certaines enseignes tombent carrément dans le hors-sujet, affichant des actions sans le moindre lien avec les enjeux écologiques qui leur sont propres. C'est le cas quand une grande banque investissant massivement dans les énergies fossiles propose à ses clients un guide des écogestes, quand une marque de cigarettes fabrique ses paquets en carton recyclé, ou quand une compagnie aérienne bannit les pailles en plastique de ses vols !

Vous repartez de ce supermarché sans avoir rien acheté, mais en ayant pris conscience de quelques-uns des éléments fondamentaux qui entretiennent le brouillard. Pourtant, l'éco-*fighter* en vous est loin d'en avoir terminé avec les subtilités de l'éco-enfumage. Un long voyage reste à faire... car le greenwashing n'est pas le seul problème. Avant que les imbéciles du *Titanic* ne cherchent à vous vendre des glaçons, aviez-vous seulement vu l'iceberg, et la trajectoire que prenait le bateau ? Le greenwashing fonctionne aussi parce que nos croyances en matière d'écologie sont souvent approximatives. Nous ne savons pas toujours où nous allons, ni ce que nous devrions faire pour changer de cap.

Nous allons bientôt commencer une fiction : l'histoire de votre prochain Noël en famille. Dans cette histoire, vous allez vous déplacer, faire des courses, manger, offrir des cadeaux, et réfléchir avec nous aux implications écologiques de tous ces choix du quotidien. Mais avant de vous raconter cette aventure en quatorze dilemmes bien ficelés, nous devons faire une petite incursion dans la mécanique complexe qui unit notre paquebot (la civilisation industrielle), l'iceberg (les limites planétaires) et les passagers (dont vous faites partie). Pour éviter le naufrage, nous devons comprendre ensemble ce qu'est un « impact environnemental ».

---

1 Article 81 de la loi n° 2020-105 relative à la lutte anti-gaspillage et à l'économie circulaire, promulguée le 10 février 2020.

3... 2... 1... IMPACT !

Ce que nous faisons au monde

Nous exerçons toutes et tous une certaine pression (que nous appelons « impact ») sur le monde vivant et non vivant (que nous appelons « notre environnement »). Prendre des décisions pour diminuer cette pression nécessite d'en avoir une fine compréhension. Quelle est son étendue ? Son fonctionnement ? Les aspects de notre mode de vie qui en sont responsables ?

La méthode de l'analyse de cycle de vie (ACV) permet d'apporter quelques réponses à ces questions. Le principe ? Prendre en compte les conséquences d'un produit ou service *à toutes les étapes de sa vie* : extraction de matière, fabrication, transport, utilisation et fin de vie. Cela peut sembler bête, mais avez-vous déjà pris une décision sur la base de l'ensemble de ces critères ? Au-delà de ce principe central, la philosophie dont l'ACV fait partie intègre quelques autres idées-forces qui pourraient bien garnir votre caisse à outils.

Il n'y a jamais eu qu'une seule limite planétaire

Quand nous réfléchissons à notre impact environnemental, il faut rarement plus de quelques minutes pour que la conversation tombe dans les rails bien huilés du bilan carbone. Notre perception des enjeux écologiques s'engouffre alors sur un chemin unidimensionnel prédéfini, permettant apparemment de tout résoudre par des comparaisons simples. Ces rails sont un piège. Réduire la notion d'impact environnemental à une problématique univoque serait une grave erreur d'appréciation du réel...

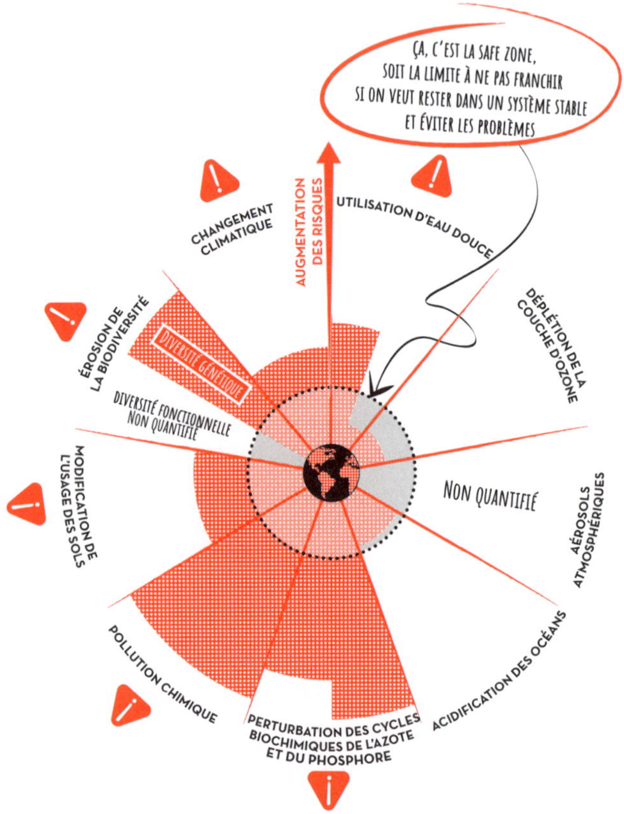

Le changement climatique, un gros problème parmi d'autres[1]

Source : adapté des « limites planétaires » du Stockholm Resilience Centre, étude basée sur une analyse de Persson *et al.* (2022) et de Steffen *et al.* (2015).

1 Ce référentiel à neuf entrées permet de visualiser à quel point les sociétés humaines déséquilibrent le système terrestre. Imaginez que chaque limite est un élastique : si vous tirez dessus ponctuellement et en douceur, l'élastique revient facilement à son état d'équilibre. Mais si vous n'arrêtez pas de tirer, l'élastique finit par craquer ! Autrement dit, on franchit un seuil d'irréversibilité. Le système se trouve alors dans un nouvel état stable, potentiellement très inconfortable pour l'espèce humaine.

Première raison : lorsqu'on se fonde uniquement sur une « comptabilité carbone », on fait le présupposé que la réduction d'émissions de gaz à effet de serre va forcément de pair avec une réduction de l'impact sur l'environnement. Mais ce présupposé est faux.

Rassurez-vous, il n'y a pas de doute sur la nature aussi anthropique[1] que catastrophique du changement climatique. Il s'agit d'un des plus gros défis qu'ait jamais eu à relever l'espèce humaine. Toutefois, nos activités génèrent par ailleurs une multiplicité de pollutions qui n'ont rien à voir avec les seules émissions de gaz à effet de serre, et qui contribuent tout autant au changement climatique, à l'effondrement de la biodiversité, à la souffrance et la mort de très nombreux êtres vivants, à l'épuisement des ressources dont l'humanité dépend, et à l'atteinte de la santé humaine[2].

Mesurer notre impact exclusivement en émissions de gaz à effet de serre, c'est un peu comme prendre la température d'un avion en décrochage pour vérifier que le moteur ne surchauffe pas avant le crash. D'accord, la surchauffe peut tout faire brûler. Mais il n'y a rien d'évident à ce que cet indicateur[3] particulier soit plus important que, disons, la trajectoire de l'avion, la pénurie de carburant, la bombe de Moriarty dans les bagages de Sherlock, le café empoisonné par le steward en burn-out, ou l'épidémie de zombies en seconde classe.

En mettant en lumière uniquement le CO_2eq (« équivalent CO_2 », unité permettant de comptabiliser tous les gaz à effet de serre sur une échelle commune), nous sommes aveugles à tout le reste : nous nous exposons à des transferts de pollutions et à toute une série d'autres problèmes. Si une entreprise lance un produit sur le marché en fanfaronnant sur la réduction de 15 % de ses émissions de gaz à effet de

1 C'est-à-dire d'origine humaine.

2 Voir aussi *The Limits to Growth*, rapport publié par D. Meadows, D. Meadows et J. Randers en 1972, mis à jour en 2004 et traduit en français en 2012 : *Les Limites à la croissance (dans un monde fini)*, Rue de l'échiquier, 2022. À défaut de prendre le climat en considération, ce rapport devenu mythique explorait déjà des trajectoires pour l'humanité dans une approche systémique : raréfaction des ressources, pollutions, régulation globale, etc.

3 Dans ce livre, le terme « indicateur » désigne les catégories d'impacts environnementaux utilisées lors d'une analyse de cycle de vie. Il en existe une quinzaine, couvrant essentiellement la qualité de l'air, de l'eau, le changement climatique, la santé humaine et l'épuisement des ressources.

serre, mais que *dans le même temps*, elle a explosé sa consommation d'eau, multiplié la demande en métaux critiques et augmenté son impact sur l'écotoxicité aquatique par la libération de polluants dans un fleuve... il est absurde d'y voir un succès.

Voici un exemple de transfert d'impact. Quand l'Europe s'est tournée vers le diesel dans les années 1970, sa transition était motivée par des prix plus attractifs que l'essence (en plein choc pétrolier)... mais pas seulement. Elle l'était aussi, entre autres, par un taux d'émissions de CO_2 plus bas à puissance équivalente. Une bonne idée ? Peut-être pas. Ce dont on parlait moins à l'époque, c'est du fait que les moteurs diesel émettent plus de NO_x que l'essence[1], des oxydes d'azote qui jouent un rôle important dans la formation de particules fines dans l'air ambiant. Si la pollution que représentent les particules fines n'est que locale, elle n'en est pas moins redoutable, puisque la pollution de l'air est à l'origine de plus de 300 000 décès prématurés en Europe[2].

Aujourd'hui, on reproduit le même biais avec les agrocarburants. Une partie des citoyen·ne·s et de la classe politique pense qu'on pourra les substituer au pétrole... mais c'est oublier que les agrocarburants sont faits de blé, maïs, betterave (transformés en éthanol), ou de tournesol et huile de palme (transformés en diesel). Toutes ces cultures ont besoin d'un espace qui n'est pas infini. Mécaniquement, cet espace sera pris soit sur des cultures alimentaires, soit sur de la forêt. Ainsi, quand on se lance dans la course aux agrocarburants, on s'expose à une plus grande occupation des sols, à une déforestation massive, à des engrais chimiques et pesticides pour la culture intensive, et à une utilisation d'eau démesurée. Un gain environnemental à un endroit peut tout à fait se faire au prix d'un transfert de pollution ailleurs !

Plus largement, tout cela signifie que si vous le voulez, vous pouvez augmenter votre impact sur l'environnement tout en réduisant votre bilan carbone. Cela signifie aussi que si nous stoppions le changement climatique d'un coup de baguette magique, nous serions toujours dans la sixième extinction de masse, parce que nous détruisons et fragmentons quand même les habitats du vivant[3].

---

1 IFP Énergies nouvelles, étude « Émissions Euro 6d-TEMP » pour le MTE, 2020.

2 Agence européenne pour l'environnement (EEA), « Air quality in Europe », 2021, rapport n° 15.

3 Urbanisation, déforestation, agriculture intensive, grands barrages, etc.

Accepter la complexité

Les points aveugles du bilan carbone ne résident pas uniquement dans le panel exotique d'une série d'impacts méconnus. Il s'agit aussi d'un oubli structurel : celui des *interconnexions* qui sous-tendent les grands enjeux environnementaux. Et c'est là la deuxième raison pour laquelle se focaliser sur les gaz à effet de serre serait une grave erreur. En effet, les différentes crises ne sont pas compartimentées : elles se nourrissent mutuellement.

C'est un point important. Vous ne pouvez pas gagner au billard si vous n'avez pas compris que les billes rebondissent quand elles se heurtent. Tirer dans une bille peut reconfigurer l'ensemble du jeu, et si vous souhaitez parvenir à une configuration précise, vous n'avez pas d'autre choix que de vous pencher sur le fonctionnement du système – quelle bille entraînera quelle bille, vers où, et avec quelle force ?

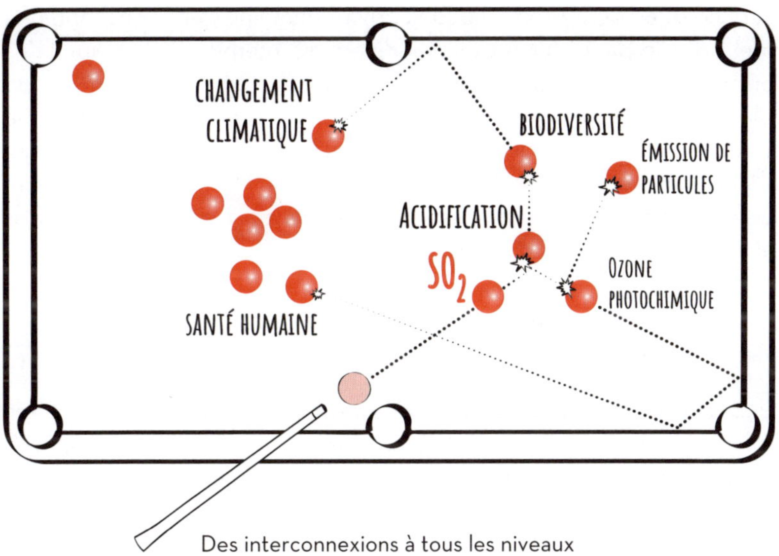

Des interconnexions à tous les niveaux

Source : Ex Naturae (ONG), infographie inspirée d'A. Boutaud et N. Gondran, *Les Limites planétaires*, La Découverte, 2020.

Il faut accepter cette complexité pour parvenir à des constats éclairés et espérer mettre en place des solutions pertinentes. Si une entreprise agit sans réfléchir pour réduire ses émissions de CO_2eq, elle risque d'exercer des impacts sur un autre aspect du système (par exemple, la biodiversité) qui pourrait *in fine* affecter… le climat.

Prenez les choses sous cet angle : une bonne moitié du CO_2 émis par les humains est absorbé par les écosystèmes terrestres et marins[1]. Inutile de chercher très loin pour comprendre que la destruction de ces écosystèmes, non contente d'être une tragédie pour le vivant, diminue aussi la capacité de la bille bleue qui nous sert de maison à capter du carbone – et à atténuer le changement climatique. Ainsi le système planétaire ne devrait-il pas être interprété comme un alignement de problèmes à traiter séparément (encore moins comme un unique thermomètre), mais plutôt sous la forme d'un réseau d'indicateurs : écotoxicité marine, eutrophisation, occupation des sols… Autant de signaux qu'il faut apprendre à voir au prisme de l'interconnexion, quand on s'intéresse à l'empreinte environnementale de nos actions dans le monde.

Dans notre civilisation mondialisée, hautement consommatrice d'énergie et de ressources, chaque produit que l'on crée, chaque service que l'on fournit, chaque activité humaine génère potentiellement des impacts sur tous ces indicateurs, même s'ils sont lointains en apparence. Lorsque votre collègue décide d'aller dans un fast-food place de la République pour déguster un burger après une marche pour le climat, et s'il fait le choix (un peu étrange dans ce contexte) de le prendre au steak de bœuf, alors il contribue bien sûr au changement climatique, mais aussi probablement… à la prolifération des algues sargasses en Guadeloupe.

Attendez… quoi ?

Expliquons-nous. Qui dit steak de bœuf dit cheptel bovin, avec les conséquences que vous connaissez sans doute sur le climat et la souffrance animale. Mais ce n'est pas tout, car pour nourrir le cheptel – puisque nos pâturages limousins ne fournissent pas assez d'herbe pour nourrir les 18 millions de bovins qui vivent en France dans des espaces de 6 m^2 avec vis-à-vis – il est probable qu'on ait utilisé du soja. Sur l'ensemble de ce soja, une partie provient vraisemblablement du Brésil, l'un des plus gros exportateurs du monde[2]. Une rapide

1 Integrated Ocean Observing System (SOA NOOA). Voir l'article « Absorption de CO_2 : comment l'océan régule le climat », www.ifremer.fr

2 D'après les données de FAOSTAT (FAO).

association d'idées entre « soja » et « Brésil » vous mettra peut-être sur la piste de la déforestation causée par les monocultures. Toutefois, pour retrouver nos sargasses, il faut aller plus loin encore.

La forêt brésilienne est si rapidement remplacée par des champs de soja que le climat local se transforme trop vite pour les écosystèmes. Les canicules auxquelles ils sont exposés d'année en année nuisent non seulement au vivant et à sa diversité, mais aussi aux rendements agricoles. En réponse, nous employons des pesticides, des engrais de synthèse et des fertilisants[1], et leur usage est là-bas si massif que le Brésil, indépendamment de Neymar Jr., en est le champion du monde[2].

Certaines de ces substances réapparaissent dans les eaux de ruissellement et les sols (nitrate, phosphate, phosphore). Elles atteignent pour partie des cours d'eau tels que l'Amazone. Nos résidus d'engrais commencent alors un long voyage, d'abord jusqu'à l'embouchure du fleuve dans la mer des Caraïbes, où les courants marins prennent ensuite le relais pour gagner le Mexique - et éventuellement la Guadeloupe et la Martinique. C'est là, entre des balaous et des marlins déjà empoisonnés au chlordécone[3], dans un milieu brusquement enrichi par nos produits, que se développent des espèces invasives comme les sargasses. Ces algues prolifèrent dès lors dans des proportions démesurées, qui privent ces espaces de leur oxygène et conduisent à une asphyxie totale du vivant sous la surface. C'est ce qu'on appelle un phénomène d'eutrophisation.

Pour le dire simplement : les enjeux sont si étroitement interconnectés que, lorsque votre collègue mange un burger à Paris, loin de ne

1 T. Tzélépoglou, « La déforestation causée par les cultures de soja au Brésil provoque des canicules et fait baisser le rendement agricole », *Sciences et Avenir*, 2021.

2 T. Ogier, « Pesticides : le Brésil conserve son titre de champion du monde », *Les Échos*, 9 janvier 2020.

3 Pour les néophytes, le chlordécone, aussi connu sous le nom de « tueur du charançon », est un pesticide relativement dévastateur, de la même famille que le DDT. Il a été interdit en France dans les années 1990 mais a continué d'être utilisé sur les productions de bananes aux Antilles jusqu'en 1993, grâce à des dérogations ministérielles, relevant soit d'une négligence et d'une déconsidération crasse pour les Antillais·e·s, soit d'un scandale d'État teinté de discriminations raciales. Pour explorer cette question de manière plus large, ne pas hésiter à lire le livre de M. Ferdinand, *Une Écologie décoloniale*, Le Seuil, 2019.

contribuer qu'au seul changement climatique, il se peut qu'il participe indirectement à l'effondrement des écosystèmes marins aux Antilles.

Une question de point de vue

À ce stade, vous vous demandez peut-être pourquoi la prolifération des algues aux Antilles devrait vous préoccuper. Il existe d'autres impacts environnementaux que l'effet de serre, d'accord, et ces phénomènes sont peut-être indémêlables les uns des autres, soit – mais pour nous, les humains, est-ce que ça compte vraiment ? Pourquoi chercher plus loin que le bilan carbone ?

Ne vous y trompez pas. Même en chaussant vos lunettes les plus anthropocentristes, vous auriez tort de ne pas voir le problème. La « nature », la « planète », bref le *vivant* survivra à coup sûr à notre civilisation. La sixième extinction de masse que nous entraînons est un désastre pour les individus et les espèces qui la subissent, mais la vie au sens large ne s'éteindra pas à cause de nous. Nous avons peut-être assez d'impact pour donner notre nom à une époque géologique (l'Anthropocène[1]), mais reste que nous figurons, nous aussi, sur la liste des créatures susceptibles d'en prendre un sacré coup. « Le » monde nous survivra. « Notre » monde lui, n'est tout simplement pas viable, et pour essayer de le reconfigurer, il faut peut-être commencer par chausser les lunettes de la complexité, et ne surtout pas se limiter à des raisonnements simplistes à base de calculs de coin de table et de « neutralité carbone ».

Neutralité et compensation carbone

La mode est à la « neutralité carbone » ou au « net zéro émission », de sorte que jamais autant de gens n'ont voulu planter des arbres qu'aujourd'hui. Brandis à tout-va par les entreprises, ces concepts suggèrent qu'il y aurait une forme d'équivalence magique entre des gaz à effet de serre émis instantanément à un endroit, et une forêt plantée ailleurs pour capter du carbone. S'il est louable de chercher à reforester la Terre, cette démarche ne va pas sans son lot de limites.

1 Qui signifie étymologiquement « l'Âge de l'Homme » et a été théorisée pour la première fois par Paul Josef Crutzen, prix Nobel de chimie en 1995.

Des limites physiques, d'abord. Quand on produit un smartphone ou qu'on fait un Paris-New York en jet privé, les gaz à effet de serre émis affectent immédiatement l'atmosphère, où ils ont une durée de vie plus ou moins longue. Les arbres que vous allez planter ne vont certainement pas tout réabsorber instantanément. Pendant qu'ils poussent doucement, vous allez sans doute produire d'autres trucs et voler toujours plus. Il y a donc un problème de temporalité… auquel s'ajoutent des risques d'aléas, surtout dans le contexte climatique actuel : il n'est pas exclu que vos arbres soient exposés à des événements extrêmes. Or, si votre forêt part en fumée, tout le carbone qu'elle aura stocké sera aussitôt relâché : échec !

Des limites méthodologiques, ensuite. Il n'est pas rare de voir des entreprises s'autoproclamer neutres en carbone. Mais la neutralité carbone n'a de sens qu'à l'échelle du système planétaire (*a minima* national), dont les frontières sont bien définies. Quand une entreprise fait les comptes des émissions qui lui sont imputables et écarte celles du fournisseur, du voisin, ou des consommateurs et consommatrices, la porte est laissée grande ouverte aux interprétations, et donc à une diffusion de responsabilité ! C'est ainsi qu'un géant du streaming peut clamer sa neutralité et omettre de calculer le coût environnemental des réseaux, des terminaux, et du streaming lui-même… soit environ 90 % de son empreinte carbone réelle !

Enfin, comme on l'a vu, quand bien même un produit ne contribuerait à émettre que peu ou pas de gaz à effet de serre, ce dernier ne serait pas « zéro pollution » pour autant. Bref, le concept de neutralité carbone est largement bancal, et pour cesser d'écraser le monde vivant, il va falloir faire beaucoup mieux que des raccourcis comptables.

Pomme vs éléphant : peut-on tout comparer ?

Attention ! Embrasser la complexité et les interconnexions permet de mieux comprendre notre impact. Mais si l'on souhaite élucider des dilemmes de type « A *vs* B » (comme on s'y essaiera dans les prochains chapitres), il ne faut pas croire que l'on peut tout comparer à tort et à travers. Vous avez sûrement déjà entendu quelqu'un employer cet argument : *« Oui mais tu vois, le secteur aérien est vachement engagé pour le climat, et de toute façon il ne représente que 2,5 % des émissions de gaz à effet de serre. C'est moins que le numérique, alors qu'on n'en parle jamais ! Tu devrais plutôt lâcher Insta. »*

Nous aurons l'occasion de détailler les impacts du numérique plus tard dans ce livre. Ce qui nous intéresse ici, c'est qu'outre le fait que ce discours est généralement tenu par des adeptes d'offres « Last Minute Vol + Hôtel à Mykonos pour seulement 99,99 € », il illustre plusieurs biais de raisonnement, dont nous n'avons pas toujours conscience avant de nous lancer dans de houleux débats sur la responsabilité écologique.

Quand on étudie l'impact environnemental d'un produit, qu'il s'agisse d'un avion ou des couches de votre petit-neveu, l'étude ne repose pas tant sur l'objet en lui-même que sur le service qu'il rend – autrement dit, sa fonction. Le produit n'est qu'un vecteur matériel qui répond à cette fonction.

Par exemple, si vous vous intéressez à l'impact environnemental de différents modes de transport, le service rendu sera le déplacement d'une personne d'un point A à un point B. Que l'on fasse le trajet en SUV, en tuk-tuk ou à dos de dromadaire, on basera l'étude sur la fonction « transporter 1 passager·ère sur *x* kilomètres ». L'impact des différents systèmes peut dès lors être rapporté à un même flux de référence, ce qui permet d'en faire la comparaison. Ainsi, pour transporter 60 personnes sur 700 km, soit un Paris-Barcelone, il faut un bus, ou 12 voitures pleines... ou 60 dromadaires ! Ne reste plus qu'à calculer les consommations respectives de carburant, matière, énergie, etc.

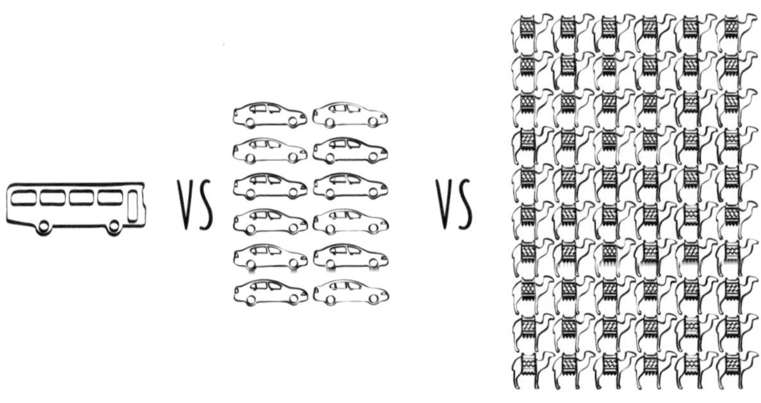

Flux de référence pour transporter 60 personnes sur 700 km
(en considérant un taux de remplissage optimal)

Bon. Comparer des bagnoles avec des bus ne pose pas trop de difficulté dans l'élaboration d'une fonction de référence. Maintenant, essayez de comparer des pommes et des éléphants[1]. Cela vous semble absurde ? Eh bien, c'est à peu près le même degré de différence lorsqu'on cherche à comparer le numérique et le secteur aérien ! En outre, le « numérique » englobe un peu tout et n'importe quoi, et on retrouve ce « numérique » au sein même des avions qui nous emmènent d'un bout à l'autre de la planète. En l'état, il est tout bonnement impossible d'en faire une comparaison.

À moins de jouer au jeu de la simplification, bien sûr. Prenez les secteurs dans leur globalité, posez-les sur la balance du climat et faites les comptes : 2,5 à 2,9 % des émissions mondiales de gaz à effet de serre d'un côté[2], 3 à 4 % de l'autre[3]. Débrouillez-vous avec ça. Quelle action peut-on amorcer avec de tels chiffres ? Rien de bien précis...

En revanche, on peut s'inspirer de l'approche fonctionnelle et des méthodes d'ACV pour tenter d'établir un socle fonctionnel commun. Par exemple, il existe un argument en faveur de l'aviation qui est celui de l'ouverture culturelle : nous nous ouvrons au monde en découvrant d'autres pays. Si nous fermons les yeux sur le fait qu'il est assez facile de se dépayser en prenant le train (jetez un Parisien en Lozère, vous comprendrez tout autant ce qu'est un choc culturel), il y a là le début d'une piste. Imaginons donc la fonction « Apprendre les fondamentaux sur la culture, la faune et les habitants de la région du Serengeti », que peuvent à la fois remplir un avion et un écran connecté à Internet. D'après vous, lequel des deux est le plus impactant ? Un documentaire Arte ou un aller-retour pour un safari en Tanzanie ?

Cette expérience de pensée restera sûrement sans réponse, mais des chercheurs se sont prêtés au jeu d'étudier une situation pas si éloignée : évaluer la quantité d'énergie et l'empreinte carbone liées à une réunion réalisée en physique ou à distance, en fonction du temps

1 Clin d'œil à l'ouvrage d'O. Jolliet *et al.*, *Analyse du cycle de vie*, PPUR, 2005, d'où est tiré cet exemple.

2 D. S. Lee *et al.*, « The contribution of global aviation to anthropogenic climate forcing for 2000 to 2018 », *Atmospheric Environment*, 2021, vol. 244.

3 H. Ferreboeuf (dir.), « Pour une sobriété numérique », rapport réalisé pour le think-tank The Shift Project, 2018.

de réunion et du kilométrage à parcourir (modulo le type de transport)[1]. L'étude inclut l'impact de la fabrication, du déploiement et de la gestion de fin de vie des dispositifs de réseau et des véhicules utilisés. Au maximum et dans le pire des cas… la vidéoconférence consomme 7 % de l'énergie et de l'empreinte carbone d'une réunion en présentiel. Bien que l'on ne se focalise ici que sur l'impact climatique, cela donne le début d'une piste !

Tout produit est source d'impact

Choisir correctement entre A et B permet de réduire notre impact, mais une constante demeure : le produit zéro impact, c'est celui qui n'existe pas. Nous n'avons plus le luxe de décider quel secteur pourra continuer le *business as usual*. Il faut amorcer une réduction des impacts partout, dans tous les secteurs. Bien sûr, il ne s'agira à chaque fois que de quelques pourcents d'émissions. L'aérien ? 2,5 à 2,9 %. L'acier ? 7 %. Le ciment ? 3 %. La chimie ? 2 %… Il existe plus de 600 codes NACE (nomenclature des activités économiques). On peut découper la civilisation avec tant de sous-catégories qu'aucune ne semblera jamais significative face aux 95 % que constitue toujours « le reste ». Mais en réalité, si une activité représente ne serait-ce que 1 % des émissions, cela devient un problème sur lequel il faut se pencher.

Donc oui, la part du numérique augmente dans la contribution au changement climatique, et c'est préoccupant. La quantité de données échangées ne cesse de croître. Les 74 Ko qui ont permis d'aller sur la Lune en 1969 ne rivalisent pas avec un e-mail aujourd'hui[2]. La vraie question est peut-être là. Pourquoi regarde-t-on des films cent mille fois plus lourds que les données nécessaires à un voyage spatial ?

Dans certains cas, il ne sera pas vraiment important de savoir si A est pire que B. L'enjeu sera de questionner nos usages des deux côtés. Interroger le besoin de certains voyageurs de prendre l'avion sept fois par an pour les vacances… autant que le besoin de regarder du porno en 4K sur un écran courbé 5 pouces.

1 D. Ong *et al.*, « Comparison of the energy, carbon and time costs of videoconferencing and in-person meetings », University of New South Wales, Sydney, 2014.

2 F. Bordage, *Sobriété numérique*, Buchet-Chastel, 2019.

Deux poids (de données), deux usages

Respirez un coup. Nous avons déjà été loin... De la complexité des sargasses aux comparaisons impossibles, avec un détour par la Lune ! Il fallait un peu de distance pour accéder à une vue d'ensemble. Profitez-en avant que tout ne devienne hors de contrôle, entre ces mains gantées de vert qui croient laver notre civilisation de ses impacts. Contemplez la Terre dans le cosmos, et gardez en tête l'image de cette bille bleue où tout est bordélique et interconnecté, avant de redescendre dans votre corps, quelque part au sein de notre grand paquebot.

Votre réveil sonne. Nous sommes à quelques jours de Noël, impliquant trajets, cadeaux et repas de famille, et vous sentez venir une foule de micro-dilemmes anxiogènes. Ne vous inquiétez pas, tout se passera bien. L'esprit « *Écolo, mon cul !* » restera avec vous.

Bon voyage !

2

L'ÉCO-ANGOISSE DES FÊTES DE NOËL

PREMIÈRE ÉTAPE

Le voyage : un week-end de Noël à la campagne

VS

TROTTINETTE VS VOITURE

Micro-mobilité, macro-impacts ?

Au trot !

Vous êtes en retard. Votre train à destination du traditionnel Noël en famille part dans vingt minutes. Vous avez quatre arrondissements à traverser à l'heure de pointe et aucune envie de courir sur un quai de gare en agitant un mouchoir blanc. Le RER à cette heure-ci ? Une chance sur deux de subir les conséquences d'un colis abandonné, d'un malaise voyageur, ou pire… une grève ! Vous vous dirigez vers la fenêtre, hésitant à dégainer votre téléphone pour commander un Uber.

Soudain, il apparaît au bas de la rue. Majestueux, jean skinny aux ourlets parfaits laissant entrevoir des chaussettes rouge vif, *tote bag* en bandoulière (sûrement rempli de bières sans gluten), il arpente fièrement les rues de la capitale sur sa trottinette électrique : le hipster parisien.

Déclic. Vous l'aviez presque oublié, mais vous disposez vous-même de cet abonnement aux trottinettes électriques. La mobilité douce et fougueuse à la fois. Plus disponible qu'un taxi, plus libre qu'un mustang sauvage – l'alternative ultime et « *durable* » à la voiture embouteillée (ou bouchonnée, comme un mauvais vin). Jamais vous n'auriez pensé que votre Noël en famille puisse être sauvé par la vision d'un bobo gluten-free.

La trottinette, c'est vraiment génial ! Vous pouvez la garer n'importe où, c'est léger, c'est électrique… donc c'est forcément « écolo », non ? En tout cas c'est ce que les spécialistes de trottinettes semblent dire, puisqu'elle est présentée comme une alternative « *green* » à la mobilité urbaine conventionnelle[1]. Elle doit nous libérer du joug de la voiture, nous émanciper des boulevards congestionnés, et nous permettre enfin de respirer un air dépourvu de NO_x[2] et de particules fines. Les personnes convaincues par ce discours pensent donc que rouler en trottinette permet d'améliorer la qualité de l'air dans les villes[3].

Or ce n'est pas entièrement exact. Diminue-t-on la pollution de l'air urbain en privilégiant la trottinette ? Sans doute, du moins localement. Pollue-t-on moins tout court ? Pas forcément. En fait, tout dépend des critères de comparaison que l'on choisit.

Un bâton dans la roue

L'erreur serait de fonder notre jugement sur notre seule perception d'usagères et d'usagers. Car derrière l'image d'un objet quasi magique dont on peut disposer à sa guise, il faut considérer tout un cycle de vie.

Il a d'abord fallu extraire et transformer des matières premières, souvent dans des pays au mix électrique[4] peu reluisant – cela peut

1 Lime, « One Year Report », 2018.

2 Encore les NO_x ? Mais qu'est-ce que c'est ? C'est ce qu'on appelle la famille des oxydes d'azote, autrement dit des composés formés d'oxygène et d'azote. Il y en a de toutes sortes, NO, NO_2, N_2O… À Paris par exemple, les émissions directes d'oxydes d'azote sont dues en grande majorité aux véhicules (62 %) et au secteur résidentiel et tertiaire (31 %), ce qui, en plus de puer, vous irrite les muqueuses quand vous décidez de faire un footing à côté du périphérique.

3 SPRB Bruxelles Mobilité, « Enquête sur l'usage des trottinettes électriques à Bruxelles », 2019.

4 Attention à ne pas confondre mix électrique et mix énergétique. Ce dernier désigne la répartition des différentes sources d'énergie primaire dans la consommation d'énergie. Le mix électrique, lui, renvoie aux sources d'énergie spécifiquement allouées à la production d'électricité.

être le cas pour le cuivre, l'aluminium, le nickel... Ces étapes en amont de l'utilisation représentent d'ailleurs le premier poste de contribution à l'empreinte carbone de la trottinette. Eh oui, il n'est plus question des patinettes des années 1990 propulsées à coups de cuisse sur le bitume... Fini les efforts et bienvenue au XXIe siècle. Désormais, la trott', c'est une batterie lithium, un moteur, des freins électriques et des éclairages LED montés sur une structure en aluminium, le tout fabriqué la plupart du temps en Asie grâce à cette même électricité issue de centrales à charbon[1].

Un problème similaire se pose à l'usage : pour avancer, à défaut d'utiliser nos muscles, la trottinette aura besoin de puiser de l'énergie ailleurs. Et avant d'être stockée dans la batterie, l'électricité doit bien être produite d'une manière ou d'une autre... ce qui dépend des pays. Utiliser une trottinette en Pologne, dont le mix électrique repose essentiellement sur le charbon, ce n'est pas la même chose que l'utiliser en France, largement alimentée par l'électricité issue du nucléaire.

Pour fluidifier le parcours des trotti-*riders*, il faut en outre organiser l'accès en libre-service d'un parc entier de véhicules électriques sans borne de recharge. C'est donc tout un circuit de collecte qui s'articule en coulisses – ce qui a d'ailleurs donné naissance en 2018 au métier de *juicer*, essentiel à la recharge non-stop de la batterie logée dans nos engins high-tech. Or ce circuit de collecte va avec son lot de déplacements motorisés... ajoutant ainsi une source supplémentaire de consommation énergétique.

Notez que notre « totem nucléaire » n'est pas miraculeusement gage d'une production d'électricité décarbonée à tous les niveaux. Il reste toujours possible de faire résolument n'importe quoi, comme la première année de la mise en service des trottinettes, où l'on pouvait voir des groupes électrogènes décorer les trottoirs pour assurer la recharge. Autant dire qu'à une époque, certaines trottinettes... roulaient à l'essence[2] ! Heureusement sur ce point, les opérateurs

1 Données ADEME.

2 M.-S. Sgherri, « Trottinettes électriques : le grand n'importe quoi », *Le Point*, 3 mai 2019.

en roue libre sont rapidement revenus sur leur modèle pour éviter ces dérives[1].

Une trott' pour une voiture ?

Bon, on a compris que tout ça était très compliqué. Mais quelqu'un a bien dû effectuer les calculs, n'est-ce pas ? On additionne tout, on compare, et on saura enfin laquelle, de la trottinette ou de la voiture, est le pire moyen de traverser Paris… non ?

Pas trop vite ! Pour que la comparaison soit pertinente, il faut prendre le temps d'établir un socle commun. En effet, plutôt que de comparer en brut l'objet « voiture » et l'objet « trottinette », il faut ramener leur impact à un même service rendu. Par exemple : « Transporter un bobo parisien sur 1 kilomètre tous les matins pendant 5 ans. »

Ici, un paramètre fondamental entre en jeu : la durée de vie de la trottinette. Or, entre les retardataires qui filent à 25 km/h sur des voies pavées aussi douces que la route des Yungas[2], les énergumènes qui s'accrochent au guidon par grappes de douze, et les pragmatiques qui, faute de place de stationnement disponible, choisissent de se garer directement dans la Seine, il semble que nous promettions à nos trottinettes électriques une durabilité à la mesure de notre respect : assez faible.

Une étude américaine a ainsi estimé que la durée de vie moyenne d'une trottinette en libre accès à Louisville aux États-Unis était de… 28 jours[3] ! Selon l'opérateur Bird, ses trottinettes ont une durée de vie proche des 3 à 4 mois. Dans les villes européennes, on avoisine généralement 6 mois, ce qui est plus intéressant mais reste un cycle très court.

1 C. Alvarez, « Lime dit adieu à ses *juicers* auto-entrepreneurs pour recharger ses trottinettes en libre-service », Novethic, 9 septembre 2019.

2 Plus communément appelée « el camino de la muerte » en Bolivie, « la route de la mort ».

3 A. Griswold, « Shared scooters don't last long », *Oversharing*, 26 février 2019.

Pour remplacer une voiture qui parcourt environ 200 000 km avant d'être mise au rebut, quel est le nombre de trottinettes nécessaire ? La réponse est : plus d'une cinquantaine – soit une sacrée quantité d'aluminium et de lithium ! En considérant l'ensemble de son cycle de vie, une trottinette en libre-service émet entre 105 et 160 g.CO_2eq/km.personne[1]. On estime que la première année de leur exploitation, les 20 000 patineuses déployées dans la capitale ont généré un surplus d'émissions de gaz à effet de serre de 13 000 t de CO_2eq[2].

À titre de comparaison, une citadine essence moyenne émet entre 190 et 220 g.CO_2eq par kilomètre parcouru[3]. Il reste donc relativement plus écologique de rouler seul·e en trottinette que seul·e en voiture thermique. Mais, si l'on compare la trottinette à une voiture bien remplie[4], on est infiniment loin de la révolution verte tant attendue... En fait, pour juger de la pertinence environnementale des trottinettes en libre-service, la vraie question est de savoir si elles permettent réellement de vider les centres-villes des voitures individuelles. Car au fond, c'est là qu'est l'enjeu !

---

1 Unité compliquée désignant, en grammes, les émissions de gaz à effet de serre par kilomètre et par personne. Voir aussi : S. Severengiz *et al.*, « Analysis of the environmental impact of e-scooter sharing services considering product reliability characteristics and durability », *Procedia CIRP*, 2021, vol. 96 ; H. Moreau *et al.*, « Dockless e-scooter: a green solution for mobility? Comparative case study between dockless e-scooters, displaced transport, and personal e-scooters », *Sustainability*, 2020, vol. 12 ; J. Hollingsworth *et al.*, « Are e-scooters polluters? The environmental impacts of shared dockless electric scooters », *Environmental Research Letters*, 2019, vol. 14 ; A. de Bortoli, « Environmental performance of shared micromobility and personal alternatives using integrated modal LCA », *Transportation Research Part D: Transport and Environment*, 2021, vol. 93.

2 A. de Bortoli et Z. Christoforou, « Consequential LCA for territorial and multimodal transportation policies: method and application to the free-floating e-scooter disruption in Paris », *Journal of Cleaner Production*, 2020, vol. 273.

3 ADEME, EEA, Carbone 4, « Transport routier : quelles motorisations alternatives pour le climat ? Comparaison des émissions en cycle de vie, France et Europe », 2020.

4 Par exemple, une quatre places contenant quatre passager·ère·s.

Or, si une (très mince) fraction de la population a bel et bien commencé à laisser sa voiture au garage pour s'essayer à la trottinette électrique, la réalité est que ce nouveau mode de transport a surtout remplacé... la marche à pied et les transports en commun !

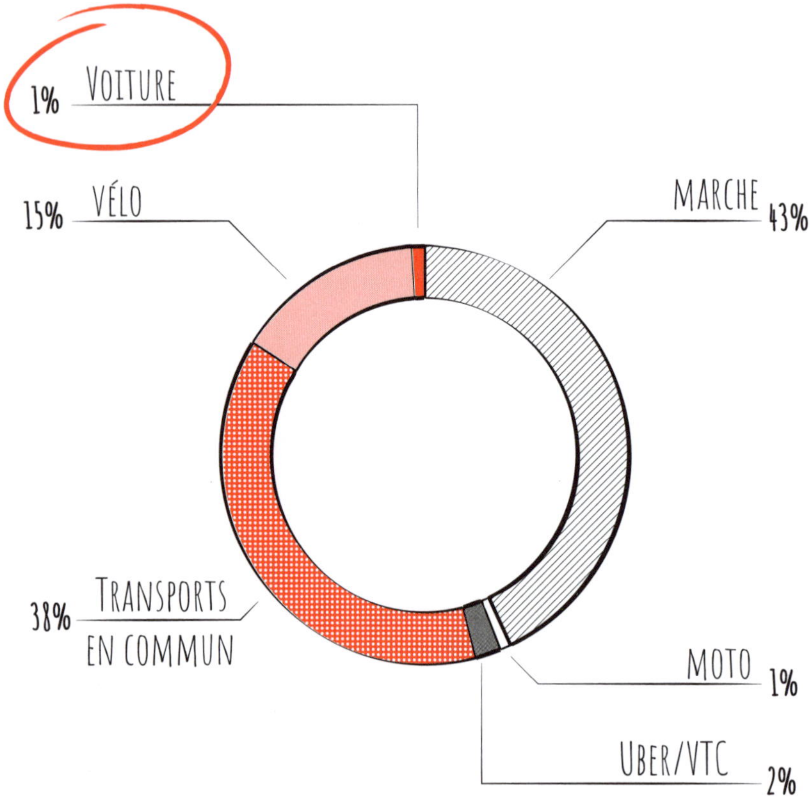

Substitution des divers modes de transports par la trottinette en libre-service

Source : adapté des données d'A. Pestour, « Approche socio-économique des enjeux relatifs aux trottinettes électriques en libre-service en France », 2019.

L'utilisation des trottinettes en libre-service n'a donc pratiquement pas d'influence sur le nombre de voitures en circulation en centre-ville. Dès lors, c'est une autre question qui doit être tranchée : devrait-on plutôt utiliser la trottinette ou les transports en commun ?

En la comparant à un kilomètre urbain ordinaire (parcouru en empruntant un mix actuel moyen de transports alternatifs : marche, vélo, bus, métro, et en incluant la voiture), on s'aperçoit que la trottinette exerce un impact plus important sur le changement climatique, mais aussi sur l'épuisement des ressources et l'émission de particules fines.

Notez d'ailleurs que, contrairement à la voiture, l'émission de particules fines n'est pas imputable à la phase d'utilisation, mais à la fabrication des véhicules – puisque la trottinette est électrique. Autrement dit, nos cancers sont exportés en Chine.

Se remettre en selle

Pour que l'usage de la trottinette telle qu'elle est conçue soit plus intéressant que ce mix de transports sur tous les indicateurs considérés, il faudrait étirer sa durée de vie à plusieurs années. C'est la direction qu'empruntent les leaders du marché français à petits pas, qui ont reconçu leur véhicule pour en améliorer la durabilité – laquelle dépasserait aujourd'hui un an. Un moindre mal…

Tout compte fait, cette satanée trottinette en libre accès ne résout pas franchement les problématiques de transport en ville. En plus d'encombrer les trottoirs, elle ne s'adresse pas aux bonnes personnes et n'a pas les qualités environnementales suffisantes. En l'état, la solution la plus pertinente pour arpenter les rues et foncer jusqu'à la gare reste un bon vieux vélo mécanique ou les transports en commun !

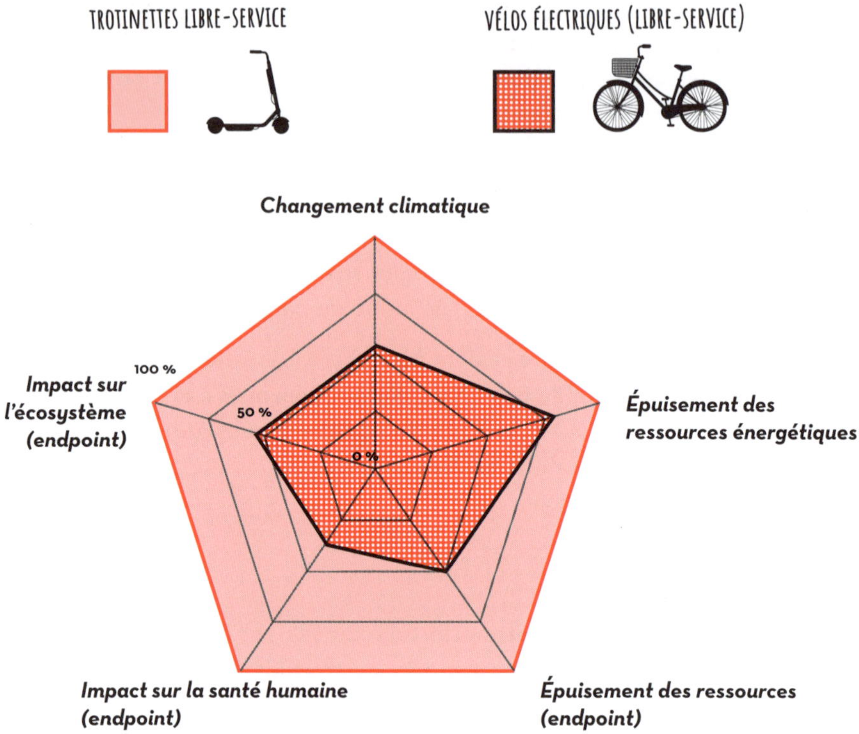

** Pour cette comparaison, la valeur d'impact la plus élevée des deux solutions est présentée comme étant de 100 %, et l'autre comme une fraction de cette dernière.*

Comparaison des impacts d'une trottinette en libre-service et d'un vélo électrique partagé[1]

Source : adapté de A. de Bortoli et Z. Christoforou, *op. cit.*

En fait, même le vélo à assistance électrique, bien qu'il nécessite l'installation de stations de recharge, semble être une option plus vertueuse que la trottinette électrique en libre-service. Et ce, pour

1 Selon ces données, la trottinette génère près de deux fois plus de gaz à effet de serre que le vélo électrique partagé, ce dernier présentant des avantages sur plusieurs autres indicateurs. Notez cependant qu'en raison de choix méthodologiques faits dans cette étude, les indicateurs écosystème, épuisement des ressources et santé humaine sont probablement sujets à plus d'incertitude que les autres.

la simple et bonne raison qu'en plus d'avoir une meilleure longévité, il rentabilise mieux l'action de « déplacer un corps humain en pleine santé » : en utilisant vos jambes pour pédaler au lieu de vous tenir raide comme un piquet, les calories que vous dépensez se substituent à un équipement plus lourd, performant et impactant – qui l'eût cru ?

Vous avez sans doute fini par rater votre train tandis que vous réfléchissiez à toute cette affaire. Si vous teniez vraiment à ne pas faire usage de vos jambes, il se pourrait qu'une trottinette personnelle bien entretenue puisse dépasser les 15 000 km, cessant au moins d'être une absurdité pure et simple. Mais comme vous n'en possédez pas, vous vous résignez à prendre le métro pour aller jusqu'à la gare, songeant avec consternation à ces incorrigibles parisien·ne·s sur leurs mustangs libre-service.

VS

TRAIN VS AVION

Faut-il déployer le train (d'atterrissage) à grande vitesse ?

LA SNCF VOUS SOUHAITE UN AGRÉABLE VOYAGE !

Contre toute attente, vous n'avez pas raté le train. Vous avez laissé votre sac au bout du wagon, pris place au 85A à l'étage, déployé le repose-pied, et vous voilà dans l'attente du coup de sifflet signalant le départ. Un couple et trois enfants en bas âge se mettent à discuter derrière vous. Vous espérez que le trajet ne sera pas trop insupportable.

« On aurait dû prendre l'avion comme Jean Castex[1], c'était plus court et moins cher.

— Mais t'es complètement fou. T'as pas entendu que c'était la fin de l'abondance ?

— Pas pour le béton et les rails d'acier, visiblement. Tout ça pour bousiller des paysages !

---

1 Cet exemple est inspiré de faits réels survenus en l'an 2022. Voir : « Le Premier ministre Jean Castex a pris un jet privé pour aller voter », *Reporterre*, 11 avril 2022.

– C'est sûr que l'aéroport de Roissy-Charles-de-Gaulle est un véritable refuge pour la biodiversité.

– Maman, Mbappé[1] aussi il prend l'avion tu sais. »

Vous repensez à votre propre hésitation lors de la réservation du trajet. Entre 1 h 35 d'avion, 4 h 25 de train, 7 h 47 de voiture et 15 jours à pied, votre cœur a longtemps balancé – sauf pour la marche à pied. Que ce soit des valises, des footballeurs ou des ministres en retard pour aller voter, pour déplacer une masse on a forcément besoin d'énergie, surtout si le ministre traîne derrière lui le poids de son inaction climatique et qu'il doit arriver avant la fermeture du bureau de vote à 19 heures. En partant de Matignon, rien de plus habituel que d'affréter un jet privé Falcon. Personnellement, vous avez pris le transport qui vous semblait le plus écolo, mais au fond, que savez-vous vraiment des impacts d'un trajet en train ou d'un trajet en avion ?

En fait, la comparaison n'est pas évidente. Il y a de nombreux paramètres à prendre en compte, comme le modèle du véhicule, la taille, la consommation d'énergie, la maintenance, la durée de vie, la localisation, le type d'infrastructure, l'usage... Un même mode de transport peut avoir des impacts très variables selon la façon dont il a été conçu[2]. Ce qui est sûr quoi qu'il en soit, c'est qu'aller vite se paye toujours d'une façon ou d'une autre.

Vol au-dessus d'un nid de pollutions

Ce n'est une surprise pour personne : pour faire décoller de la terre ferme plusieurs centaines de tonnes de composites, d'êtres humains et de bagages à roulettes, il faut énormément d'énergie[3]. À moins d'un miracle, vous n'obtiendrez pas cette énergie en demandant aux passagers et passagères d'agiter les ailes comme des goélands – mais

1 Référence à l'une des sorties de l'entraîneur du PSG en septembre 2022, suite à la question d'un journaliste sur un trajet Paris-Nantes effectué par l'équipe en jet privé, et qui a déclenché l'hilarité de la star du ballon rond.

2 C. Spreafico et D. Russo, « Exploiting the scientific literature for performing life cycle assessment about transportation », *Sustainability*, 2020, vol. 12.

3 Le poids peut varier selon les gabarits, de 40 t à vide pour un A320 petit-moyen courrier, à plus de 270 t pour un A380.

plutôt en montant l'appareil sur des turboréacteurs et en cramant du kérosène pour filer dans le ciel à 800 km/h.

Afin que le vol ne secoue pas autant que la scène finale du dernier *Top Gun*, il faut aussi construire des infrastructures, depuis les fondations de l'aéroport jusqu'aux escaliers d'embarquement. Ces chantiers et tous les autres à-côtés de l'aviation ont un impact… mais la plupart des émissions de gaz à effet de serre d'un voyage en avion proviennent du vol en lui-même, et pas de la quantité de plastique sur les plateaux-repas, n'en déplaise à certaines compagnies[1]. Sur l'indicateur du changement climatique, les milliers de litres de carburant et les autres émissions liées au vol sont donc le vrai cœur du problème. Problème que l'on résout difficilement en pratiquant des écogestes à 9 000 m d'altitude.

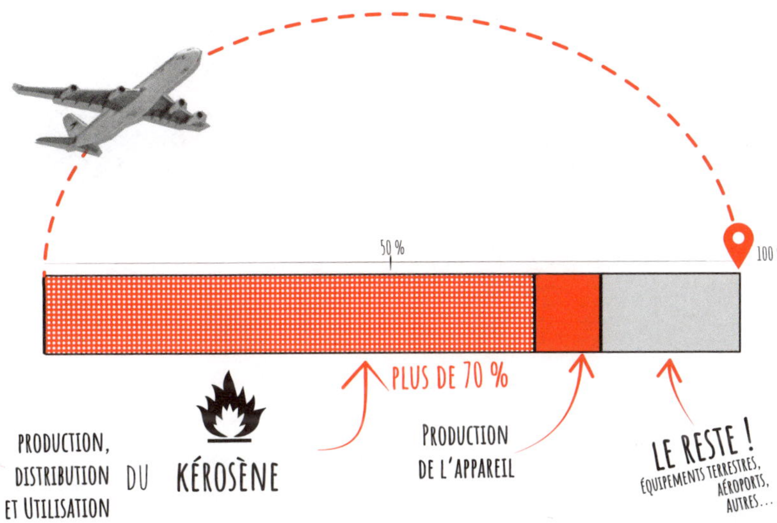

Contributeurs à l'impact environnemental d'un avion sur tout son cycle de vie

Source : adapté de M. Chester et A. Horvath, « Environmental life-cycle assessment of passenger transportation », UC Berkeley, 2008.

1 F. Gliszczynski, « Ce que fait Air France pour supprimer les plastiques dans ses avions », *La Tribune*, 13 février 2020.

Le tracé d'un avion attire votre œil par la fenêtre du train, blanc comme la neige qui défile. Vous commencez pourtant à mesurer à quel point il n'augure rien de bon.

Les émissions de CO_2 dont vous avez entendu parler ne représentent qu'une partie seulement des émissions d'un avion. Les oxydes d'azote (NO_x), les traînées de condensation, les aérosols, et diverses autres particules expulsées par les moteurs ont aussi une influence sur le forçage radiatif[1] – ce phénomène par lequel, sous l'effet d'une accumulation de ces gaz dans l'atmosphère, le système Terre capture plus de rayonnement solaire qu'il n'en renvoie dans l'espace, et par conséquent, se réchauffe. Le turboréacteur fait turbo-changer le climat !

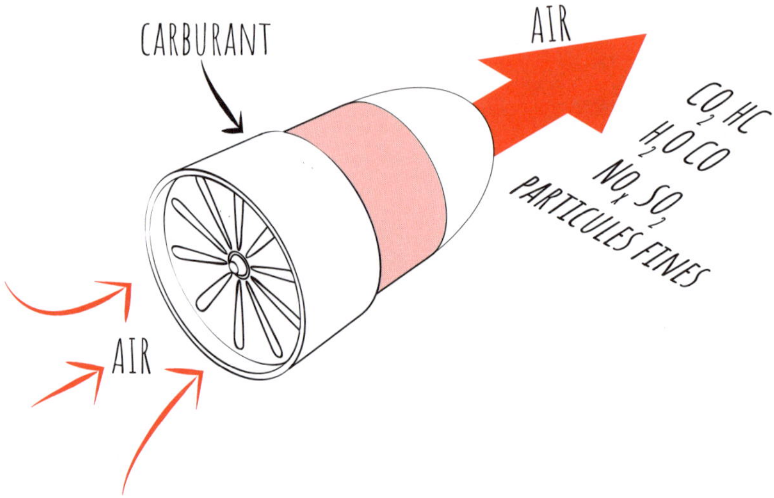

Les émissions d'un vol d'avion

Source : adapté de EEA, EASA, Eurocontrol, « European Aviation Environmental Report », 2019.

1 D. S. Lee *et al.*, « The contribution of global aviation to anthropogenic climate forcing for 2000 to 2018 », *Atmospheric Environment*, 2020.

En outre, les avions produisent encore d'autres types de pollutions. Parmi les aérosols, il y a l'émission de PM10, ces particules fines qui pénètrent nos poumons. Les ministres en retard dans leurs avions contribuent ainsi (et par plusieurs vecteurs) à la toxicité humaine et à la formation d'ozone photochimique.

L'un de ces vecteurs est la production du carburant[1], qui exerce par ailleurs un impact sur l'acidification – tout comme l'étape de fabrication des avions[2]... Tout s'emmêle !

« Vous voyez, si Mbappé partait marquer ses buts à Nantes en char à voile, vous auriez peut-être un peu moins de risques de choper un cancer, les enfants ! lance la mère.

— Mais il y a aussi des bons points avec les avions ! défend le père. Par exemple, euh, j'ai entendu dire que plus les vols sont longs, moins il y a d'impacts. »

Ce qu'il vient de dire est faux, car plus on vole, plus on pollue. Mais c'est une mauvaise compréhension d'un phénomène intéressant : si l'on ramène les émissions aux kilomètres parcourus par personne, on s'aperçoit qu'elles diminuent quand la distance augmente – conséquence d'une efficacité opérationnelle supérieure des long-courriers, ainsi que du nombre moins élevé de décollages et d'atterrissages.

---

1 B. Cox *et al.*, « Life cycle assessment of air transportation and the Swiss commercial air transport fleet », *Transportation Research*, 2018, vol. 58.

2 M. V. Chester, « Environ 70 % des émissions de SO_2 et 40 % des émissions de NO_x liées à la fabrication résultent de la production d'électricité pendant la fabrication des avions », *Life Cycle Environmental Inventory of Passenger Transportation in the United States*, Institute of Transportation Studies, 2008.

Autrement dit, contrairement à la majorité des moyens de transport, plus c'est long… moins c'est pire *par kilomètre passager·ère*. Toutefois, répétons-le : dans l'absolu, les longues distances *restent plus impactantes*. C'est donc loin d'être un élément suffisant pour faire de l'avion un véhicule vertueux, et c'est d'autant plus une piètre justification quand il s'agit de traverser la France – pour Jean Castex, Mbappé, ou pour nous.

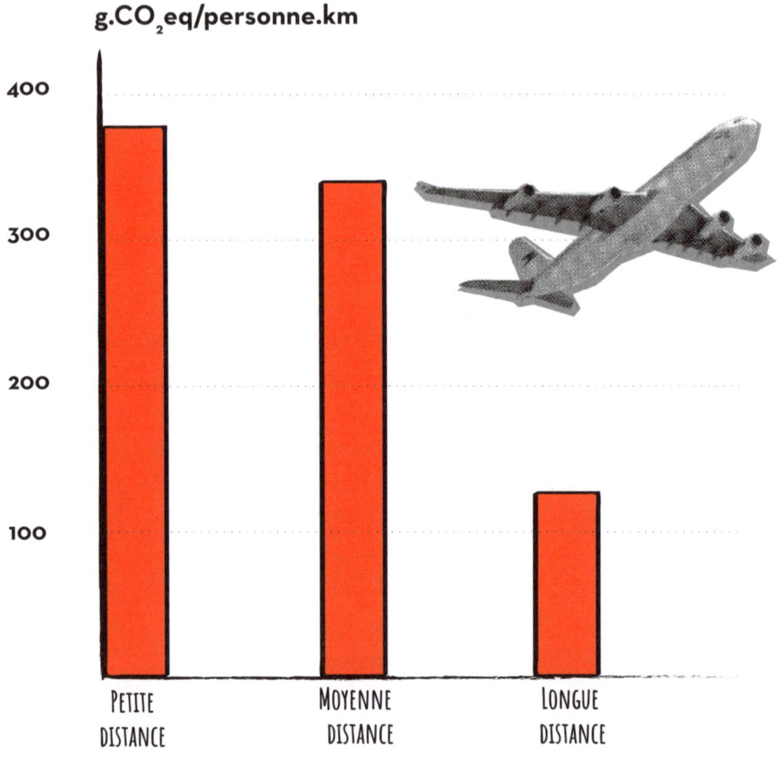

Influence du type de courrier sur les émissions par personne.km

Source : adapté de C. Spreafico et D. Russo, *op. cit.*

Les aventuriers du rail

Enfin, cette famille bruyante descend du wagon ! Vous aurez un peu de répit avant de rejoindre votre propre famille (également bruyante). Le nombre de stations annoncées par une voix bienveillante vous fait alors tiquer. Heureusement qu'il n'y a pas un aéroport pour chaque gare SNCF.

En effet, s'il faut relativement peu d'infrastructures terrestres pour arpenter le ciel, c'est 30 000 km de voies ferrées exploitées qu'il faut compter rien qu'en France[1] (dont 2 800 km de ligne grande vitesse[2]). Chacune de ces lignes a nécessité de gigantesques quantités de matériaux pour fabriquer la plate-forme, les traverses, les rails, les caténaires, associés quelquefois à la construction de ponts et de tunnels… Naturellement, les émissions de gaz à effet de serre du ferroviaire sont dominées par la fabrication des trains, des infrastructures[3], puis par l'exploitation du réseau[4]. L'impact du train varie donc beaucoup selon la topographie : entre traverser un champ et reconstituer les mines de la Moria dans les Alpes[5], les coûts environnementaux ne sont pas les mêmes !

Un autre élément important est l'origine de l'électricité utilisée pour faire rouler votre Poudlard Express de moldu. Une électricité peu carbonée, comme c'est le cas en France, exercera moins d'impact sur le changement climatique que les centrales à charbon qui propulsent le réseau chinois. Nous passons dans certains cas du simple au double[6], quand l'avion, lui, glissant sur les rails aériens de l'indifférence, crame son kérosène de la même manière en tout endroit du globe.

---

1 Ministère de la Transition écologique, « Les projets de lignes à grande vitesse en France », 14 avril 2021. www.ecologie.gouv.fr/projets-lignes-grande-vitesse-en-france

2 Notez que les infrastructures servent aussi à transporter des marchandises. On n'alloue donc pas intégralement leur impact aux transports de personnes.

3 L. Wright, « Plane, train, or automobile? The climate impact of transport is surprisingly complicated », *The Conversation*, 14 février 2020.

4 H. Jones *et al.*, « Life cycle assessment of high-speed rail: a case study in Portugal », *The International Journal of Life Cycle Assessment*, 2017, vol. 22.

5 Le projet d'un tunnel de 57 km reliant Lyon à Turin n'a rien à envier à la forteresse des nains dans *Le Seigneur des anneaux*.

6 H. Jones *et al.*, *op. cit.*

Voie des airs ou chemin de fer ?

Si vous n'aviez pas l'esprit entièrement clair à ce sujet, la réponse n'a rien d'un mystère. Toutes les études tendent à montrer qu'en France, le train est toujours plus avantageux que l'avion, même en tenant compte des infrastructures et de leur maintenance.

Sur des distances comparables en termes de coût et de durée de déplacement (soit entre 300 et 1000 km), le train est plus vertueux en tout point. Il est de huit à soixante-dix fois moins impactant sur le changement climatique qu'un vol commercial, et permet de minimiser l'impact sur l'acidification et l'émission de particules.

On peut imaginer qu'un obstacle à la performance du déplacement par voie ferrée serait sa propension à faire rouler des wagons vides. Mais dans les faits, le train maintient une certaine soutenabilité même lorsque l'on considère une grande variabilité de remplissage[1]. En outre, contrairement à l'avion, le train entraîne du report modal : c'est-à-dire que nous remplaçons spontanément des trajets en voiture par des trajets en train, et diminuons d'autant notre impact. Effet dont il est toujours bon de profiter !

L'avion entraîne quant à lui des impacts collatéraux que l'on n'a même pas pris en compte jusqu'ici : la logistique et les transports intermédiaires. On ne trouve pas d'aéroport implanté en centre-ville comme c'est le cas des gares ferroviaires. Et si vous quittez Paris pour rejoindre votre Languedoc natal en avion, vous devez d'abord faire trois quarts d'heure de bus ou RER – ou encore 100 km jusqu'à Beauvais, doublant ainsi la durée de votre vol *low-cost*. Ajoutez d'ailleurs à cela les impacts sur votre temps personnel : sécurité, embarquement, bagages… L'avion est souvent présenté comme un moyen de déplacement rapide, mais dans la réalité des courts et moyens courriers, il peut arriver que le train gagne la course ! Si l'on intègre les trajets en bus et voiture qui complètent inévitablement le trajet d'un Paris-Narbonne, par rapport

---

1 *Ibid.*

à l'avion, le train permet une réduction de plus de 80 % de l'impact sur le changement climatique, et de 70 à 90 % sur l'eutrophisation marine, l'acidification, la formation d'ozone photochimique, la déplétion de la couche d'ozone[1]...

Ces nombreux arguments périphériques n'ont pas vocation à idéaliser le train, dont le choix induit tout de même des transferts de pollution sur d'autres indicateurs. C'est le cas notamment pour les radiations ionisantes, conséquence en France d'une utilisation importante d'électricité issue du nucléaire[2]. C'est aussi le cas des enjeux liés aux

---

1 Données Ecoinvent 3.8.

2 On la mesure en $kBq^{235}U$ eq. Cet impact correspond à la libération de substances radioactives résultant de la production de l'électricité nucléaire... mais pas seulement ! Outre le cycle du combustible nucléaire, on peut noter que l'extraction de roches phosphatées, les centrales électriques au charbon et même l'extraction de pétrole et de gaz sont des sources anthropiques de rejets de radionucléides dans l'air et dans l'eau.
En France, les personnes résidant à proximité des sites nucléaires sont susceptibles d'être concernées par les expositions aux radionucléides mesurés dans l'air et provenant des rejets. Toutefois, d'après l'IRSN (Institut de radioprotection et de sûreté nucléaire), cette dose reste en deçà de 1 µSv/an en France, à l'exception des personnes résidant autour du site de La Hague, pour lesquelles elle peut atteindre 10 µSv/an. On parle de fortes doses à partir de 100 µSv/an. « Les mesures montrent aussi que l'influence des rejets radioactifs ne dépasse pas 10 km (et même le plus souvent 5 km), à l'exception du site de Valduc dont les rejets tritiés marquent l'environnement à plusieurs dizaines de km autour du site », IRSN, « Exposition de la population française aux rayonnements ionisants », bilan 2014-2019.
La méthode pour quantifier l'impact sur cet indicateur est généralement tirée de R. Frischknecht *et al.*, « Human health damages due to ionising radiation in life cycle impact assessment », *Environmental Impact Assessment Review*, 2000, vol. 20.

émissions de particules et à la toxicité humaine[1], intervenant lors de la production des infrastructures.

Vous arrivez bientôt à bon port. Étendant tant bien que mal vos jambes pour éviter la crampe, vous tentez de faire le point.

Nous aurons beau optimiser nos avions et les faire voler avec de l'huile de friture ou de la betterave fermentée, l'écart à rattraper vis-à-vis du train paraît assez abyssal. Si l'objectif principal était de permettre à un ministre d'exercer son droit de vote à moindre coût écologique, le mieux aurait été de l'informer qu'il pouvait faire une procuration en trois clics sur le Web. Mais si l'objectif réel était de se faire tirer le portrait en train de glisser un bulletin dans une urne (ou de permettre au PSG de jouer à Nantes), la meilleure solution était sûrement d'acheter un billet de train.

---

1 A. de Bortoli *et al.*, « A life cycle model for high-speed rail infrastructure », *International Journal of Life Cycle Assessment*, 2020, vol. 25.
L'indicateur de toxicité humaine indique le potentiel de dommages sur la santé induit par l'émission dans l'environnement de certaines substances. On distingue les effets cancérigènes des effets non cancérigènes.
Notons que l'émission de particules fines peut s'avérer relativement importante dans les transports ferroviaires, liée aux freinages et à la friction des parties mécaniques. C'est un enjeu important surtout dans les lieux clos, comme ce peut être le cas des métros, bien que le problème soit encore assez peu documenté à ce jour. Voir les publications de l'ANSES, « Qualité de l'air des enceintes ferroviaires souterraines », rapport d'expertise collective, 2022.

L'erreur commode des vols intérieurs

On pourrait balayer d'un revers de main toutes ces interrogations sur le secteur aérien en réaffirmant que l'aviation ne représente qu'un peu plus de 2 % des émissions mondiales de gaz à effet de serre (ce qui ne signifie pas du tout qu'il ne soit pas crucial de s'y pencher), et qu'en France ce chiffre tombe à 1,6 %. Pas de quoi en faire un fromage !

Pourtant, dans le cas français, ce raisonnement est un piège… car il n'intègre que les émissions territoriales, c'est-à-dire les vols intérieurs (incluant les départements d'outre-mer). C'est bien commode pour défendre le secteur aérien. En réalité, si l'on inclut les trajets internationaux dans la balance, l'aviation représente près de 15 % des émissions de CO_2 liées au transport[1] et 6,4 % de la totalité des émissions de CO_2 françaises. C'est loin d'être insignifiant ! En outre, le secteur aérien est aussi le seul à avoir vu ses émissions augmenter quasi continuellement depuis trente ans[2], jusqu'à l'apparition du Covid-19…

1 Ministère des transports, « Les émissions gazeuses liées au trafic aérien en France en 2019 », www.ecologie.gouv.fr/sites/default/files/bilan_emissions_gazeuses_2019.pdf

2 *Ibid.*

VS

VOITURE ÉLECTRIQUE VS VOITURE THERMIQUE

Pétrole, métaux : quelle addiction préférez-vous ?

Dix minutes d'arrêt !

Transperçant vallées et montagnes à plus de 280 km/h sur les sièges de votre compagnie de chemin de fer favorite, vous arrivez enfin à destination. Contemplant pensivement le paysage, ces quelques heures de train vous ont finalement semblé passer en un battement de cils. Encore heureux, vu le prix du billet !

« Et tu as fait un bon choix pour la planète, renchérit votre mère qui vous attendait à la gare. Mais attends de voir… »

Une voiture flambant neuve vous attend sur le parking. Vos parents y prennent place, les yeux illuminés par leur récente acquisition. Personnellement, vous préfériez la 4L de papy Jacquot, mais il paraît qu'on n'arrête pas le progrès. De la gare à la maison d'enfance, vous n'entendez plus qu'un flot de compliments adressés au nouveau véhicule :

« Direction assistée, intérieur cuir, condamnation centrale des portes, Safrane série limitée Palme d'or. Qu'elle est bien pour la conduire[1] !

---

1 Vous avez saisi la référence ? *La Cité de la peur*, de Les Nuls, bande d'incultes !

– Et devine quoi, s'enthousiasme votre père. Cette bagnole ne roule *pas* au pétrole. »

Vous comprenez bien le sous-entendu : le pétrole, c'est mal, et les voitures électriques, c'est forcément écologique. Que peut-on y redire ? Pourtant, cet énoncé vous laisse dubitatif. Peut-être est-ce son manque de nuance, de détails concrets. Vous n'êtes pas garagiste dans l'âme, mais cette fois, vous mettriez bien les mains dans le cambouis pour en avoir le cœur net.

Du vroum-vroum au silence

Reconnaissons-le : une virée sur les périphériques lyonnais, parisiens ou toulousains devrait suffire à vous convaincre. Les grosses voitures à diesel et à essence sont un véritable fléau. Les ressources fossiles qu'elles crament en continu relâchent d'énormes quantités de gaz à effet de serre dans l'atmosphère, et sont de toute façon condamnées à l'épuisement à moyen terme (et à l'instabilité économique à court terme). Mais ce n'est pas tout ! Les pots d'échappement n'émettent pas que du CO_2. En fait, nos rodéos sur le périph' dégobillent pléthore d'autres gaz nauséabonds : oxydes d'azote, monoxyde de carbone, composés organiques volatils… Certains de ces gaz contribueront directement à cette insaisissable pollution de l'air qui tue près de 40 000 personnes en France chaque année[1]. D'autres participeront à la formation de l'ozone photochimique qui vous empêche de voir la lumière du jour dans les grandes villes, leur conférant cette ambiance de film cyberpunk aux effets spéciaux bas de gamme.

Impossible, à première vue, d'imaginer un véhicule plus polluant ! Pourtant, la voiture électrique a aussi son lot de détracteurs. On entend d'ailleurs tout et n'importe quoi sur la question. Mais que lui reproche-t-on, au juste ?

1 Chiffres de Santé publique France. Attention toutefois, ce problème de morts liées à la pollution de l'air est lié à plusieurs facteurs. Les transports y contribuent mais ce ne sont clairement pas les seuls responsables.

Le carrosse de la fée électricité

Elle est la diligence moderne, la solution clés en main qui doit nous émanciper du pétrole sans ralentir notre course effrénée sur l'asphalte... À bien y regarder, la voiture électrique n'a cependant rien d'une nouveauté.

Lors de votre prochain road trip, faites une escale au musée de la voiture du château de Compiègne : vous esquisserez un sourire devant la « Jamais Contente », sorte de suppositoire belge à quatre roues, ainsi que premier véhicule de l'Histoire à avoir franchi le cap des 100 km/h en 1899. À trois ans près, Verlaine aurait pu rouler dedans. Et devinez quoi ? Ce bolide était électrique !

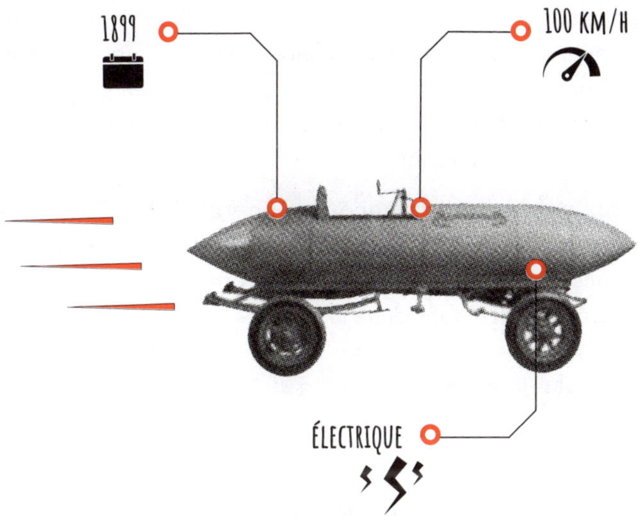

La « Jamais Contente »

D'accord, ce n'est pas récent, mais le niveau technologique est bien différent aujourd'hui. Vous admirez d'ailleurs le silence futuriste de la nouvelle voiture parentale, et ce, soyez honnête, sans une once de regret pour le vroum-vroum assourdissant qui donnait autrefois à votre père l'allure de Vin Diesel. Adieu la fumée noire qui vous déglinguait les poumons en plus de réchauffer la planète !

Vos appréhensions se muent en véritable espoir. Et si le carrosse de la fée électricité accomplissait bel et bien un miracle ? Celui de la mobilité propre et 100 % durable ?

La promesse exagérée

Les spots publicitaires se gargarisent de cette idée, où d'élégants mâles blancs filent à la vitesse du son sur des routes de campagne et des boulevards vides. Mais si l'on nous vend le caractère écologique de ces voitures, la communication ne se fait que sur les émissions liées à la phase d'usage du produit – autrement dit, le moment où vous serez au volant. Comme si rien ne s'était jamais passé avant que votre véhicule arrive chez le concessionnaire… Alors que les impacts de la voiture électrique sont en grande partie portés par la phase de fabrication !

Le plus lourd dans la balance, c'est notamment la production des batteries. Oubliez cymbales et caisse claire : on parle d'une structure en plastique, cuivre et aluminium, ainsi qu'une anode en graphite et une cathode requérant le plus souvent du cobalt et du nickel – entre autres métaux – et sels de lithium.

Ces matériaux nécessitent beaucoup d'énergie à l'extraction et engendrent des pollutions en tout genre, surtout lors du raffinage. En conséquence, les impacts se mesurent proportionnellement à la taille de la batterie, autrement dit, à la taille de la voiture. Difficile de faire de l'écologie en s'éclatant avec le Hummer électrique de Joe Biden, sept fois plus lourd que l'ancienne 4L de papy, et dont la seule batterie pèse autant qu'une Renault Zoé.

Ne descendez pas en marche, il y a encore du chemin. En fait, même la phase d'usage vantée par les publicitaires n'est pas zéro émission. Affirmer le contraire relève d'une pirouette sémantique, puisqu'il s'agit là d'exclure du concept d'« émissions » tout ce qui ne sort pas directement du pot d'échappement.

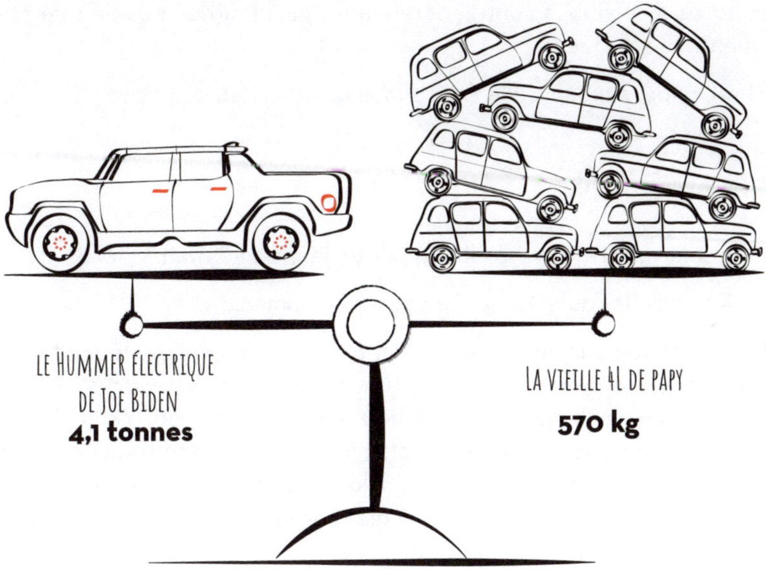

Un Hummer électrique pèse autant que sept 4L

Considérez par exemple la recharge du véhicule. La veille d'un voyage en Pologne, vous pourriez sans doute faire courir une armée d'un demimillion de hamsters sous cocaïne dans des petites turbines, mais il est plus probable que vous décidiez de vous brancher au réseau électrique. À partir de là, tout dépend de ce qui se passe en coulisses, derrière la prise. Branchez-vous en France et votre voiture roulera principalement au nucléaire. Branchez-vous en Pologne pour le voyage du retour, et votre voiture roulera au charbon ! En fait, l'impact de l'utilisation d'un véhicule électrique est intimement lié à la manière dont l'électricité est produite.

Et quand bien même notre mix électrique reposerait à 100 % sur du renouvelable (éolien, solaire, hydraulique), vous et votre ami Joe Biden vous trouveriez très vite aux prises avec la dure réalité des lois physiques : il est impossible d'atteindre l'objectif « zéro émission ». D'une part, parce que la production d'électricité génère toujours un minimum de gaz à effet de serre (ne serait-ce qu'à la construction des infrastructures). D'autre part, parce qu'il y aura toujours des émissions de particules nocives, à l'usure des freins ou à l'érosion des pneus, et à plus forte raison si les véhicules sont lourds. Notez d'ailleurs que les voitures électriques sont généralement plus lourdes que leurs équivalents thermiques !

« Euh, papa, maman… elle était si mal que ça la 4L de papy ? »

Chacun son extractivisme

« C'est la voiture qui choisit son pilote, jeune padawan.

– Regarde la route, ou laisse conduire maman. »

D'un côté, un surplus d'extraction minière qui génère de multiples pollutions. De l'autre, une extraction continue de ressources fossiles pour remplir nos réservoirs et bouleverser le climat[1]. Voici grosso modo les impacts à mettre en balance si l'on souhaite trancher. Et la comparaison n'est pas simple, car si le véhicule électrique exerce plus d'impacts à la production, le véhicule thermique, lui, fait l'essentiel de ses ravages à l'usage.

Il faut noter aussi que passer à l'électricité expose à des transferts d'impacts sur certaines phases : moins de CO_2 émis à un endroit… mais plus d'acidification. Quel est le rapport, demandez-vous ? En produisant des batteries, nous émettons des oxydes d'azote (NO_x) et du dioxyde de soufre (SO_2) : une première fois à l'extraction des métaux, une deuxième fois lorsque l'on brûle du charbon pour générer de l'électricité. Ces substances modifient le pH des milieux terrestres, aériens et aquatiques, pour endommager les écosystèmes en bout de chaîne. Avez-vous entendu parler de ces coquillages et crustacés qui galèrent à se fabriquer leur coquille, de la disparition des coraux dans nos océans[2] ou encore des pluies acides qui ravagent certaines forêts ?

Impacts différés, impacts transférés… tout ça est bien compliqué : bonne chance pour vous en sortir avec une intuition ! Heureusement, il reste possible de faire les comptes. Nous nous apercevons alors que la voiture électrique pourrait s'avérer plus intéressante… seulement au-delà d'un certain nombre de kilomètres ! En effet, plus nous roulons avec, plus nous compensons l'impact de sa production vis-à-vis de

---

1 Les voitures thermiques reposent aussi sur de l'extraction minière (mais pas autant que les véhicules électriques).

2 S. G. Dove *et al.*, « Ocean warming and acidification uncouple calcification from calcifier biomass which accelerates coral reef decline », *Communications Earth and Environment*, 2020, n° 1.

l'équivalent diesel ou essence. Bien sûr, vu la complexité en jeu, ce nombre de kilomètres magique à partir duquel tout bascule n'existe pas sous la forme d'un chiffre précis et universel. En outre, il varie selon les indicateurs auxquels on s'intéresse, de même que les modèles que l'on compare. Mais c'est l'idée de ce seuil de rentabilité, quelque part autour de 100 000 km, qu'il faut avoir en tête – ordre de grandeur nécessitant que les voitures en question roulent assez longtemps, sans finir à la casse au trentième virage, comme la conduite de votre père pourrait le présager.

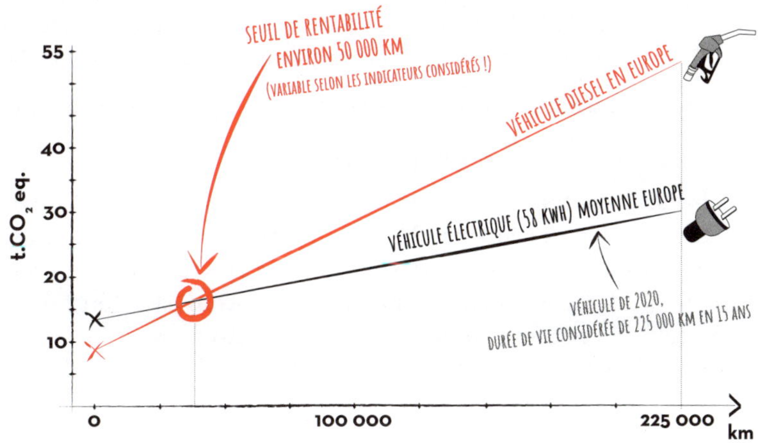

Émissions de gaz à effet de serre cumulées par type de véhicule

Source : Adapté de Ricardo Energy & Environment, « Determining the environmental impacts of conventional and alternatively fueled vehicles through LCA », 2020.

En somme, à gabarit équivalent, la voiture électrique pourrait bien être avantageuse à l'usage. À partir du moment où l'électricité n'est pas issue d'énormes centrales à charbon, une citadine ou une berline chargée en France contribue deux à trois fois moins[1] au changement climatique qu'une voiture thermique, et permet au passage d'atténuer

1 Carbone 4, European Climate Foundation, Fondation pour la nature et l'homme, « Quelle contribution du véhicule électrique à la transition écologique en France ? Enjeux environnementaux et perspectives d'intégrations des écosystèmes mobilité et énergie », 2017 ; Ricardo Energy & Environment, « Determining the environmental impacts of conventional and alternatively fueled vehicles through LCA », 2020.

la formation d'ozone photochimique, donc de réduire le smog dans les villes. Dans un contexte français et du point de vue des émissions de gaz à effet de serre[1], la voiture électrique deviendrait pertinente au-delà de 50 000 à 80 000 km.

L'enjeu serait de faire en sorte d'atteindre, *dans les faits*, ce seuil de rentabilité environnementale. D'abord, en maximisant la durée de vie du véhicule – mais aussi en essayant d'abaisser le seuil lui-même ! Ce qui dépend des facteurs déjà évoqués (mix électrique, taille du véhicule et de sa batterie), mais aussi des procédés et lieux de fabrication, de la réutilisation ou du recyclage de la batterie en fin de vie, etc. Tout ça porte un nom : il s'agit d'entrer dans une démarche d'écoconception du véhicule.

« Je ne sais pas si cette voiture a été écoconçue, s'inquiète votre père.

— Regarde la route », réplique votre mère.

Vous frôlez un poteau électrique dans un virage en épingle. Il serait dommage de freiner la transition énergétique en défonçant les infrastructures[2]. C'est justement par la mise en œuvre de cette transition, côté producteur comme côté utilisateur, que les caractéristiques du véhicule électrique pourraient devenir des atouts environnementaux. Rouler dans un tank rechargeable de 4 t au milieu d'un pays dont le mix électrique repose largement sur des combustibles fossiles (comme les États-Unis), ce n'est peut-être pas le plus grand des pas en avant.

Plus largement, que les véhicules soient thermiques ou électriques, il semble indispensable d'interroger sérieusement la manière dont nous nous déplaçons (bien au-delà du premier pas consistant à mutualiser les trajets par du covoiturage et de l'autopartage). Il s'agit donc peut-être… de questionner la place de la voiture dans nos sociétés. Une vraie bonne solution résiderait dans une orientation globale vers un système dans lequel les distances à parcourir, que ce soit pour aller travailler ou faire ses courses, seraient réduites et irriguées de transports aussi sobres et collectifs que possible.

Toujours est-il que du point de vue de l'impact environnemental, dans un pays à l'électricité bas carbone, et lorsque l'usage de la voiture reste indispensable à court terme faute d'alternatives, une petite citadine électrique parcourant assez de kilomètres présente des avantages sur une

---

1 Données ADEME et Ricardo Energy & Environment, *op. cit.*

2 Ce n'est pas l'avis de tout le monde. Pour découvrir une conception plus radicale de la lutte écologiste, feuilleter le catalogue des éditions LIBRE.

majorité d'indicateurs par rapport à une voiture thermique. Toutefois, elle soulève d'autres problèmes non négligeables, comme l'épuisement des ressources métalliques – face auxquels l'enjeu sera de développer des filières efficaces de recyclage ou de réutilisation des batteries.

Remplacer le métal par le métal

À rebrousse-poil de notre instinct écologique, troquer la voiture thermique pour une voiture électrique fait partie des rares situations où il semble plus soutenable de changer de modèle que d'essayer de faire durer le produit précédent le plus longtemps possible. Cependant, généraliser une telle conception de la mobilité électrique oblige à se poser une question, disons, pas tout à fait anecdotique. Peut-on remplacer le milliard de voitures qui roulent aujourd'hui par un milliard de voitures électriques équipées de 50 à 80 kWh de batterie ? Le renouvellement complet du parc automobile contemporain pourrait bien venir avec son lot de complications, surtout si on mise uniquement sur des SUV !

La première raison, si elle n'est pas la plus fondamentale, reste incontournable dans l'immédiat : étant donné le mix électrique mondial actuel, les gains environnementaux seraient drastiquement limités… puisque celui-ci repose essentiellement sur du charbon. Autrement dit, on déplacerait un milliard de réservoirs de carburant fossile dans des centrales à charbon, en ajoutant à tout ça l'impact environnemental des batteries.

Nous ne faisons pourtant qu'effleurer le problème central : le passage d'une dépendance au pétrole vers une dépendance à une multiplicité de matériaux, dont certains sont déjà considérés comme critiques[1], comme le cobalt ou le magnésium. D'autres métaux bien connus pourraient présenter le même genre de souci dans les années à venir, même si on en parle peu – comme le cuivre ! Connaissez-vous vos multiples de 20 ? Une voiture thermique contient entre 8 et 22 kg de cuivre, une hybride environ 40 kg, une hybride rechargeable autour de 60 kg, et

1 On entend par « critique » le fait que l'approvisionnement de ces matières premières peut être sujet à un certain nombre d'aléas (par exemple quand la production est concentrée dans un nombre restreint de pays, dont la stabilité politique n'est pas toujours assurée).

une voiture électrique plus de 80 kg[1]. On ne compte même pas les métaux utilisés dans le réseau et les bornes de recharge. En outre, plus on mine, moins les minerais que l'on déniche sont concentrés, et plus il faut dépenser d'énergie pour remuer la terre et accéder à des matières exploitables.

Pour contenir le réchauffement climatique à +2 °C, la transition énergétique dans son ensemble pourrait engendrer l'extraction de plus de 95 % des ressources en cuivre connues à ce jour[2], et la quantité de métaux à produire au cours des trente-cinq prochaines années dépasserait la quantité cumulée produite depuis l'Antiquité. Vous les voyez, la fonction exponentielle et les limites géologiques de la planète qui démolissent le mythe de la croissance verte ?

Tout compte fait, la voiture la plus écoréaliste, c'est probablement votre vieux vélo en train de rouiller au garage.

1 Données Copper Development Association Inc.

2 IFP Énergies Nouvelles, « Copper at the crossroads: assessing the interactions of the low carbon energy transition with a non ferrous and structural metal », 2019.

LA FOURMILIÈRE HUMAINE

Pourquoi nous déplaçons-nous autant ?

Le monde bouge, et il bouge vite

Il y a eu 68 948 849 vols d'avion en 2019[1], l'année précédant la crise liée au Covid-19. À moins qu'une nouvelle pandémie ait éclaté pendant la nuit, une centaine d'avions auront décollé de la Terre le temps que vous lisiez cette page.

Nous sommes le 23 décembre et vous vous endormez chez vos parents après une interminable journée dans les transports, suivie d'une chouette soirée télé. Une réplique du film que vous venez de voir résonne dans votre tête :

« Je ne sais pas si vous êtes au courant mais le monde, il vous attend pas. Le monde il bouge, et il bouge vite[2] ! »

Le secteur des transports est le plus émetteur de gaz à effet de serre en France, représentant près du tiers des émissions sur le territoire, plus de la moitié des émissions d'oxydes d'azote, et 15 % des particules

1 Données Flightradar24.

2 Noël Flantier sous LSD dans le film *OSS 117 : Rio ne répond plus*.

fines PM2.5[1]. Le problème est tout simplement énorme. Il a essentiellement deux visages : l'un muni de quatre roues et un moteur (indice : ce n'est pas une tondeuse à gazon), l'autre équipé de deux ailes et d'une paire de réacteurs (indice : ce n'est pas un papillon).

Nous pouvons nous interroger longtemps sur ce qui est pire entre voiture hybride et voiture rechargeable, Concorde et Hyperloop, scooter et rame de métro, ou trottinette et dromadaire. Pourtant nous n'aurons peut-être pas posé la bonne question. Celle qui sous-tend toutes les autres : pourquoi nous déplaçons-nous constamment, aussi vite, et aussi loin ?

Enfouissant la tête dans l'oreiller de votre chambre d'enfance, vous réalisez brusquement que dans cette vie d'adulte moderne, le but du jeu semble être devenu de *speedrunner*[2] la planète. Vous prenez alors du recul, un vrai grand recul, pour tenter de comprendre les dynamiques et les besoins qui se cachent derrière cette sur-vascularisation du monde.

« La route, c'est le meilleur endroit pour réfléchir, te rappeler d'où tu viens, savoir où tu vas[3]. »

Tu ne saurais pas si bien dire, Vin Diesel ! Les voitures sont responsables de 15 % des émissions de gaz à effet de serre sur le territoire français (dont la moitié des émissions liées aux transports). Pas étonnant, dans la mesure où 85 % des ménages en possèdent au moins une... 37,7 millions de voitures particulières en circulation en France[4], c'est plus que le nombre de votants à la présidentielle de 2022 ! La voiture y représente plus des deux tiers des kilomètres parcourus[5].

Alors en effet, d'où venons-nous et où allons-nous, pour avoir tellement besoin de ces innombrables bagnoles ? Facile : au boulot, au supermarché, à la poste... En France, chaque individu parcourt en moyenne 10 000 km par an pour ses trajets quotidiens[6], généralement sans

---

1 Citepa, « Inventaire des émissions de polluants atmosphériques et de gaz à effet de serre en France », juin 2022.

2 *Speedrunning* : pratique consistant à terminer un jeu vidéo le plus vite possible.

3 Réplique tirée du film *Fast and Furious 7*.

4 Citepa, rapport Secten 2020.

5 A. Bigo, « Les transports face au défi de la transition énergétique », *Économies et Finances*, Institut polytechnique de Paris, 2020.

6 The Shift Project, *Climat, crises : le plan de transformation de l'économie française*, Odile Jacob, 2022.

partager les véhicules. Postez-vous un lundi matin sur les périphériques lyonnais, toulousain ou parisien… vous verrez qu'au moins la moitié des voitures ne transportent qu'une seule personne[1].

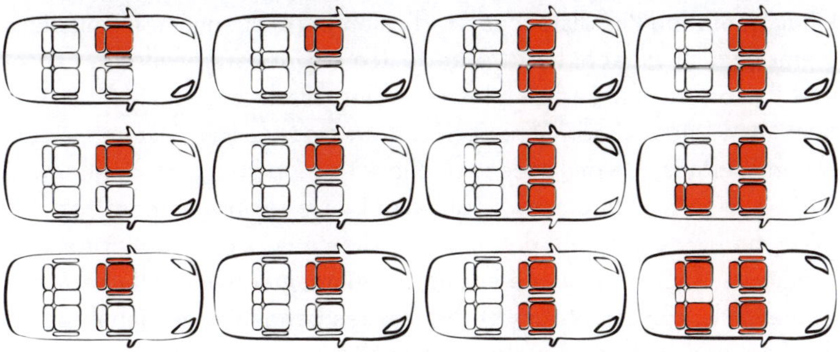

Un matin sur le périph' avec un taux d'occupation
de 1,43 personne par voiture (les sièges occupés sont en rouge)[2]

L'usage de la voiture tend à diminuer légèrement depuis quelques années, mais elle représente encore 60 % des déplacements pour les distances inférieures à 5 km[3]. Dans le meilleur des cas, le vélo n'en prend en charge que 5 %. Et sur les trajets d'environ 1 km, soit un quart d'heure de marche, la moitié sont effectués en position assise dans votre fidèle tonne de métal motorisée ! Bref : celle-ci est plus qu'omniprésente, même lorsqu'elle n'est ni rentable, ni nécessaire. Dans ce cas, pourquoi en dépendons-nous à ce point ?

Voituropolis

Plus vite, plus loin, plus impactant : ce n'est pas une devise olympique, mais une description de nos récents progrès civilisationnels. En deux siècles, l'accélération des modes de transports a multiplié par dix à douze le nombre de kilomètres parcourus en France[4]. Pourtant, la durée de nos trajets quotidiens n'a pas beaucoup évolué : aujourd'hui comme à l'époque, l'aller-retour moyen pour aller au travail nécessite

1 Données du service Économie et Statistique du ministère des Transports.

2 Ministère de la Transition écologique, « Se déplacer en voiture : seul, à plusieurs ou en covoiturage ? », juillet 2022.

3 Données Insee, www.insee.fr/fr/statistiques/5013868#graphique-figure1

4 A. Bigo, *op. cit.*

environ une heure[1]. Vous allez plus vite ? Super, vous pouvez donc aller plus loin ! Ça tombe bien, les villes sont beaucoup plus étendues qu'il y a deux cents ans...

L'augmentation des distances a radicalement influencé notre manière d'aménager l'espace. La ville pédestre est devenue ville de l'automobile : on ne sait parfois plus très bien si elle est habitée par des humains ou des caissons à roulettes. Vous trouvez que c'est une exagération ? À Paris, 8 % de l'espace public est occupé par le stationnement motorisé (soit 197 hectares : l'équivalent d'un arrondissement), et plus de la moitié de l'espace public est dédiée à la circulation motorisée. D'ailleurs, sauriez-vous ne serait-ce qu'imaginer une ville sans ses boulevards, ses carrefours bétonnés, ses panneaux de signalisation, ses feux et ses aires de stationnement ?

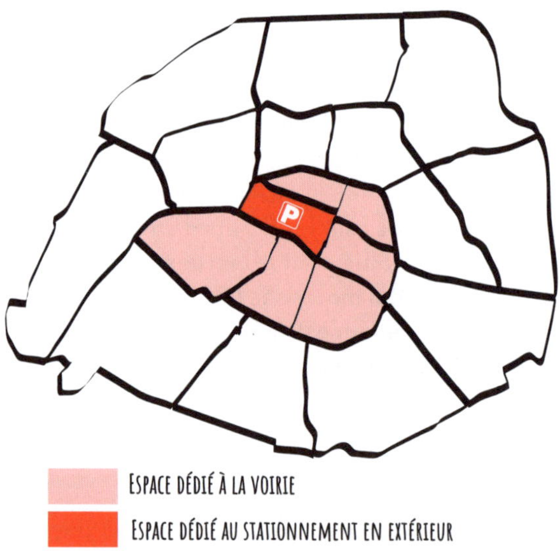

Superficie des infrastructures dédiées au déplacement motorisé à Paris

L'étalement citadin associé à cette prépondérance spatiale de la voiture ne soulève pas que des enjeux techniques : le problème est aussi la segmentation sociale des espaces urbains. Les catégories populaires sont mises au rebut dans les zones périurbaines ou rurales, ce qui ne fait qu'accentuer leur vulnérabilité énergétique en courant « le risque d'une

1 Observatoire des territoires, « Se déplacer au quotidien : enjeux spatiaux, enjeux sociaux », 2019.

spécialisation sociale des comportements de mobilité quotidienne[1] ». En Île-de-France, une population habitant la banlieue vient travailler à Paris, et vice-versa, occasionnant un ballet incohérent de voitures qui se croisent à n'en plus finir… Dans ce contexte, la voiture est aussi un marqueur social. Par exemple, son usage est trois fois plus élevé dans le XVIe que dans le XVIIIe arrondissement ! Dans le centre parisien, près de deux tiers des automobilistes sont des quinquagénaires CSP+ de sexe masculin, effectuant en moyenne des trajets de 3,5 km – l'équivalent de quelques stations de métro, ou 15 minutes de vélo[2].

C'est pour cela que des penseurs comme André Gorz, Ivan Illich, Bernard Charbonneau ou Olivier Rey invitent à ne pas penser le problème du transport pour lui-même. Nous affranchir de la voiture par des pistes techniques ou des réflexions sur la multi-modalité, c'est une chose. Mais il est possible d'aller beaucoup plus loin. Le problème de la voiture semble être une entrée clé pour des discussions sur l'organisation du travail et sur les criantes inégalités sociales que génère la vie en métropole. Il s'agit en fait de réfléchir sur la technique en tant que déterminant économique, politique et social, en cherchant à comprendre et interroger ce qu'elle nous fait, plutôt que de la rendre continuellement plus performante… ou même plus verte ! S'il pouvait exister une voiture ultra-rapide sans impact environnemental, peut-être vaudrait-il la peine de connaître ses conséquences sur le bien commun avant de la déployer – et éventuellement, en connaissance de cause… de s'en abstenir.

Déformation de l'espace-temps

Vous ne dormez toujours pas. Dans ce demi-sommeil méditatif, vous remarquez soudain une chose étrange : la référence que nous utilisons pour jauger l'acceptabilité de nos déplacements quotidiens, ce n'est pas la distance, mais le temps. Même pour les longs trajets, les transports ont atteint un tel niveau d'efficacité que votre esprit est façonné pour visualiser la *durée* et non l'*éloignement*. Vos parents n'habitent pas à 770 km de Paris, mais à 4 h 30 de train. C'est plus loin que Moscou, qui n'est qu'à 3 h 30 d'avion.

1 *Ibid.*

2 Étude MV2 Conseil, 2015.

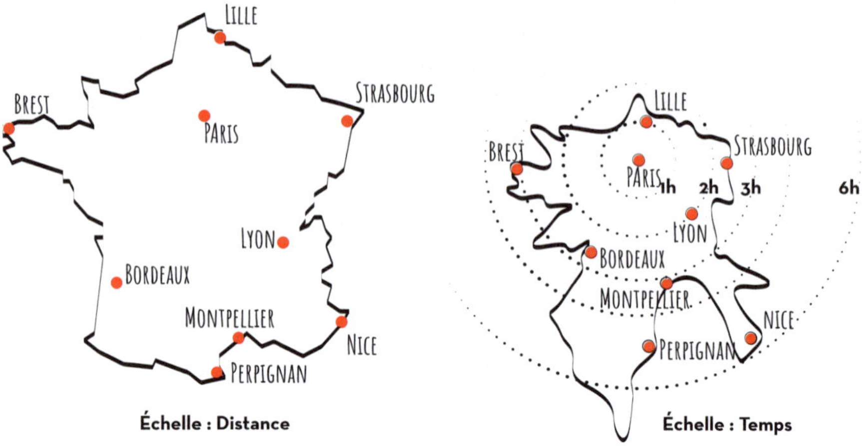

Carte isochrone de France

Source : données de la SNCF, 2015[1]

Il est de moins en moins rare de croiser quelqu'un qui habite à Lyon et travaille physiquement à Paris[2] (modulo l'essor récent du télétravail), avec des temps de trajet comparables à ceux des personnes habitant le Grand Paris. Mesurer le monde avec du temps est extrêmement révélateur de son rétrécissement, et de la métropolisation de la planète qui sévit depuis quelques décennies. Les mégapoles mondiales se rapprochent, se touchent presque. Grâce à la voiture, la campagne française devient peu à peu une vaste banlieue parisienne.

Notre désir absolu d'aller vite pour gagner du temps a créé un système dans lequel nous allons simplement plus loin pour satisfaire le même objectif. Et dans certains contextes, ce système nous freine ! Nul besoin d'un voyage vers le futur pour se trouver dans un paradoxe temporel : en voulant gagner du temps, parfois, nous en perdons.

1 Ce visuel n'intègre que les déplacements effectués sur des lignes de chemins de fer. *Fun fact* : bon nombre de petits villages entre Paris et Montpellier devraient être représentés… plus loin que Montpellier.

2 Ce que les géographes et sociologues appellent « la grande mobilité liée au travail ». E. Ravalet *et al.*, *Grandes mobilités liées au travail : perspectives européennes*, Économica, 2015 ; T. Sigaud, « La grande mobilité géographique domicile-travail : l'inscription spatiale des inégalités entre travailleurs », *Travail et Emploi*, 2019, vol. 4.

Vous avez ainsi une pensée émue pour votre ami François-Xavier, qui a cramé toutes ses économies dans une voiture de sport flambant neuve en espérant filer à la vitesse de la lumière sur les grands boulevards de La Défense. Pas plus tard que lundi dernier, il était pris dans un embouteillage, en étau entre une camionnette de plombier et le monospace du voisin insupportable qu'il fait habituellement tout pour éviter. Vous l'imaginez dans un concert de klaxons, vrombissements de moteurs, à deux doigts de danser sur le capot tel Ryan Gosling dans la scène d'introduction de *La La Land* – au lieu de quoi son attente est sans doute ponctuée d'un « avance, connard ! » scandé en chœur par les automobilistes, pendant qu'une cycliste se fraie habilement un chemin entre les rétroviseurs.

Au-delà des embouteillages sur le périphérique, Ivan Illich pose cette question beaucoup plus en profondeur : et si le vélo était finalement plus rapide que la voiture ? Car la véritable vitesse n'est peut-être pas uniquement fonction du temps passé derrière votre volant (ou votre guidon). Si vous comptez les heures de travail qui vous ont permis d'acheter le véhicule, le carburant, payer les péages, les tickets de stationnement, les pneus à changer, la maintenance, l'assurance, mais aussi les confortables infrastructures de circulation que vous financez via vos impôts (routes, autoroutes, feux, panneaux, parkings), et pourquoi pas les heures de leçons de conduite, le Code de la route et le permis de conduire – si vous comptez, donc, le temps passé à financer tout cela, pouvez-vous dire que vous êtes allé *vite* ? Ou plus exactement, avez-vous gagné en liberté[1] ?

Ce concept de la *vitesse généralisée* a bien sûr des limites. Nous ne vivons pas une heure de transport de la même façon qu'une heure de travail. Il n'est pas évident d'en établir une équivalence, et il n'est pas absurde de travailler et économiser pour accéder à de meilleures opportunités de déplacement. Mais cela reste un prisme qui peut bouleverser notre vision des choses. La vitesse généralisée en voiture

1 Sur ce sujet, B. Charbonneau dira : « Bien plus que le vieux désir de se balader ailleurs, c'est la pression de la société tout entière qui pousse le travailleur à rendre à l'auto ce gain qu'elle lui procure. C'est pour cela qu'elle l'enchaîne à la chaîne, et que pour être sûre qu'il ne la trahira pas, elle le condamne aux travaux forcés de l'achat à crédit. L'auto le lie au travail, et quand le travailleur est bien crevé, elle le mène se distraire là où il doit consommer. »

va de 13 à 23 km/h, contre 12 à 18 km/h pour le vélo – les paramètres variables étant la taille de vos cuisses et de votre revenu[1]. Les résultats varient aussi avec le contexte d'utilisation : à la campagne, la voiture présente des avantages, mais en milieu urbain, la vitesse généralisée du vélo est aujourd'hui plus élevée que celle de la voiture – dommage pour François-Xavier. Il est même possible d'élargir la réflexion et de parler de *vitesse optimale*[2], en intégrant au calcul les nuisances induites par les véhicules (bruit, pollution, accidents, congestion, étalement urbain, ségrégation sociale, etc.), qui explosent au-delà de 30 à 60 km/h. Et à très basse vitesse, ces nuisances sont aussi très importantes, rendant bien plus pertinents les modes de transport « actifs » ou collectifs comme le vélo ou la marche à pied… qui ont en outre un effet positif sur votre santé !

Jouer à qui a la plus grosse : masculinité, individualisme et statut social

Bercé par le fil de vos pensées, vous commencez à faire des rêves. Dans un cauchemar, une énorme voiture est en train de vous rouler dessus. La tête de tonton René apparaît par la vitre.

« Et puis quoi encore, tu veux pas qu'on aille au boulot en char à voile ? », s'exclame-t-il à la façon de son entraîneur de foot préféré.

Vous vous réveillez en sursaut. Le sommeil vous a donné une vision nouvelle. La voiture se révèle à vous, pleine et entière. Car derrière cette blagounette d'apparence anodine se dévoile un rapport particulier à cet objet, plus subtil que tout ce que vous aviez entrevu jusqu'alors.

Au début du XXe siècle, la voiture était l'apanage des classes bourgeoises et leur offrait le privilège de circuler beaucoup plus vite que tout le monde. Pour André Gorz, c'est le début d'une ère où les

1 Le temps de travail nécessaire pour payer ces frais ne sera pas le même selon que l'on est une technicienne de surface, un caissier, une directrice marketing ou un trader. Plus les transports sont rapides, plus ils deviennent un facteur de polarisation sociale.

2 F. Héran, « À propos de la vitesse généralisée des transports : un concept d'Ivan Illich revisité », *Revue d'économie régionale et urbaine*, 2009.

inégalités de classe s'incarnent pour la première fois dans la vitesse de déplacement. Les coûts n'ayant cessé de baisser par la suite, la voiture s'est répandue jusqu'à devenir la norme, au point qu'il soit handicapant voire inenvisageable de ne pas en posséder. Dès lors, la différence de classe a su trouver d'autres manières de se manifester : des véhicules plus gros, plus lourds, plus puissants… plus impactants, en somme. « À chaque milieu social sa voiture », affirme Bernard Charbonneau dans *L'Hommotau*[1] : « On croit fabriquer des automobiles, on fabrique une société. »

De 1990 à 2020, la masse moyenne d'une voiture vendue en France est passé de 953 kg à 1233 kg. Bienvenue à l'ère du SUV, ce luxueux 4x4 citadin qui comblera vos envies d'évasion sans sortir de votre arrondissement, grâce à son nom guerrier et exotique, poétiquement emprunté à des lieux colonisés, ou des tribus génocidées à l'occidentale – « Cherokee », « Cayenne »[2]. Appropriez-vous l'espace en manœuvrant votre forteresse à roulettes[3] : châssis surélevé, galbe imposant… de multiples modèles de SUV représentent désormais près d'un véhicule sur deux vendus en Europe, et en une décennie, les ventes ont été multipliées par sept[4] ! Rappelons-nous pourtant qu'en matière d'impact environnemental, les modèles électriques sont d'autant moins avantageux qu'ils sont gros comme des chars d'assaut. Contrairement à l'adage, ici, c'est bien la taille qui compte.

Le SUV assouvit-il une nécessité cruciale, comme celle d'enfin pouvoir s'étirer les jambes confortablement ? Plus cher à l'achat comme à la pompe, il semble plutôt être un bien *positionnel*, fournissant une impression de supériorité sociale et non une réponse à un réel besoin. Sa désirabilité est démultipliée par une avalanche de publicités : 42 % des dépenses publicitaires du secteur automobile[5] ! Normal, les marges des constructeurs sont généralement proportionnelles au poids des engins. Jackpot ! En 2019, les spots télévisés pour SUV constituaient 3 h 50 de contenu journalier. La cible ? Le mâle, personnage principal à

1 Denoël, 1967.

2 « When cars assume ethnic identities », *The New York Times*, 2013.

3 Y. Demoli, « Les propriétés sociales des conducteurs de 4x4 : style de vie et rapport à l'espace », CREST, 2013.

4 WWF, « SUV : à contresens de l'histoire », www.wwf.fr/sengager-ensemble/relayer-campagnes/stop-suv

5 *Ibid.*

l'écran et derrière le volant de 80 % des SUV[1]. Vous noterez qu'à catégorie sociale équivalente, les femmes tendent à conduire des voitures un peu moins démesurées – ce qui semble logique, dans la mesure où elles semblent moins être considérées comme des acheteuses que comme une partie du produit. « Il a l'argent, il a le pouvoir, il a une Audi, il aura la femme. Les hommes croient qu'avoir une belle voiture sert à montrer l'épaisseur de leur portefeuille, mais elle sert aussi à montrer la beauté de leur âme », énonce un spot publicitaire des années 1990 dans le plus grand des calmes.

Eh bien, peut-être que « *les hommes* », ainsi que les équipes marketing des grands constructeurs automobiles, auraient plutôt intérêt à se confronter à leurs âmes pour leur dire de se détendre, parce que le seul endroit vers lequel nous mènent ces énormes SUV, ce n'est pas la réussite sociale, mais l'extinction – en passant par les embouteillages qu'ils contribuent à renforcer grâce à leur capacité supérieure à encombrer l'espace public.

Vous vous tournez et retournez dans votre lit, incapable de trouver le sommeil. Les villes s'étalent, aliénantes, les centres urbains se densifient, coupent les humains du vivant et incarnent nos inégalités sociales[2]. Les périphériques et les boulevards vomissent des voitures toujours plus grosses, toujours plus puissantes, mais ne font gagner du temps à personne. Tout s'accélère, mais on n'avance pas plus vite, et la ville, lieu de l'émancipation suprême, est devenue invivable, entraînant une fatigue, une répugnance parfois.

Au quotidien, nous nous divertissons avec le dernier blockbuster au cinéma ou autour d'une bière et d'un match de foot. Faute d'un peu d'air frais, nous cherchons l'autre, nous cherchons l'écran. Puis, comme un pansement sur une jambe coupée, nous cédons au nomadisme le temps des vacances, pour enfin nous échapper. Nous nous réfugions alors dans des voyages au bout du monde, un dépaysement par la voie aérienne à bas coût.

Mais à quel prix ?

---

1 Podcast « Des hommes et des bagnoles », Les Couilles sur la table, 27.

2 Voir aux éditions Le Passager Clandestin, G. Faburel, *Les Métropoles barbares*, 2018 et *Pour en finir avec les grandes villes*, 2020.

Une affaire de classe

Vous n'avez pas dormi. Vous voici déjà au petit déjeuner à faire l'avion avec la cuillère pour nourrir le bébé de votre cousine, en imitant le bruit d'un A380 avec votre bouche. Et, par souci de réalisme, vous ne pouvez vous empêcher de poursuivre votre réflexion nocturne sur notre société de transports.

« L'avion du pauvre », commente votre cousine en beurrant sa biscotte.

Vous essayez de ne pas mal le prendre. Il s'agit de *cette* cousine qui a un salaire plus élevé que le vôtre et une fâcheuse tendance à prendre l'avion douze fois par an. Toutefois, vous souhaitez rester dans la nuance et, à l'heure où le « *flight shaming* » gronde dans certains pays, il est important de savoir à la figure de qui exactement nous devrions jeter des tomates pourries.

« Je sais à quoi tu penses, relativise votre cousine pendant que vous donnez une autre cuillerée au bébé. Mais tu vois, dans l'empreinte carbone française, l'avion ne compte pas tant que ça au final. »

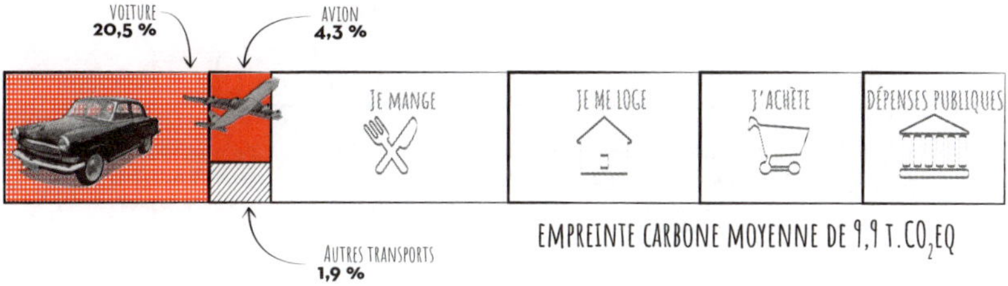

Contribution de l'aviation et de l'automobile
à l'empreinte carbone moyenne en France en 2019

Source : adapté de l'outil MyCO_2 de Carbone 4.

L'argument semble tenir debout vu de loin, mais il ne faut pas se laisser berner par un « effet moyenne ». Il existe des activités dont l'impact ne varie pas considérablement d'un individu à l'autre (même pour les carnistes les plus convaincu·e·s, la taille du steak a toujours une limite). Toutefois, le domaine de la mobilité laisse entrevoir des différences beaucoup plus significatives au sein de la population – et ce, sur plus d'un critère. Bien que la contribution de l'aviation aux impacts soit assez restreinte en France *en moyenne*, ce n'est peut-être pas vrai du tout dans le cas de votre cousine. En fait, il existe des disparités assez énormes d'une classe socio-économique à l'autre. Et, si l'avion fait l'objet de débats si intenses aujourd'hui, c'est précisément parce qu'il cristallise un lien direct entre ces disparités et la responsabilité dans l'impact environnemental.

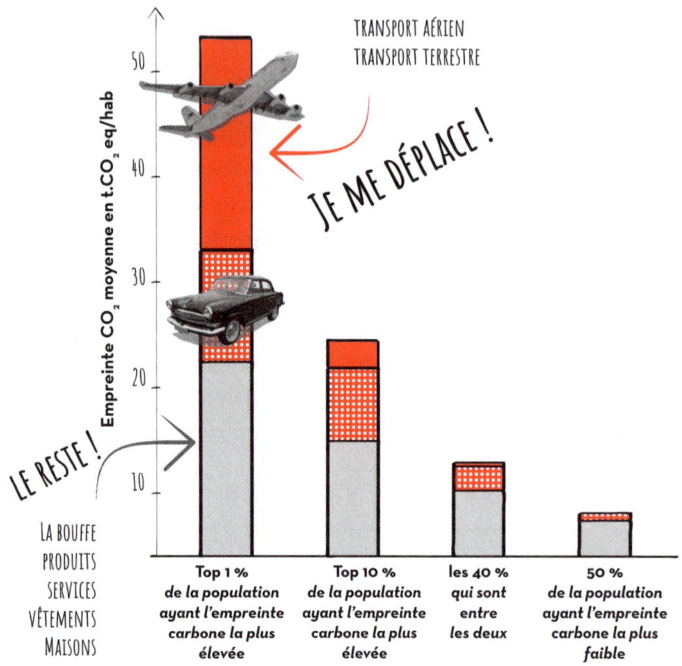

Distribution moyenne de l'empreinte carbone
par catégorie de consommation dans l'Union européenne

Source : adapté de D. Ivanova et R. Wood, « The unequal distribution of household carbon footprints in Europe and its link to sustainability », *Global Sustainability*, 2020.

En 2018, c'est seulement 11 % de la population mondiale qui a pris l'avion[1]. Deux personnes sur cinq n'ont jamais décollé du sol en France et les 10 % les plus aisés voyagent sept fois plus par les airs que les 50 %

1 S. Gössling et A. Humpe, « The global scale, distribution and growth of aviation », *Global Environmental Change*, 2020, vol. 65.

les moins riches. Vous la voyez, la disparité ? Mais surtout, la moitié, oui, la *moitié* des vols effectués sont du tourisme pur et dur – autrement dit, on a une sacrée marge pour réduire notre empreinte[1] !

Si vous entendez parler des « 1,46 milliard de touristes dans le monde en 2019 », gardez à l'esprit que c'est une figure de style. La réalité, c'est 1,46 milliard d'arrivées internationales par avion et un petit nombre de personnes comptées beaucoup plus de fois que les autres. La plupart des humains sur cette planète n'ont jamais mis les pieds dans un avion, et les vacances bisannuelles à Bali ne sont le loisir que d'une infime minorité.

La démocratisation du *low-cost* pourrait donner l'illusion que c'est l'affaire de toutes les couches sociales. Mais il concerne essentiellement les petites distances, et la diminution des prix a surtout permis aux catégories aisées de faire plus de voyages de courte durée. La grande majorité de nos déplacements touristiques se cantonnent d'ailleurs à la France[2], quand les adeptes de l'aller-retour au bout du monde semblent plutôt être des cadres moyens et supérieurs, ainsi que les professions libérales[3]. Tout cela sans compter les ultra-riches, qui se déplacent en jets privés et représentent... près d'un vol sur dix au départ de la France[4] !

Il faut savoir qu'un jet privé émet cinq à quatorze fois plus de gaz à effet de serre par passager·ère au kilomètre qu'un avion de ligne classique. C'est ainsi qu'en 2022, au cours d'un mois de juin rythmé par les sécheresses et les incendies, l'homme le plus riche du pays a émis, par ses seuls voyages en jet privé, autant de gaz à effet de serre qu'une personne française moyenne en dix-sept ans. Réunis, les propriétaires d'avions privés émettent jusqu'à 7 500 t de gaz à effet de serre par an. Si vous deviez retenir un chiffre, c'est peut-être le suivant : à l'échelle planétaire, 1 % des touristes sont responsables de 50 % des émissions de l'aviation.

Il semble indispensable de nuancer le fameux « seulement 2,5 % » d'émissions de gaz à effet de serre du secteur aérien et de le mettre

1 DGAC, « Enquête nationale auprès des passagers aériens », décembre 2017.

2 S. Cousin, *Sociologie du tourisme*, La Découverte, 2016.

3 C. Rouquette, « Départs en vacances : la persistance des inégalités », *Économie et Statistique*, 2001, nº 345.

4 « Private jets: can the super rich supercharge zero-emission aviation? », *Transport & Environnement*, 2020.

en regard du nombre de personnes qui en jouissent, avec des impacts abyssalement variables. L'aviation est en grande partie un luxe voire un ultra-luxe. Du transatlantique première classe au jet privé, c'est avant tout cet usage intensif qu'il faut questionner. D'autant qu'il dessine une ligne de démarcation limpide, entre les personnes qui polluent et les personnes qui subissent de plein fouet les premiers ravages environnementaux qui en découlent.

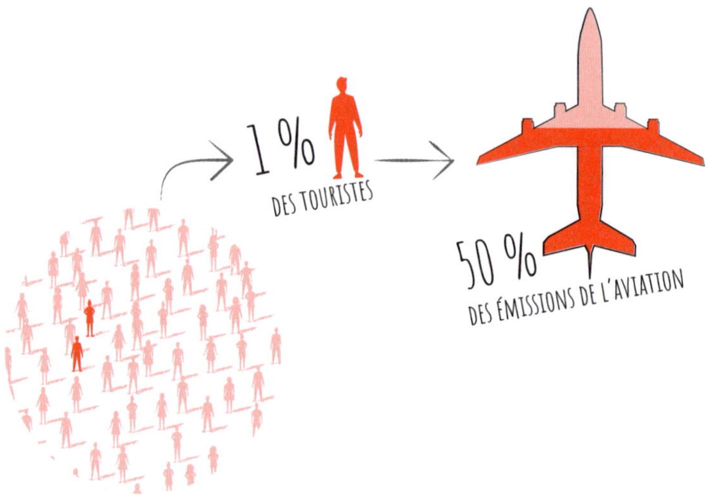

Inégalités face à l'usage du transport aérien

Source : adapté de S. Gössling et A. Humpe, *op. cit.*

#TRAVELPORN

« J'avais pas vu les choses sous cet angle, admet votre cousine. Mais j'aurais quand même du mal à me passer de toute cette altérité à portée d'avion ! »

Historiquement inégalitaire, le voyage était autrefois réservé à une aristocratie souhaitant forger l'ouverture culturelle de ses futures élites. Bien sûr, il s'est légèrement démocratisé - mais il y a encore matière à interroger le culte que nous lui vouons. Certaines personnes ont traversé des océans et survolé des continents, mais n'ont jamais parlé à leur voisin ni visité le village d'à côté, pourtant riche d'histoire et de vie présente. Déclinaison motorisée du *foodporn* qui a explosé avec les réseaux sociaux, il vous suffira de scroller trois secondes pour tomber sur du *travelporn* : une déferlante de *selfies* sur des plages paradisiaques, montagnes enneigées et monuments historiques.

Pour les personnes derrière ces photos, il s'agit peut-être d'un enjeu d'identité et de distinction. Paradoxalement, cela signale surtout leur appartenance à une classe sociale capable de se payer un certain mode de vie. Nous ne voyageons parfois pas pour voyager, mais pour remplir notre *feed* Instagram : la photo justifie le déplacement. De l'autre côté de l'écran, l'autodévalorisation est encouragée en fantasmant une expérience à laquelle on ne participe pas. C'est en réaction à ce phénomène qu'a émergé la tendance « Instagram *VS* reality », qui met en scène les coulisses de ces images parfaites, où des milliers de touristes s'agglutinent comme un matin de Black Friday pour obtenir la même photo standardisée.

Les plateformes et les annonceurs ne demandent que cela : suscitons nous-mêmes ces désirs illusoires ! Nous devenons des cibles potentielles et fournissons aux GAFAM[1] des données sur les contenus les plus susceptibles de nous faire cliquer. Ces données seront analysées et envoyées aux agences publicitaires pour des offres toujours plus personnalisées et alléchantes. Plus vous êtes proche de l'acte d'achat, plus vous valez cher.

« En parlant d'achat, surgit tonton René l'air mal réveillé, tiens, je t'ai fait une liste de courses de dernière minute, si t'as le temps dans la journée. Mais ne te laisse pas emporter par tes désirs illusoires. En matière de marketing, le supermarché c'est un autre niveau que les agences de voyages. »

Et pourtant…

De la carte du monde au monde à la carte

Vous rangez la liste de courses dans votre poche (gardez-la, elle servira au chapitre suivant) et sortez sur la terrasse. Le paysage magnifique vous absorbe. L'envie de prendre une photo vous démange, mais vous vous retenez. Vous laissez ce moment intact, éphémère.

1 Acronyme des géants du Web que sont Google, Apple, Facebook, Amazon et Microsoft.

« Moi j'ai fait l'Inde et le Népal l'été dernier », vous informait fièrement votre ami François-Xavier autour d'un verre, quelques jours avant votre départ. Faisant défiler les photos de son pouce levé devant l'Himalaya, il vous expliquait comment sa retraite spirituelle lui avait ouvert les yeux sur la misère du monde. Il lui aurait suffi de prendre la ligne 12 direction Porte-de-la-Chapelle, mais apparemment la misère doit être instagrammable pour nous ouvrir les yeux.

La formule en elle-même pourrait nous faire tiquer. Nous « faisons » le Népal comme nous « faisons » un tour de manège, un musée… ou comme vous vous apprêtez à faire les courses ! Avec un accès à la mobilité facilité pour les classes moyennes occidentales, le voyage initiatique s'est mué en produit de divertissement, doublé d'une quasi-nécessité pour la reconnaissance sociale. Allant là où le mimétisme nous mène, nous cochons une à une les cases de ce qu'il faut avoir vu. La planète est un immense supermarché, un parc d'attractions géant où les lieux et les cultures se consomment – si vous pouvez payer le billet.

Athènes, ce produit bio du terroir méditerranéen

Car oui, même si des pays émergents comme la Chine s'ouvrent peu à peu aux joies du tourisme, il s'agit ici bien de *nous* : l'Occident. Et c'est aussi en grande partie une activité qui a lieu… entre pays occidentaux. Les trois pays les plus visités du monde en 2019 étaient la

France (90 millions de touristes)[1], les États-Unis et l'Espagne. La quête de l'insolite, hors des sentiers battus – mais pas trop quand même !

Laissant le bébé à tonton René, votre cousine vous a rejoint sur la terrasse. Elle vous oblige à prendre un *selfie* de Noël.

« Tu confonds tout, dit-elle, je ne suis pas une touriste, moi. Ce que je cherche, c'est l'authenticité. Je me vois plutôt comme une voyageuse, une backpackeuse. »

Elle semble le croire. De fait, ayant accès aux voyages touristiques depuis plus longtemps que les autres, une partie de la classe moyenne supérieure occidentale entretient un rapport nostalgique au voyage et à des lieux qu'elle voudrait visiter sans la présence des autres touristes.

Sauf que les touristes, dont nous faisons souvent partie même si nous refusons de le voir, sont partout. Pour le sociologue Hartmut Rosa, le monde nous est devenu « disponible »[2]. Après l'avènement du tourisme de masse, les classes les plus aisées tentent de se distinguer par des expériences de plus en plus « exotiques » : de l'Antarctique à l'Amazonie, en passant par les visites express devant les favelas pour une photo émouvante, et probablement bientôt jusqu'à l'orbite basse pour une poignée d'ultra-riches (émettant au passage autant de gaz à effet de serre que vous le faites en trente ans, si vous êtes dans la moyenne française).

Mais, quand le séjour et l'ailleurs sont *à ce point* des produits consommables, y a-t-il seulement du sens à parler d'altérité, de hasard… de voyage ?

Choisir le sens avant la direction

La désirabilité du voyage longue distance est financée à coups de milliards par le marketing. Pour lutter, l'envie vous vient de chercher des alternatives plus sincères, plus vertes. Mais avant de nous demander comment voyager autrement, peut-être faudrait-il revenir à la racine du problème : la raison pour laquelle nous considérons que notre quotidien est si morne qu'il nécessiterait des moments d'évasion pour être

1 Données du ministère de l'Économie, des Finances et de la Souveraineté industrielle et numérique, www.economie.gouv.fr/cedef/statistiques-officielles-tourisme

2 H. Rosa, *Rendre le monde indisponible*, La Découverte, coll. « Théorie critique », 2020.

supporté. Devons-nous absolument voyager loin pour nous évader, nous ouvrir, ou pour devenir une personne entière et accomplie ?

Cette question déjà profonde en dissimule une autre, en creux. Quel est le but de notre vie ? S'emmerder dix mois dans l'année à faire un travail qui, au mieux ne nous plaît pas, au pire n'a aucun sens, puis décompresser les deux mois restants, faisant du tourisme une industrie de la compensation, un moyen de rendre le capitalisme acceptable[1] ? Faire du système économique le remède salvateur de la cadence de travail qu'il nous impose le reste du temps ? Vous avez sûrement éprouvé la fameuse « déprime du retour ». Et si c'était là que tout se jouait ? Le sens n'est peut-être pas à trouver dans des tribulations à 10 000 km de chez vous... mais dans les contextes où vous passez la majorité de votre temps.

Ralentir le tempo sur les vols d'avion ne veut pas dire abandonner complètement le voyage. Il s'agirait plutôt de réapprendre à voyager : apprécier la distance, la lenteur, les rencontres. Apprécier ce qui est sous nos yeux et que nous refusons de voir. Qui a décrété que le sublime devait être loin ?

« Tellement de poésie en toi », glousse votre cousine.

Vous ne manquez pourtant pas de sérieux et ce n'est pas de votre faute si le sérieux est poétique. Vous ne faites que tirer les conséquences d'un paradoxe : nous avons besoin d'authenticité et, pour y répondre, nous achetons les tickets de *tour operators* communiquant à grands coups de stéréotypes et de fantasme occidental. Et si c'était une erreur ?

Cependant, mettre ce sérieux en pratique, c'est se confronter aux injonctions d'une société, d'un imaginaire collectif, d'un système économique et d'habitudes bien ancrées. Le marketing nous matraque d'associations d'idées entre « respiration » et « voyage longue distance », soutenues directement ou indirectement par les institutions politiques. En 2022, ni le kérosène, ni le carburant des bateaux de croisière n'étaient encore taxés... Nager à contre-courant n'a rien de facile, surtout en solitaire.

« Tu te souviens de cette fourmilière qu'on avait derrière le jardin chez papy et mamie, à l'époque ?

– Je m'en souviens, répondez-vous. Tu avais donné un coup de pied dedans. »

---

1 R. Christin, *Manuel de l'anti-tourisme*, Écosociété, coll « Polemos », 2008.

Votre cousine vous lance un sourire. Avouez-le : la famille vous avait manqué.

Il est devenu difficile de ne pas voir que notre fourmilière à nous, de la taille d'une planète et grouillant de plus en plus vite, génère des impacts environnementaux considérables. Nous nous sommes allègrement donné notre propre coup de pied ! Et le techno-solutionnisme naïf consistant à accélérer face au mur ne semble pas très convaincant, tant il peine à appréhender honnêtement la complexité du réel (transferts de pollutions, effets rebonds) et se montre incapable de questionner les fondamentaux : l'essence fonctionnelle de nos véhicules et de nos infrastructures. Ces fonctions répondent à des besoins, parfois profonds, parfois superficiels. La crise écologique nous impose, ou nous offre, l'opportunité de faire un tri.

Dès lors, il y a les évidences – réduire les vols de loisir, les jets de milliardaires, les gros SUV obstruant les centres-villes. Et il y a le reste, tout en nuances, et pour lequel une seule chose est sûre : nous devons réunir autour d'une table des parties prenantes d'horizons divers pour construire morceau par morceau le grand puzzle des solutions.

La sphère politique d'abord, capable d'influer sur ce qui dépasse la bonne volonté individuelle. À elle de se pencher sur des mesures concrètes, telles que la taxation du kérosène ou la réduction de la vitesse sur les autoroutes (le fameux 110 km/h, si simple à mettre en œuvre et qui permettrait d'économiser 15 % de carburant[1]), ainsi que la re-conception de l'espace urbain pour les courtes distances. Pour mettre les destinations quotidiennes à portée de jambes ou de vélo, il semble par ailleurs incontournable de s'emparer de problématiques aussi profondes que celles de la stratification sociale par zone et de l'organisation du travail. Et si nous voulons y croire ne serait-ce qu'une seconde : à nous de pousser la sphère politique à prendre ses responsabilités, et même – ô stupéfiante idée – de voter pour des programmes qui prennent le sujet au sérieux !

La sphère économique et technique, ensuite. Au-delà de se contenter d'une amélioration de l'efficacité des véhicules, il s'agirait de prendre le taureau par les cornes : c'est parce que les zones reculées ne sont plus qu'à quelques heures de vol que nous avons envie d'y faire un tour, de la même manière que 110 km/h paraît forcément trop lent quand les véhicules sont capables d'un « 0 à 100 » en deux secondes et peuvent

1 Données Cerema, Climat & Territoires de demain.

monter jusqu'au triple. Pour Laurent Castaignède, « ce sont les moyens usuels de la première moitié du XXe siècle qu'il conviendrait de relancer, dans des versions plus modernes et confortables, soucieuses de leur impact environnemental direct et social induit[1] ». Nous pourrions d'ailleurs tirer des enseignements de la tendance *retrofit* (rénover nos vieux modèles de bagnoles pour les passer en motorisation électrique). Une 4L, c'est léger, c'est low-tech – si en plus ça pouvait nous sortir de la dépendance au fossile, c'est une option à peser…

Et il y a nous, petits rouages d'un système qui roule, et nos quelques leviers d'action (ou de « désaction »). Le premier est sans doute de redescendre sur terre (questionner les vacances à Bora-Bora, si tant est que l'on fasse partie d'une catégorie pouvant se les payer)… ce qui nécessite de réfléchir au réenchantement de notre contexte local.

Le deuxième serait de chercher la sobriété au quotidien (se tourner autant que possible vers des modes de transport actifs, ou collectifs moins émetteurs), et de réorganiser peu à peu nos vies en conséquence… ce qui nécessite de parler de ces sujets avec les autres, pour apprendre à ralentir ensemble.

Et d'ailleurs, si c'était ça, le réenchantement ?

Low-tech, retour à la lampe à huile ou innovation frugale ?

On définit souvent le *low-tech* par opposition aux *high-tech*. Son évocation peut faire frémir les plus techno-fétichistes du congrès CES Las Vegas, ou autres fans de grille-pains connectés craignant un retour au Moyen Âge – voire pire… l'avènement d'un mode de vie amish ! Pourtant, quand on parle de low-tech, il ne s'agit pas de prôner un retour à la lampe à huile, mais « d'orientations, de principes généraux, fondés sur le renoncement réfléchi à l'espoir d'une "sortie par le haut" basée sur des percées technologiques à venir[2] ». Il s'agit en fait de concevoir nos objets selon le triptyque *utilité, accessibilité, durabilité*[3].

1 Laurent Castaignède, *La bougeotte, nouveau mal du siècle ?*, Écosociété, 2021.

2 P. Bihouix, *L'Âge des low tech*, Points, 2021.

3 Voir le Low-tech Lab, https://lowtechlab.org/fr

Avant tout, on essaie donc de se recentrer sur une réponse à nos besoins fondamentaux. Ensuite, on cherche les manières les plus sobres et durables (dans le temps) d'y répondre, avec ce qui est à disposition localement et en essayant de décomplexifier nos produits partout où c'est possible, notamment pour les rendre plus facilement réparables.
L'idée n'est pas forcément d'opposer low-tech et high-tech de manière systématique. Les high-tech sont bien utiles dans certains cas, par exemple dans le domaine médical : difficile de faire des IRM sans hautes technologies ! Mais, en ce qui concerne les slips de bain connectés et les voitures autonomes, on dérape dès le premier critère (l'utilité).
Penser le low-tech nécessite de se poser des questions honnêtes sur le rôle de la technique (répondre à de vrais besoins, ou en créer d'autres). La technologie n'est jamais neutre, parce qu'elle induit toujours des usages, et la démarche low-tech permet d'interroger cela. En retour, c'est aussi se donner les moyens de décider de notre avenir commun en y réinjectant de l'autonomie et de la soutenabilité. Imaginez une population capable de s'habiller, s'outiller et vivre correctement – sans exporter de pollutions à l'étranger, sans réduire en esclavage des populations entières à l'autre bout de la planète, et en diminuant drastiquement son empreinte environnementale !

DEUXIÈME ÉTAPE

LE SUPERMARCHÉ : PARADIS DE L'EMBALLAGE

VS

CANETTE EN ALUMINIUM VS BOUTEILLE EN VERRE

Verre l'infini et au-delà

Satanées courses !

Douze pas en avant, virage à droite par le rayon épices, clignotant sur la gauche pour doubler mémé qui cherche ses bouillons cubes… Vous arrivez à destination : le rayon alcool. Ce n'est pas pour vous, bien sûr, c'est tonton René et ce pack de bières qu'il vous a discrètement demandé d'acheter. Le champagne est trop bourgeois à son goût. « C'est Noël en famille, bon sang, pas le mariage de la comtesse de Trifouillis-le-Château. » Sans doute. En attendant, c'est vous qui faites ses courses.

En dénichant la marque favorite de tonton René, vous tombez sur un nouveau dilemme. Le même breuvage est présenté sous deux formats différents. Sous vos yeux se pavane la canette, légère, compacte, « recyclable à l'infini » comme le prétend un magnifique ruban de Möbius sur le côté de l'emballage. Un étage plus bas, le pack de bouteilles en verre lui fait concurrence. Tout aussi infiniment recyclable, apparemment. Même marque, même recette, deux emballages différents : pourquoi diable ? En l'absence d'explication à cette insaisissable stratégie commerciale – qui n'a sans doute pour objectif que de vous faire perdre du temps –, vous faites appel à votre sixième sens écologique, celui qui vous permettra peut-être de trancher.

Il serait facile de penser que le verre est le plus pertinent des matériaux pour emballer les bières de tonton René. Après tout, vos grands-parents recevaient leur lait chaque semaine dans des bouteilles en verre consignées, et si c'est ancestral, ça ne peut pas être mauvais, non ? D'ailleurs avouons-le : les sensations sont beaucoup plus voluptueuses quand on pose ses lèvres sur un goulot bien arrondi que sur une lamelle de métal coupant. Ces vieilles canettes donnent un aspect trop « cheap » aux boissons houblonnées, et vous avez également entendu dire que l'aluminium générait toutes sortes de pollutions lors de sa fabrication – dont une sale histoire de boues rouges... Baptisées ainsi en raison de leur couleur brique, celles-ci doivent leur apparence à une haute teneur en oxydes de fer. C'est l'extraction de l'alumine qui en est la cause, par le doux mélange d'arsenic, fer, mercure, silice et titane qu'elle nécessite... Ces résidus sont parfois rejetés en mer avec nonchalance, comme cela a pu être le cas récemment dans nos magnifiques Calanques[1].

Le verre de trop ?

Tout ça n'est pas faux, mais il y a un hic. Les bouteilles que l'on trouve en supermarché aujourd'hui ne sont plus consignées comme elles l'étaient à l'époque de vos grands-parents. Une fois votre bière descendue, il y a presque huit chances sur dix[2] que la bouteille achève sa vie dans une benne à verre pour être envoyée au recyclage par la collectivité. Ce chiffre vous semble une bonne nouvelle ? N'oubliez pas qu'il signifie aussi ceci : avec ou sans deuxième vie, la bouteille en verre moderne passe *presque systématiquement par la case déchet*. Autrement dit, elle n'est pas réutilisée mais détruite, et au mieux, reconstruite.

Or il faut beaucoup d'énergie pour produire du verre, sa température de fusion étant proche de 1500 °C (contre 660 °C pour l'aluminium). On peut raisonnablement considérer qu'il s'agit de gaspillage lorsqu'on balance du sable, du calcaire et quelques autres matériaux dans un énorme four, fonctionnant souvent au gaz d'ailleurs, pour générer un contenant inutilement lourd qui terminera sa course en tessons dans une benne à verre.

---

1 Pour aller plus loin, le thriller *Rouge* réalisé par Farid Bentoumi et sorti sur nos écrans courant 2020, explore ce sujet en s'inspirant du scandale sanitaire des rejets toxiques de boues rouges de Gardanne, aux alentours de Marseille.

2 Données ADEME, 2019.

En outre, une canette nécessite beaucoup moins d'aluminium qu'une bouteille n'utilise de verre. À quantité de breuvage équivalente, votre pack de bouteilles sera une fois et demie plus lourd que votre pack de canettes. Au prisme de l'empreinte carbone et de plusieurs autres indicateurs, la bouteille en verre a donc logiquement plus d'impact qu'une canette en aluminium.

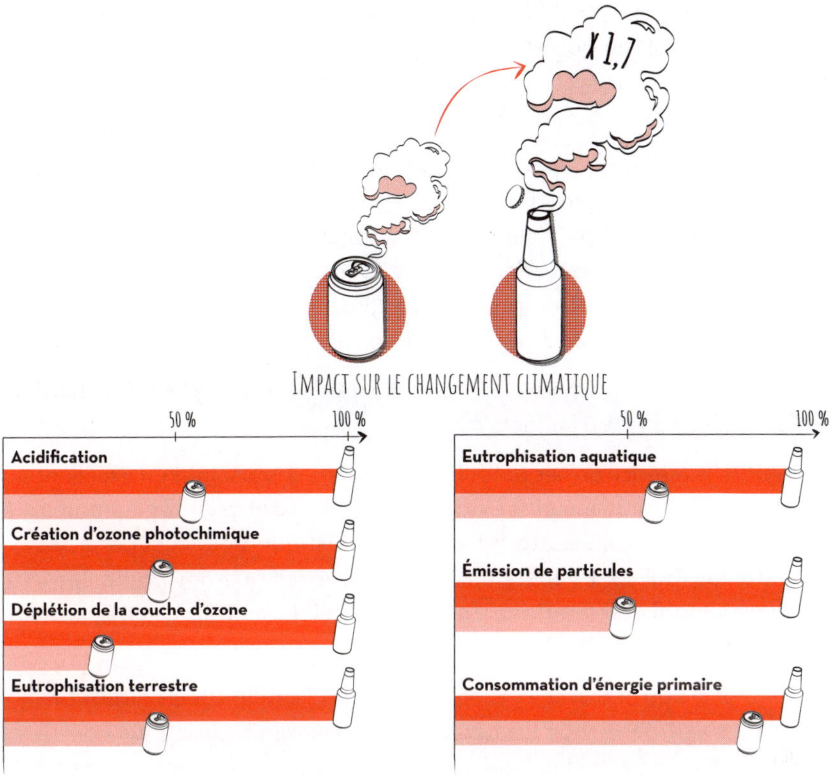

** Pour chaque indicateur, la valeur d'impact la plus élevée des deux solutions est présentée comme étant de 100% et l'autre comme une fraction de cette dernière.*

Comparaison des impacts environnementaux de la bouteille en verre jetable et de la canette en aluminium jetable, de même contenance et pour une unité fonctionnelle se caractérisant par la mise à disposition de 1000 l de breuvage

Source : Ifeu, « Comparative life cycle assessment of Tetra Pak® carton packages and alternative packaging systems for beverages and liquid food on the European market », 2020.

Sauf dans un cas bien précis ! Une sorte de solution miracle… qui n'a rien à voir avec une optimisation du recyclage ou des procédés de fabrication – c'est d'ailleurs bien plus simple – et qui est pourtant peut-être la clé du problème. Vous souvenez-vous de vos grands-parents et leurs bouteilles de lait ?

Ce n'est pas seulement pour faire un clin d'œil nostalgique à Mamie Josette que l'on devrait sérieusement se repencher sur la belle époque de la consigne. Car quand on intègre notre bouteille, si lourde et impactante soit-elle, à un système de consigne, il ne faut pas plus de quelques réutilisations pour la rendre plus vertueuse que sa rivale d'aluminium.

En fait, étant donné l'apport énergétique nécessaire pour produire ou même recycler le verre d'emballage, ce matériau n'a de sens *que* dans un type de circuit fondé sur la réutilisation. Dans le cas d'une bouteille en verre vierge, la fabrication du verre est responsable d'au moins 52 % des impacts du système-produit sur tous les indicateurs environnementaux[1] : on comprend vite l'intérêt de réutiliser le même contenant !

« Mais la réutilisation, vous dites-vous, ne risque-t-elle pas elle aussi d'apporter son lot d'impacts ? »

Prendre la mesure de ces potentiels transferts d'impact est un excellent réflexe. On peut imaginer que ceux-ci ne sont pas négligeables, puisqu'il faut organiser tout un circuit logistique pour récupérer les bouteilles (qui sont généralement plus lourdes que des bouteilles à usage unique) et les nettoyer (ce qui nécessite des intrants en eau, en détergents, en énergie)…

Les impacts du nettoyage varient selon les indicateurs et les dispositifs, mais il s'agit dans tous les cas de la deuxième étape la plus contributrice aux impacts des systèmes avec consigne – derrière l'étape de fabrication.

---

1 Données ADEME, 2018.

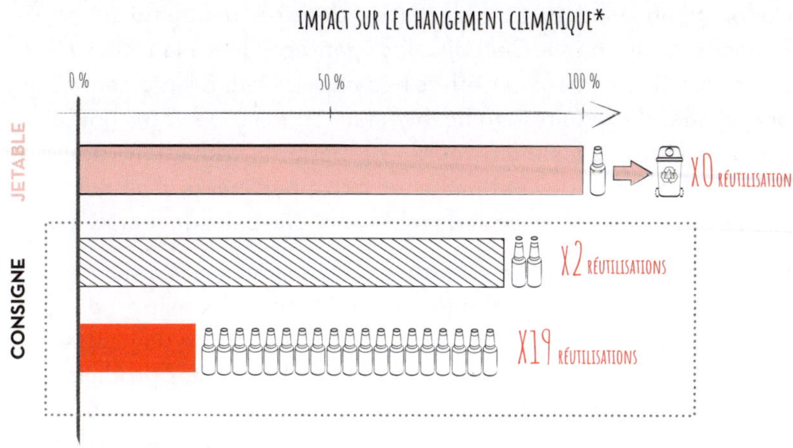

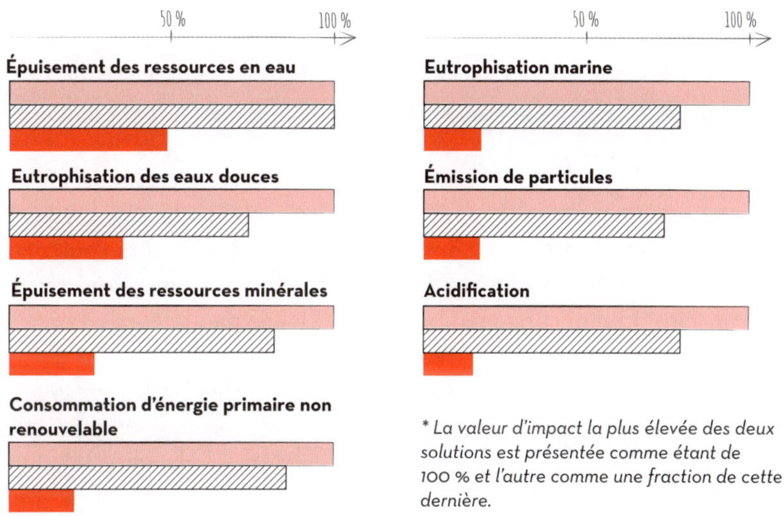

** La valeur d'impact la plus élevée des deux solutions est présentée comme étant de 100 % et l'autre comme une fraction de cette dernière.*

Comparaison des impacts sur le cycle de vie des systèmes avec et sans consigne, pour une unité fonctionnelle se caractérisant par la mise à disposition de 1 000 l de breuvage, et 19 utilisations en moyenne pour la consigne : exemple de la brasserie Météor

Source : Deloitte Développement Durable, « Analyse du cycle de vie de dispositifs de réemploi ou réutilisation (BtoC) d'emballages ménagers en verre », 2018 (sans considérer les incertitudes liées aux résultats).

Un fonctionnement avec consigne n'est donc pas dépourvu de conséquences, c'est un fait. Ceci dit… les avantages liés à la réutilisation compensent largement ces effets négatifs ! En fait, si largement qu'ils permettent de réduire significativement l'impact de votre bouteille sur presque tous les indicateurs – on parle de réductions de 50 à 85 % ! La consigne devient une alternative pertinente d'un point de vue environnemental au bout de seulement une paire de réutilisations.

C'est d'ailleurs là tout le sens du célèbre slogan des « 3R » : avant Recycler, il y a bien Réduire et Réutiliser. Si l'on améliore la production ou le recyclage mais que l'on reste dans le paradigme du jetable, on néglige tout un panel d'optimisations liées à l'usage des produits, qui permettent justement d'*éviter* de la production et du recyclage. Dans le cas des emballages, cela devrait peut-être (re)devenir une évidence : pourquoi jeter un objet quand il est encore parfaitement utile ?

Recyclable *vs* recyclé, ou le mythe du recyclage à l'infini

S'il y a un sujet sur lequel les industriels du verre comme de l'aluminium adorent communiquer, c'est bien le caractère « recyclable » de leurs contenants. Pourtant, ni l'un ni l'autre de ces matériaux n'est « recyclable à l'infini », formule qui est au pire un mensonge, au mieux une figure de style – du type hyper-hyperbole. Cette idée est tout simplement incompatible avec les lois de la thermodynamique, et en particulier le principe d'entropie.

En pratique, dès la collecte des déchets, il est aujourd'hui impossible d'éviter des pertes, de même qu'à chaque étape du procédé, et ce jusqu'à ce qu'on appelle la « perte au feu », intrinsèque au processus de recyclage en lui-même. Même dans un système parfait, la matière ne pourrait que se dégrader ! Bref, aucun matériau, même le plus docile, ne peut être intégralement et indéfiniment recyclé.

D'accord, mais entre verre et aluminium, il doit bien y en avoir un « plus recyclable » que l'autre, non ? Peut-être – et sur ce point, la balance pourrait bien pencher du côté du verre. L'une des façons essentielles de faciliter le recyclage est de privilégier les monomatières. Or, hormis la capsule, le joint et cette fichue étiquette qui refuse toujours de se décoller correctement, une bouteille en verre ne contient que… du verre. Il est d'ailleurs commun de trouver du verre recyclé sur le marché, généralement plus opaque.

Du côté de l'aluminium, c'est un peu différent. Posez-vous cette question : puisque les canettes dans nos rayons sont si souvent vendues comme 100 % recyclables, pourquoi ne voit-on pratiquement jamais de canettes fabriquées à 100 % à partir d'aluminium *recyclé* ?… Peut-être parce que la part de l'aluminium effectivement recyclé n'est aujourd'hui que de 44 % en France, et servira seulement pour partie à la création de nouvelles canettes – le reste étant la plupart du temps « valorisé » dans des blocs moteurs ou sous forme de sous-couche routière.

C'est cette même contrainte de dégradation des matériaux qui fait que vos bouteilles en polyéthylène téréphtalate (PET) seront plutôt recyclées sous forme de fibres textiles. Il n'est pas impossible de refaire une bouteille PET à partir de PET, et cela se fait déjà, surtout depuis la loi AGEC[1] (après laquelle on a miraculeusement vu apparaître des bouteilles constituées à 100 % de plastique recyclé dans les rayons des supermarchés). Mais ce que les marques se garderont bien de vous dire, c'est qu'il faut en moyenne 4 bouteilles en PET pour obtenir 3 bouteilles de rPET[2] !

1 Article 81 de la loi n° 2020-105 relative à la lutte anti-gaspillage et à l'économie circulaire, promulguée le 10 février 2020.

2 PET recyclé.

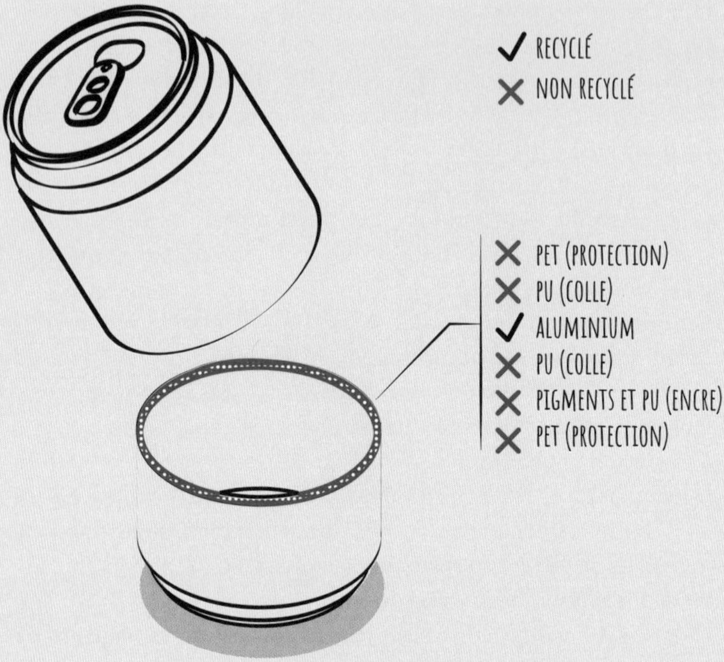

La complexité d'une canette en aluminium

Source : adapté de © M. & Mme Recyclage.

Si Émile de *La Cité de la peur* avait été promu responsable RSE dans la grande distribution, il nous aurait sûrement dit : « On ne peut pas recycler une fois mille boutei... Non ! On ne peut pas recycler mille fois une bouteille ! »
Tout cela ne veut pas dire que le recyclage est à proscrire, loin de là. Toutefois ce n'est pas non plus la panacée, et il ne peut en aucun cas servir de prétexte pour inonder le marché d'emballages inutiles et de produits jetables. Certains matériaux techniquement recyclables (comme l'aluminium d'une capsule de café) pourraient même avoir, sur tout leur cycle de vie, un impact supérieur à des alternatives comme le PLA (un

polymère biosourcé)... ou comme le polystyrène, pourtant non recyclable[1] ! Autrement dit, la recyclabilité d'un matériau ne doit pas être une fin en soi : il faut l'intégrer dans une démarche plus globale. Dans l'adage des 3R, le recyclage n'est que la dernière cartouche à utiliser : Réduire, Réutiliser, Recycler.

1 S. Humbert *et al.*, « Life cycle assessment of spray dried soluble coffee and comparison with alternatives (drip filter and capsule espresso) », *Journal of Cleaner Production*, 2009, vol. 17.

x1
VS

TAMPON VS CUP

Liberté, égalité, adelphité[1] ?

RAGNOUTES EN APPROCHE !

On pourrait périphraser longtemps : « être indisposée », « avoir ses lunes », « ses ragnagnas », ou « les Anglais qui débarquent ». Plus pragmatiquement, entre l'huile d'olive et le pack de bières de tonton René s'est glissée une boîte de tampons – occasion d'aborder le sujet des règles. Car s'il y a bien une chose qui est un signe fort d'inégalité entre les sexes, c'est… non, en fait il y en a plein ! L'instabilité professionnelle[2], l'accès aux postes à responsabilité[3], les inégalités salariales[4] à

1 Terme regroupant à la fois « sororité » et « fraternité », et désignant la solidarité entre ses semblables, qu'elles et ils soient femmes, hommes ou non-binaires.

2 78 % des jobs à temps partiel sont occupés par des femmes, 70 % pour les CDD/intérims. Source : Insee.

3 Elles représentent 40 % des cadres, seulement 29 % des PDG, et ne sont que 18,4 % à siéger dans les comités exécutifs des 120 plus grandes entreprises françaises (Oxfam).

4 En 2019, le revenu salarial des femmes reste inférieur en moyenne de 22 % à celui des hommes (Insee).

compétences égales[1], la misogynie hors et dans la maison[2], l'insécurité, les violences, etc. On note une différence jusque dans l'engagement pour l'environnement[3] ! Bref, une liste longue comme une piste d'atterrissage, à laquelle on peut sans nul doute ajouter la précarité menstruelle... encore de mise en 2022[4].

Vous pourriez essayer de fabriquer des protections hygiéniques « Do It Yourself » en papyrus ramolli comme dans l'Égypte antique, mais il est plus probable que vous vous tourniez vers les solutions habituellement disponibles en magasin : tampons, serviettes, cups, culottes de règles... Ce choix dépend de chacune et, entre enjeux sociaux et contraintes économiques, faire entrer la question de l'écologie dans la balance n'est pas si simple. Ainsi, comme pour de nombreux autres produits, vous vous posez parfois la question de l'impact sans vraiment creuser le sujet. Sauf que cette fois, vous êtes en mode éco-*fighter*. Certes, les conséquences environnementales des protections hygiéniques sont incomparables à celles d'un vol d'avion... mais elles font partie de votre quotidien et aujourd'hui, vous aimeriez mieux les connaître.

---

1 À poste et compétences égales, l'écart de salaire est de 9 % (Oxfam).

2 Pendant le premier confinement, 21 % des mères ont cessé de travailler pour s'occuper des enfants (contre 12 % des pères). Dans le même temps, 70 % des femmes déclaraient superviser quotidiennement le travail scolaire de leur enfant, contre 32 % des hommes (ministère chargé de l'Égalité entre les femmes et les hommes, de la Diversité et de l'Égalité des chances).

3 Les postes dans la RSE sont représentés majoritairement (59 %) par des femmes (Birdeo).
En juillet 2018, une étude réalisée par Mintel (société d'études de marché basée à Londres) a permis d'apporter à ce constat quelques données chiffrées. En Grande-Bretagne, où l'étude a été conduite, 71 % des femmes interrogées déclaraient avoir adopté un mode de vie plus éthique que l'année précédente, contre 59 % des hommes. Elles étaient 77 % à déclarer recycler régulièrement, contre 67 % d'hommes. L'écologie est pourtant devenue au fil des années une préoccupation de plus en plus importante dans l'espace public. Pourquoi alors y aurait-il un écart de répartition quand il s'agit de passer à l'action ?
Voir aussi www.radiofrance.fr/franceculture/l-ecologie-serait-elle-une-affaire-de-femmes-1196252

4 Il y aurait entre 1,7 et 2 millions de Françaises concernées en 2022 d'après l'association Règles Élémentaires, et près de 500 millions dans le monde.

TAMPON GALAXY S 23 ULTRA +

S'il ressemble autant à une fusée Space X, ce n'est peut-être pas un hasard. Les génies du marketing n'hésiteront pas à vous le vendre comme s'ils vendaient la liberté, à la façon d'un Elon Musk décollant pour la planète rouge à bord de son tampon géant (bon vent, Elon!). Tout cela moyennant 2 à 5 euros le paquet, bien sûr! Mais surtout, à l'image de la navette Starship ou d'un smartphone dernier cri... le tampon est un produit beaucoup plus complexe qu'on pourrait le croire.

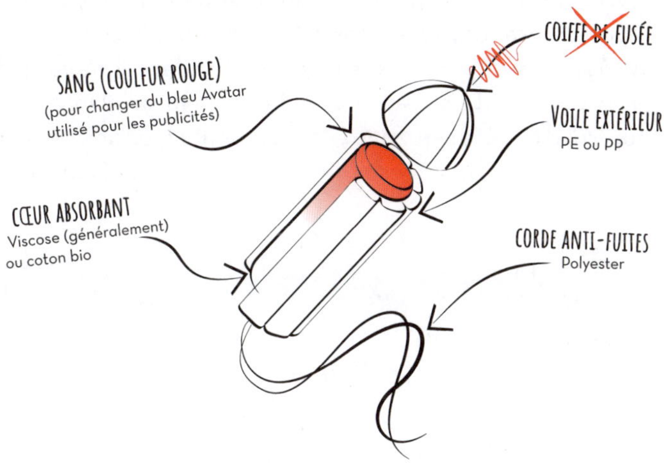

Composition d'un~~e fusée Space X~~ tampon

Un tampon, c'est tout de même un noyau en viscose – comprimée et roulée sous forme de coussinets – accroché au bout d'une ficelle en polyester, enrobé d'adhésif et fourré dans une enveloppe en polyéthylène ou polypropylène[1] – potentiellement accompagné d'un applicateur pour faciliter l'usage, le tout emballé dans du carton ou du plastique.

D'accord, vous dites-vous, c'est un peu plus high-tech qu'un bouchon d'oreille... mais la viscose est un matériau naturel issu de la cellulose de bois, non? En fait, c'est ce que l'on pourrait croire si l'on se fiait

1 C. Vilabrille Paz *et al.*, « Comparative life cycle assessment of menstrual products », GreenDelta GmbH, 2020 ; S. Fourcassier *et al.*, « Menstrual products: a comparable life cycle assessment », *Cleaner Environmental Systems*, 2022, vol. 7.

au discours tenu par les marques, à deux doigts d'affirmer que les tampons « viennent des arbres » et sont donc forcément constitués de matériaux inoffensifs. Sauf que vous savez désormais accueillir avec prudence les mots-valises comme « naturel ».

Eucalyptus, hêtre, pin, bambou[1] : on est d'accord, la viscose est produite à partir de pulpe de bois et, jusqu'à preuve du contraire, le bois *vient des arbres*. Mais la viscose n'en repose pas moins sur un processus chimique élaboré. Du blanchiment de la pâte de bois (à coups de composés chlorés) à la fabrication des noyaux absorbants, le processus en question génère toute une panoplie de pollutions et nécessite de grandes quantités d'énergie. De plus, la fabrication est souvent implantée dans des pays au mix électrique largement carboné… ce qui n'est pas sans conséquences sur le climat. C'est la Chine qui arrive en tête : en 2015, elle représentait les deux tiers de la production mondiale de viscose (devant l'Indonésie et l'Inde[2]).

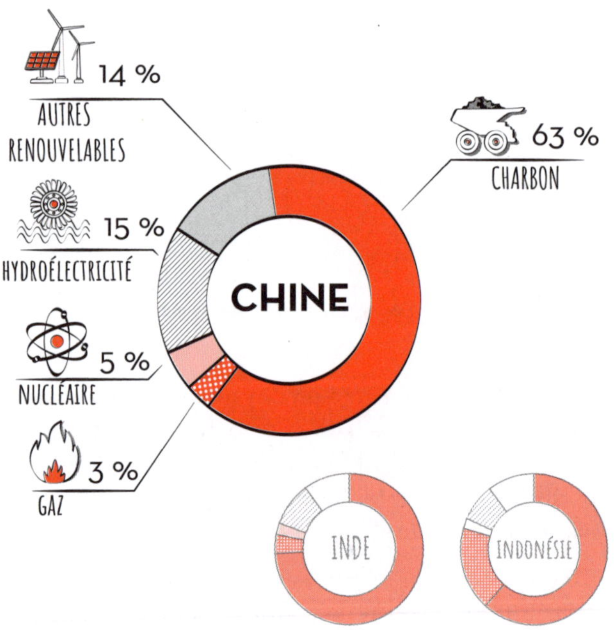

Mix électrique de la Chine, l'Inde et l'Indonésie en 2021

1 Material Guide, « Is viscose ethical and sustainable? », 2020. https://goodonyou.eco/material-guide-viscose-really-better-environment/

2 « Viscose fibres sustainability », 2017.

Dommage pour les tampons, la viscose constitue 90 % du poids total ! Elle concentre l'essentiel de l'impact environnemental du produit, et ce, sur la majorité des indicateurs. La phase d'utilisation du tampon n'intervient qu'en second plan dans son impact (à savoir, le lavage des mains, et l'éventuel papier toilette que vous utilisez pour le déplacer jusqu'à la poubelle).

Le reste des impacts peut être associé à la fabrication du tampon à proprement parler (sans compter l'applicateur, qui pourrait augmenter de 14 % l'empreinte carbone du tampon) et à la fin de vie du produit. En effet, bien qu'il soit jetable, le tampon est de composition complexe et il contient aussi de la matière organique après usage. En conséquence de quoi, il n'est pas facilement recyclable ! D'ailleurs, la grande majorité des tampons sont tout bonnement mis en décharge ou incinérés – tel Elon Musk ratant son atterrissage sur Mars.

Harry Potter et la cup de sang-mêlé

Développée il y a près d'un siècle, la coupe menstruelle a dû attendre le nouveau millénaire et son silicone de qualité médicale pour être déployée massivement. On imagine aisément tous les impacts d'un tel produit, plus lourd qu'un tampon, synthétique dans la plupart des cas et nécessitant de nombreux nettoyages, en plus d'une stérilisation régulière à l'eau bouillante… Tout cela est vrai, mais il faut garder à l'esprit qu'une cup dure plusieurs années. La durée n'est pas précisément établie à ce jour. Cependant certaines marques recommandent un changement tous les deux ans (à peine plus souvent que la cup du monde de football) et d'autres affirment qu'elle peut être réutilisée pendant une décennie[1] !

Pour répondre au même besoin qu'une cup pendant un an, vous devez entasser environ 260 tampons dans la poubelle. Autrement dit, une fois arrivée à la ménopause, et étant donné la durée de vie d'une coupe menstruelle, vous aurez utilisé… près de 10 000 produits à usage unique (contre quelques cups seulement) ! Vu le prix du paquet, le bilan des courses n'est pas le même – ni pour l'environnement, ni pour le portefeuille.

1 C. Vilabrille Paz *et al.*, *op. cit.*

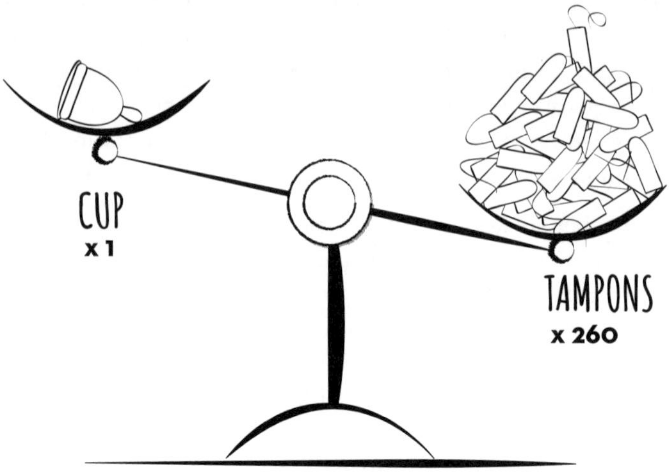

UNE ANNÉE DE RÈGLES

Quantité moyenne de cups ou de tampons[1] utilisés pour une année de règles

Conséquence de son caractère réutilisable, l'impact environnemental de la cup est intimement lié à l'usage que l'on en fait. Par exemple, inutile d'y jeter un papier avec votre nom pour espérer participer au tournoi des trois sorcières[2]. Plus sérieusement, la phase d'utilisation représente près de 95 % de son impact sur tous les indicateurs. Cet impact dépend donc très largement des pratiques de rinçage (température et quantité d'eau utilisée) et de stérilisation : si vous faites chauffer l'eau à la bouilloire, le bilan écologique est nettement moins lourd qu'à la casserole[3] (sans couvercle) ou au barbecue. Par ailleurs, plus la coupe menstruelle est réutilisée, plus les impacts liés à la fabrication, au transport et à la fin de vie seront, en quelque sorte, rentabilisés !

1 260 tampons peut sembler être un chiffre énorme, mais les études se basent sur les recommandations du National Health Service au Royaume-Uni, préconisant un changement toutes les 4 à 8 heures.

2 Référence à *Harry Potter et la Coupe de feu*.

3 Il est généralement recommandé de la placer dans une casserole d'eau bouillante pendant 5 à 10 minutes.

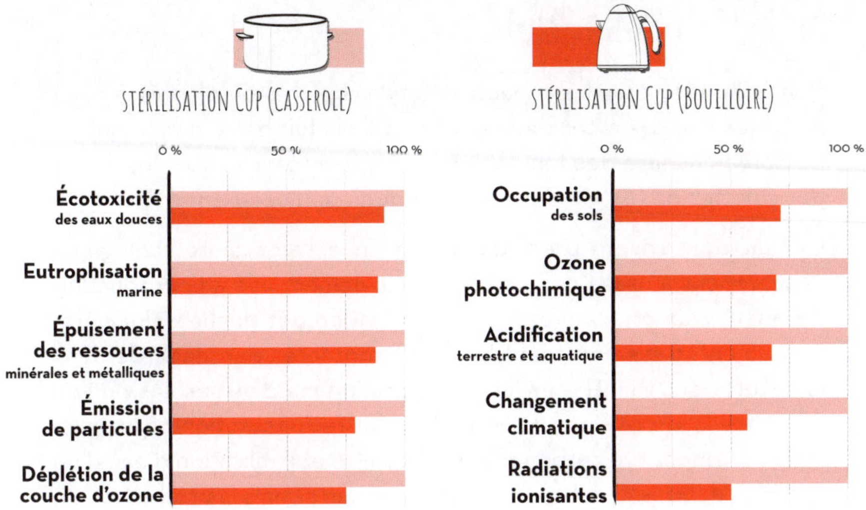

Influence des méthodes de stérilisation sur l'impact de la cup
Scénario allemand : les résultats pourront être sensiblement différents pour la France (*modulo* le type de plaques)

Source : adapté des données de C. Vilabrille Paz *et al.*, *op. cit.*

LE TAMPON QUI FAIT DÉBORDER LA CUP ?

Maintenant, toute la question est de savoir si, au regard de sa production, l'aspect réutilisable de la coupe est suffisant pour en faire un produit plus écologique que les alternatives jetables. Il faut donc faire les comptes !

À l'échelle du cycle de vie complet de ces deux solutions, et tant que vous ne stérilisez pas votre cup dans les réacteurs d'une fusée Space X, le constat est clair : la coupe menstruelle exerce toujours moins d'impacts environnementaux que le tampon. Selon les cas de figure, il suffit de deux à vingt réutilisations pour compenser son empreinte carbone par rapport au tampon conventionnel en viscose. En la gardant cinq ans, on réduit de 62 % à 78 % l'impact sur le changement climatique par rapport à l'équivalent en jetable… et presque tous les autres indicateurs de moitié.

50 NUANCES DE ROUGE

Bon, le tampon est plus impactant que la cup, très bien ! Mais le sujet ne se résume pas à ces deux solutions. Cela fait belle lurette qu'à la maison on achète des tampons bio, et votre sœur utilise désormais des culottes de règles. C'est forcément un peu mieux, non ?

Comme nous l'avons préalablement avancé, l'empreinte écologique des tampons à usage unique est principalement liée à la production des matériaux et aux pratiques d'élimination des déchets (incinération ou enfouissement, sauf lorsqu'ils sont jetés par mégarde dans la cuvette des toilettes). Cela reste vrai même dans les cas où l'on remplace la viscose par du coton bio. Cette substitution permet de réduire l'empreinte carbone de près de 15 % et l'utilisation d'eau d'un peu plus de 10 %. C'est toujours bon à prendre, mais la production de coton reste une activité conséquente et rien n'indique que l'on soit à l'abri de transferts de pollutions. Par exemple, l'utilisation d'engrais dans les cultures, même bio, n'est pas sans conséquences (eutrophisation, acidification). Il n'est donc pas simple de trancher entre les deux versions du tampon. Et surtout, il n'existe pas de matériau écologique par excellence. Si nous produisons du coton pour en faire un objet jetable vendu deux fois plus cher que son équivalent conventionnel, nous sommes loin d'une solution optimale.

D'ailleurs, tant qu'à cultiver du coton, autant en faire un sous-vêtement ! Les culottes de règles, elles, peuvent être utilisées plusieurs fois. De plus en plus de marques travaillent à la fois leur confort et leur style. Étant donné la quantité de matière nécessaire, les performances environnementales d'une culotte menstruelle ne rivalisent pas avec celles d'une cup, mais elle reste écologiquement plus pertinente que des tampons, qu'ils soient bio ou en viscose.

Il faut toutefois tenir compte des variabilités de flux d'une utilisatrice à l'autre. Si certaines ont un flux peu abondant, d'autres ont tendance à revivre à chaque cycle la scène de l'ascenseur dans *Shining*. Or, personne n'a envie de changer de culotte douze fois dans la journée. Dans les faits, c'est donc souvent une combinaison de solutions qui s'impose… et à ce jeu, c'est le combo culotte/cup qui sort indubitablement vainqueur sur le plan environnemental, comme sur celui du porte-monnaie.

Notez que si la cup menstruelle représente la meilleure solution pour l'environnement, elle ne peut être considérée comme une alternative véritablement viable que si le système social et économique le permet, à commencer par une garantie d'accès à de l'eau saine et des infrastructures adaptées… On ne peut pas dire avec certitude à quoi ressemblera la France dans cinquante ans, mais heureusement, dans l'époque actuelle, c'est encore possible[1] !

Enfin, tout ça est aussi, ou avant tout, une question de bien-être intime sur laquelle chacune doit être maîtresse de son choix. Contrairement au *flight-shaming* qui pointe du doigt les enjeux écologiques énormes de l'aviation, le tampon-*shaming* misogyne ne relèverait pas exactement de l'intérêt public. S'il est intéressant d'avoir en tête les implications écologiques des protections hygiéniques, c'est surtout pour clarifier un éventuel flou sur le sujet, et pour mieux comprendre notre impact environnemental de manière générale – en aucun cas pour se sentir coupable… d'avoir un corps !

1 Mis à part certaines toilettes publiques ou d'entreprises qui n'ont pas été conçues pour répondre à ce besoin d'intimité.

VS

SAC EN PLASTIQUE VS SAC EN PAPIER

La hotte du Père Noël est-elle respectueuse de l'environnement ?

Bilan des courses !

Vous venez de cocher le dernier item sur la liste. Sacré budget. Si vous étiez de nature plus fougueuse, vous tenteriez une percée à travers les portiques, debout sur votre caddie en hurlant « à bas les capitalistes » sous le nez des vigiles. Le problème ? Vous avez oublié le cabas que votre grand-mère proposait si généreusement de vous prêter. Les articles débordent sous votre bras gauche tandis que l'autre main rate à trois reprises le paiement sans contact.

« Voulez-vous un sac ? Nos sacs de courses sont 100 % en papier.

– Euheu », acquiescez-vous avec soulagement.

Enfin une décision écologique facile à prendre.

Tout le monde sait qu'acheter un sac en papier est l'unique véritable bon geste qu'il soit possible d'accomplir dans un supermarché. Le papier est une matière *naturelle*, donc *biodégradable* – donc située du bon côté de la force. Vous pourriez faire de ce sac un avion en origami et l'envoyer planer dans la nature avec toute la poésie du monde ; méprisant ces temps arriérés (avant 2016 pour être exact) où le caissier ne vous aurait vendu que du plastique jetable. Merci, ô bien nommée « loi sur la transition énergétique et la croissance verte » (dont on passera l'oxymore pour une fois) !

Ce tissu d'évidences tourne dans votre tête sur le chemin du retour. Le papier est moins impactant que le plastique, *bien sûr*. Il suffirait de demander à n'importe qui pour continuer de rester d'accord. Personne ne vous interdira cette petite fierté d'appartenir à une société qui, au moins de temps en temps, avance.

N'est-ce pas ?

Démêler le vrai du préjugé

Nous avons tous en nous l'image obscène d'animaux marins étouffés par des fibres plastiques. Gardons-nous d'oublier cette réalité-là avant d'entamer le travail de démystification des emballages. La pollution liée au plastique est un véritable fléau pour la vie marine, terrestre, et pour nous-mêmes. Le cycle de l'eau en est aujourd'hui entièrement altéré. Il pleut du plastique un peu partout sur la planète[1] et nous pourrions en ingérer jusqu'à 5 g chaque semaine. Vous le préférez assaisonné comment, votre filet de merlu ? Au polyéthylène ou au polystyrène ?

Tout ça est déjà catastrophique. Mais lorsqu'on s'imagine usuellement l'impact environnemental d'un sac, qu'il soit en papier ou en plastique, on ne perçoit en général que les conséquences de sa fin de vie. On ignore donc complètement plusieurs autres aspects d'une catastrophe bien plus étendue. Car pour fabriquer du polyéthylène, il a fallu extraire des matières premières – en l'occurrence, du pétrole – et l'existence de son rival papier a sans doute commencé par la coupe d'un joli bosquet d'arbres... En fait, pour avoir une idée de la « vertu » réelle de l'un ou l'autre de ces produits, il est nécessaire d'évaluer leur cycle de vie *complet*.

1 « Pluies de plastique : quelles origines et quelles conséquences sur la santé ? », *Sciences et Vie*, 5 février 2022.

Sauf qu'il ne suffit pas de se limiter à une comparaison des matériaux. En mettant sur la balance un kilo de papier et un kilo de plastique, nul doute que le papier présente de nombreux avantages. Mais pour aller au fond du problème, il faut avoir en tête la notion du service rendu à l'utilisateur, que l'on a déjà évoqué au début de notre épopée – autrement dit, la *fonction* de notre sac. Ici, il s'agit de transporter un certain volume de courses. Or il nous faut beaucoup, beaucoup plus de papier que de plastique pour transporter un même volume de courses. Et c'est là toute la différence.

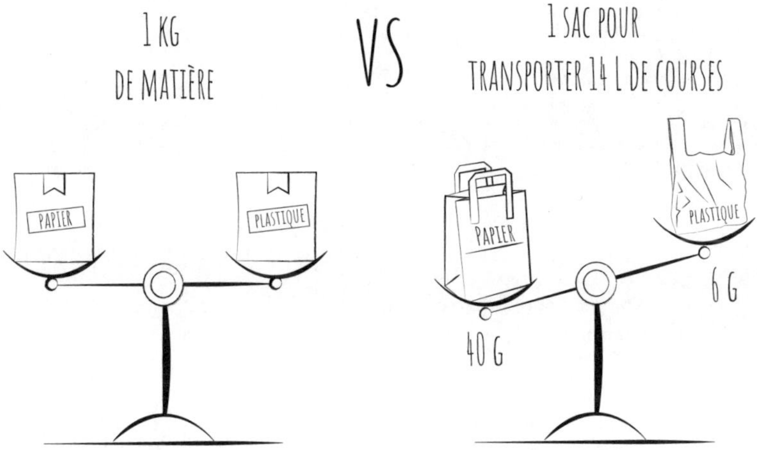

Pour un même sac de courses, à volume équivalent,
il faut beaucoup plus de papier que de plastique

En fin de vie (donc à partir de ce moment où vous oubliez de ramasser vos déchets après un pique-nique près de la rivière), le sac en papier entraîne moins de complications. Mais en raison du différentiel de quantité, il présente un impact bien supérieur au concurrent plastique lors de la production, et ce sur bon nombre d'indicateurs. Il consomme notamment trois fois plus d'eau et émet 80 à 90 % de gaz à effet de serre en plus[1] !

1 PwC pour Carrefour, « Évaluation des impacts environnementaux des sacs de caisse Carrefour », revue critique de l'ADEME, 2004.

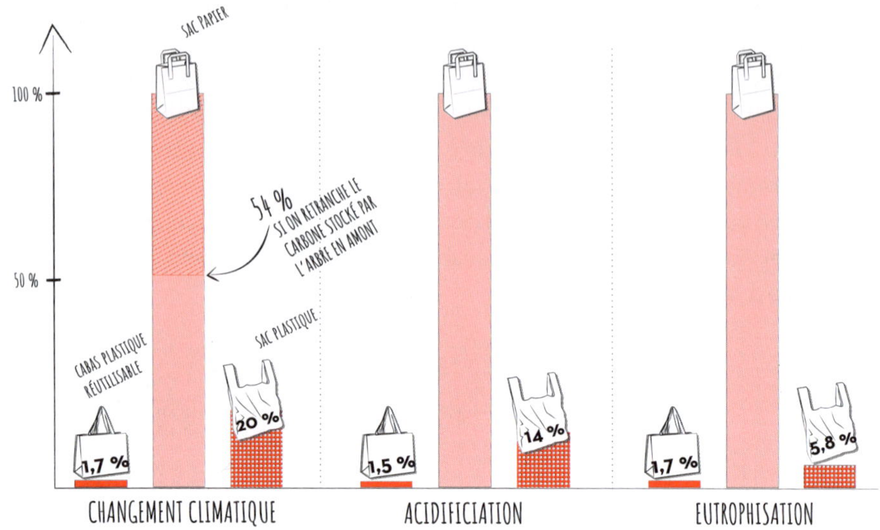

** La valeur d'impact la plus élevée des trois solutions est présentée comme étant de 100 %, les autres comme des fractions de cette dernière*

Comparaison du sac en plastique avec le sac en papier et le cabas en polypropylène non tissé réutilisé cinquante fois

Source : A. Ahamed *et al.*, « Life cycle assessment of plastic grocery bags and their alternatives in cities with confined waste management structure: a Singapore case study », *Journal of Cleaner Production*, 2021, n° 278.

Alors quoi ? On jette tout ?

Surtout pas ! Justement, quand on s'évertue à révolutionner le plastique jetable, on focalise bien trop notre attention sur le « plastique »… et bien trop peu sur le « jetable ». On ne pense donc qu'à le mettre en opposition à un autre matériau qu'on imagine meilleur – ce qui n'est pas le cas du papier de toute façon. Mais c'est faire erreur dans la hiérarchie des problèmes !

En tenant compte de l'ensemble du cycle de vie et en ramenant les matériaux à leur service rendu, on s'aperçoit qu'un cabas en polyéthylène (un plastique donc), après seulement quelques réutilisations, est toujours moins impactant qu'un sac jetable, *quel que soit le matériau de celui-ci*. Le critère le plus pertinent ici n'est donc pas le matériau en lui-même, mais la résistance du sac ! Or le papier est rarement capable de transporter des courses sur le long terme : si votre chat ne s'applique pas à le mettre en lambeaux pour accéder à ses croquettes, le sac commencera sans doute à se désagréger après les premières gouttes de pluie.

Vous repensez au hipster parisien de la veille, défilant en trottinette devant votre appartement, *tote bag* en coton sur l'épaule. Si son choix de motorisation était fortement discutable, peut-être avait-il de meilleures idées quant à la manière la plus vertueuse de transporter ses courses ?

Alors… non. Qui dit coton dit consommation d'eau, d'énergie, occupation des sols et usage de pesticides (il est plus courant de trouver du coton bio dans des tampons que dans des cabas). Ces impacts sont si importants qu'il faudrait réutiliser un sac en coton près de cent cinquante fois pour compenser son empreinte carbone par rapport à l'équivalent en sacs en polyéthylène jetables. Sur d'autres indicateurs, le nombre de réutilisations nécessaires pour cette compensation varie de 7 000 à 20 000[1] (l'écart dépendant notamment des pratiques sur la culture du coton et de la gestion de la fin de vie du sac).

En admettant que vous utilisiez votre *tote bag* pour faire vos courses trois fois par semaine, vous aurez amorti son impact environnemental par rapport à des sacs plastiques d'ici une quarantaine d'années. Et si l'on considère que les sacs en plastique peuvent être utilisés ne serait-ce que trois ou quatre fois au lieu d'une seule avant d'être jetés… il faudrait vraisemblablement plus d'une vie humaine pour amortir l'impact d'un seul *tote bag* !

Tout cela sans compter un problème récurrent : notre tendance à accumuler les sacs réutilisables au lieu de les réutiliser. Les marques semblent d'ailleurs plus enclines à nous en distribuer à foison plutôt qu'à promouvoir la réutilisation sur le long terme, quitte à faire déborder nos placards.

---

1 Danish Environmental Protection Agency, « Life cycle assessment of grocery carrier bags », 2018 ; C. Edwards et J. M. Fry, « Life cycle assessment of supermarket carrier bags », 2006.

Il n'existe peut-être pas de sac ultime, à la fois ultra-résistant et peu impactant. Mais il existe pourtant une solution optimale à ce problème[1] : rentabiliser les sacs réutilisables qui existent déjà. Et ce n'est pas ce qui manque ! C'est sans doute mamie qui avait raison dans cette histoire, tout simplement en vous proposant son vieux cabas. Elle aurait pu vous proposer n'importe quel autre contenant pratique qui traînait dans la maison : l'unique véritable bon geste était peut-être de ne pas l'oublier.

Le concept d'« écomatériau »

On entend souvent parler de matériaux « écologiques » ou « naturels ». Ces termes sous-entendent qu'ils seraient par essence plus sains que d'autres, voire dénués d'impact. En fait, de tels matériaux n'existent pas. Dès lors que l'on extrait de la matière de notre environnement et qu'elle est transformée pour en faire un produit, on génère de l'impact. Bien sûr, le bilan environnemental varie selon les matériaux et les procédés – mais cet axiome ne se négocie pas.

Un matériau ne peut avoir de pertinence environnementale que relativement au produit dans lequel on l'utilise et à la fonction qu'il remplit. Il sera plus écologique que ses concurrents dans certains contextes, moins dans d'autres, et puisque la fonction n'est définie que par nous, notre usage entre significativement dans la balance. Usage qui, lui, est négociable.

Le biais de raisonnement consistant à croire que certains matériaux sont intrinsèquement « écologiques » s'est largement répandu ces dernières années. Il est peut-être en partie imputable aux réglementations prônant la fin du plastique jetable, qui ont conduit à troquer, dans une ribambelle de cas (allant du sac de courses à la paille de fast-food), des matériaux plastiques pour du papier… tout aussi jetable. On y substitue parfois même des hybrides pour imiter l'apparence du papier, qui relèvent en fait du complexe multicouche non recyclable, ce qui est une véritable aberration.

1 Bien que des sacs en PE ou PP tissé, ou encore en lin ou en chanvre présenteraient des profils déjà bien meilleurs par rapport au coton.

VRACADABRA !

Suffit-il d'être zéro déchet pour sauver le monde ?

Le vrac s'emballe

À chaque fois que vous sortez d'un supermarché, vous gambergez au sujet de cette histoire d'emballages. D'autant qu'après avoir acheté les bières de tonton, vous avez quelque peu décortiqué le faux miracle que constitue le recyclage[1]. La prochaine fois bien sûr, vous n'oublierez ni le cabas de mamie, ni les trois cents sacs plastiques en stock fourrés dans le placard de l'entrée. Vous passerez d'ailleurs au rayon vrac pour trouver du café, histoire de rentabiliser les bocaux vides qui traînent sur les étagères. Vous pourriez ainsi lâcher votre machine à café-capsule et son bruit de tondeuse à gazon, au profit d'une bonne vieille cafetière moka. Moins d'emballages, moins de déchets… adieu les impacts ?

Calmez vos ardeurs, jeune écologiste. Avez-vous la certitude que la transition vers le vrac suffirait à annuler les impacts de vos prochaines courses ? Tenez, à ce sujet, le café est l'exemple parfait pour revenir sur quelques idées reçues…

Posons d'abord la base : notre belle Europe colonialiste représente un bon tiers de la demande de café sur Terre[2], quand la majorité de la production s'effectue dans les pays du Sud. Partant de quoi, nous avons tendance à restreindre les impacts environnementaux du café à deux

---

1 Voir « Recyclable *vs* recyclé », p. 102.

2 ICO (International Coffee Organization), World Coffee Consumption Statistics.

coupables : le transport (on ne fait pas pousser du Robusta dans les Yvelines) et le suremballage (vous savez, ces poupées russes d'aluminium, carton puis plastique pour des dosettes de café moulu). Pourtant, que vous le dégustiez en capsule, en filtre, à la cafetière moka ou infusé dans des chaussettes sales, l'impact de votre tasse de café est dominé par deux contributeurs qui ne sont ni le transport, ni les poupées russes.

D'un côté, la culture, à l'origine de 35 à 49 % des impacts de votre breuvage sur la majorité des indicateurs. En aspergeant des monocultures de pesticides, on accroît l'impact sur l'écotoxicité et la toxicité humaine[1], et le recours à des engrais azotés provoque des émissions d'oxydes nitreux, un puissant gaz à effet de serre.

De l'autre côté, la phase d'utilisation, qui représente 42 à 52 % des impacts. En cause : le chauffage de l'eau (via les différentes méthodes de préparation) et le maintien du café au chaud, qui peuvent constituer jusqu'à la moitié de la consommation d'énergie sur l'ensemble du cycle de vie de votre tasse de café[2] !

Revenons à nos emballages. Selon les matériaux et leur configuration, et sur le seul indicateur du changement climatique, leur part dans l'impact

---

1 Ces catégories d'impacts, bien qu'essentielles, sont délicates à traiter dans le cadre d'analyses de cycle de vie. Contrairement à des indicateurs comme le changement climatique ou l'acidification, elles traduisent non pas des impacts globaux, mais locaux, qui peuvent varier selon les milieux, les régions, les écosystèmes. Les valeurs obtenues reposent souvent sur des observations. De plus, les effets toxiques n'ont pas tous le même mode d'action et varient avec de potentiels « effets cocktail » (bien connus en toxicologie : lorsqu'une substance chimique inoffensive à faible dose devient nocive une fois mélangée à une autre). Il est délicat d'agréger tout cela en équivalent d'une unique substance, comme on le fait pour le réchauffement climatique avec l'équivalent CO_2. Toujours est-il qu'à force d'asperger des cultures de pesticides, le risque d'accroître le nombre de cancers est à considérer très sérieusement, que l'on parle des paysans, des populations alentour ou des consommateurs.

2 M. P. de Figueiredo Tavares et A. L. Mourad, « Coffee beverage preparation by different methods from an environmental perspective », *The International Journal of Life Cycle Assessment*, 2020, vol. 25 ; K. Usva *et al.*, « Carbon and water footprint of coffee consumed in Finland », *The International Journal of Life Cycle Assessment*, 2020, vol. 25 ; Quantis, « Life cycle assessment of a lungo cup of coffee made from a Nespresso original capsule compared with other coffee systems in Switzerland », 2018 ; S. Humbert *et al.*, « Life cycle assessment of spray dried soluble coffee and comparison with alternatives (drip filter and capsule espresso) », *Journal of Cleaner Production*, 2009, vol. 17.

du café varie de 2 à 14 %. Ce n'est pas rien… mais il reste bien plus efficace de s'intéresser au mode de consommation (filtre, capsule, *french-press*) et à la manière dont le café est produit. Passer d'une culture conventionnelle au bio permettrait non seulement d'éviter une ribambelle de cancers chez les agriculteurs péruviens et la faune environnante, mais aussi de réduire de 17 à 30 % l'empreinte carbone liée à la production.

De façon plus générale, du pot de pâte à tartiner au flacon de gel douche, l'emballage ne constitue généralement qu'une fraction de l'impact sur le cycle de vie des produits. Bien sûr, le vrac permet d'aller dans le bon sens (et encore cela dépend des taux de perte produit qui lui sont associés). Mais les emballages ne devraient pas monopoliser notre attention au point d'en oublier l'essentiel : ce qu'on trouve à l'intérieur, et ce qu'on en fait.

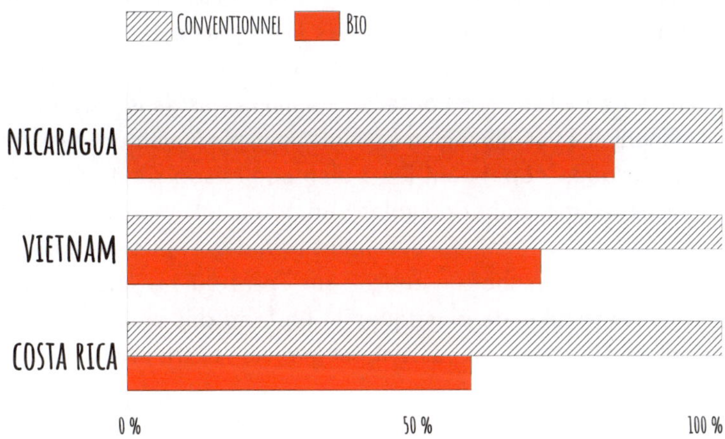

** Pour chaque indicateur, la valeur d'impact la plus élevée des deux solutions est présentée comme étant de 100 % et l'autre comme une fraction de cette dernière.*

Influence du bio sur l'empreinte carbone des cultures de café au Nicaragua, Vietnam et Costa Rica, comparé au café conventionnel

Sources : L.T.K. Trinh *et al.*, « Comparative life cycle assessment for conventional and organic coffee cultivation in Vietnam », *International journal of environmental science and technology*, vol. 17, n° 3, 2020, p. 1307-1324 ; Bernard Killian *et al.*, « Carbon footprint across the coffee supply chain: the case of Costa Rican coffee », *Journal of Agricultural Science and Technology*, 2013, p. 151 ; Martin R. A. Noponen *et al.*, « Greenhouse gas emissions in coffee grown with differing input levels under conventional and organic management », *Agriculture, ecosystems & environment*, vol. 151, 2012, p. 6-15.

Donc l'emballage, on s'en fiche ?

Ce que nous venons d'établir n'est pas une excuse pour vendre des bananes et des quartiers de mandarines prédécoupées dans des barquettes de polystyrène (même si vous aviez beaucoup de mal à trouver le petit trait « ouverture facile » sur la peau de vos fruits). Les cas sont nombreux où l'emballage n'est qu'un support du marketing, ou pire, justifie l'existence d'un système-produit dont on pourrait presque totalement se passer... comme c'est le cas des bouteilles d'eau !

Si celles-ci trouvent leur pertinence dans des contextes où le traitement et la distribution ne sont pas assurés, le réseau d'eau de l'hexagone est, dans l'ensemble et hors sécheresse, sain et potable. On pourrait arguer qu'on trouve des microparticules de plastique dans l'eau courante... mais il faut être candide pour penser que le polyéthylène PET de nos bouteilles ne migre pas dans l'eau qu'elles contiennent[1]. Les seuils réglementaires sont généralement respectés par les marques, cependant il y a bien une raison si on vous dit de ne pas les laisser traîner au soleil ! En outre, les impuretés dans le réseau d'eau n'ont malheureusement rien d'exceptionnel : difficile aujourd'hui de dénicher un endroit sur Terre qui ne soit pas pollué aux microparticules de plastique, du fin fond des océans[2] jusqu'au sommet de l'Everest[3], en passant par la pluie[4], notre propre sang[5] ou

1 Bach Campana, « Évaluation de la migration des constituants de l'emballage en polyéthylène téréphtalate (PET) vers l'eau, des facteurs d'influence et du potentiel toxique des migrats », ANSES, 2011.

2 B. Cormier *et al.*, « Chronic feeding exposure to virgin and spiked microplastics disrupts essential biological functions in teleost fish », *Journal of Hazardous Materials*, 2021, vol. 415.

3 E. Imogen *et al.*, « Reaching new heights in plastic pollution: preliminary findings of microplastics on Mount Everest », *One Earth*, 2020, vol. 3.

4 S. Allen *et al.*, « Sonke evidence of free tropospheric and long-range transport of microplastic at Pic du Midi Observatory », *Nature Communications*, 2021, vol. 12.

5 H. A. Leslie *et al.*, « Discovery and quantification of plastic particle pollution in human blood », *Environment International*, 2022, vol. 163.

le lait maternel[1]. Boire votre eau en bouteille ne vous permet pas d'y échapper… et ne fait que contribuer au problème.

De l'écogeste au changement radical

Nous avons abordé le sujet du zéro déchet sous l'angle des emballages. Toutefois, ce n'est qu'une fenêtre réduite sur une civilisation qui, comme l'explique Arthur Keller[2], est essentiellement une énorme machine à transformer le monde en déchet, et ce, pour André Leroi-Gourhan, depuis notre sédentarisation. De fait, le zéro déchet ne peut pas se résumer à acheter des coquillettes en vrac. Selon Flore Berlingen dans *Recyclage : le grand enfumage*[3], il faut interroger la société du jetable et complètement revoir notre rapport au déchet : « Le déchet d'aujourd'hui n'est plus l'objet cassé ou usé que ramassaient les biffins, mais celui conçu pour une utilisation unique ou limitée dans le temps. Dans la seconde moitié du XXe siècle, plusieurs transformations se sont combinées : la durée de vie ou d'utilisation des équipements et des vêtements a été raccourcie par diverses stratégies d'obsolescence programmée ou par une moindre qualité de fabrication, le commerce en circuits courts et la consigne ont laissé place à la grande distribution et ses emballages à usage unique, la délocalisation de la production pour profiter d'une main-d'œuvre à bas prix a rendu obsolètes et comparativement trop chères les activités de réparation artisanale. »

Si la démarche zéro déchet effectuée par des particuliers ne sauvera pas le monde, reste qu'elle permet de mener une introspection pour démêler l'utile du superflu. En cela, elle est un « écogeste » véritablement politique : c'est une attaque directe, quoique minime, à notre société de consommation. Et s'attaquer au déchet en utilisant la notion

1 S. Liu *et al.*, « Detection of various microplastics in placentas, meconium, infant feces, breastmilk and infant formula », *Science of The Total Environment*, 2022, vol. 854.

2 Arthur Keller, « Les défis de notre temps : caractérisation systémique et stratégie systémique », conférence à CentraleSupélec (disponible sur YouTube).

3 Rue de l'Échiquier, 2020.

de cycle de vie, c'est aussi combattre le gaspillage – notion que l'on retrouve mieux rendue dans le terme anglais « *zero waste* ». Gaspiller, ce n'est pas seulement générer plus de déchets que nécessaire. C'est aussi en quelque sorte « trahir » toutes les pollutions qui ont été générées au cours de la vie de l'objet… puisqu'elles auront été vaines.

Le zéro déchet est également intéressant dans la mesure où les changements sont rapidement et visuellement perceptibles. Quand on voit la taille de sa poubelle divisée par deux, trois ou quatre en quelque temps seulement, c'est gratifiant et cela peut provoquer une prise de conscience plus profonde. C'est alors un moteur pour aller plus loin dans notre transition personnelle, et pour sortir, comme le souligne Baptiste Monsaingeon dans *Homo detritus : critique de la société du déchet*[1], de la logique du « bien jeter pour mieux oublier ».

De l'inégalité parmi les ordures

Plus vous allez en profondeur dans la démarche, plus le zéro déchet semble avoir du sens. Pourtant quelque chose pourrait vous empêcher de vous lancer dans l'aventure, et c'est une question d'image – que vous renvoie d'ailleurs votre mère trois secondes après avoir abordé le sujet.

« Le zéro déchet, c'est tellement un truc de bobo qui se paye du vrac dans des épiceries super chères et aromatisées. »

Si cette image renvoie à une démarche si superficielle, c'est que le sujet a été mal compris. Le zéro déchet est, presque par définition, une manière de faire des économies sur les produits : en se tournant vers des vêtements de seconde main, en achetant du cosmétique ou du ménager en gros, en cherchant des appareils d'occasion ou reconditionnés… Les personnes qui vivent dans la précarité le savent d'ailleurs très bien : économiser nécessite de réduire le gaspillage sur tous les fronts.

Si des personnes plus riches s'essaient à la démarche, la question n'est peut-être pas tant de savoir à quel point elles s'achètent une bonne conscience, mais plutôt de savoir si elles réduisent efficacement leurs impacts et contribuent au bien commun autant qu'elles le peuvent.

1 Seuil, 2017.

D'ailleurs plus les personnes sont riches, plus il est essentiel de les inciter à réduire leur impact, potentiellement énorme à l'origine. La mesure des inégalités ne réside pas dans le zéro déchet, mais bien dans le déchet tout court! On pourrait en faire un adage: « Dis-moi quelle taille fait ta poubelle, je te dirai combien tu gagnes. » Ce n'est pas pour rien si le gaspillage sert parfois de manifestation explicite de la richesse... Bien que la démarche du zéro déchet permette à tout le monde de faire des économies, telle qu'elle a émergé elle s'adresse surtout aux grosses poubelles, issues de l'abondance et du gaspillage.

En France, nous faisons globalement partie des grosses poubelles. Les pays à haut revenu ne représentent que 16 % de la population mondiale, mais ils produisent plus d'un tiers des déchets planétaires (683 millions de tonnes par an).

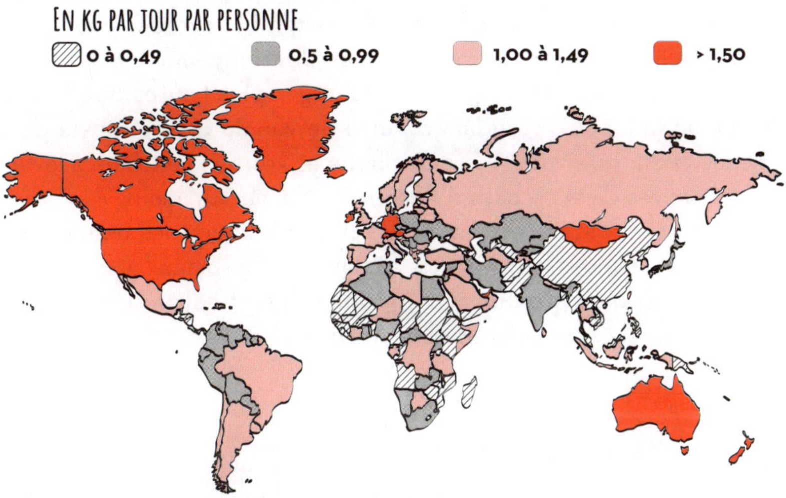

Poids moyen des déchets générés pour une personne et par jour, en fonction des pays[1]

Le pays de l'égalité gaspille, ou perd, 10 millions de tonnes de nourriture chaque année[2] (dont 2,3 millions générées par la grande distribution, et 6,5 millions par la consommation particulière). En moyenne, cela

1 S. Kaza *et al.*, « What a Waste 2.0: a global snapshot of solid waste management to 2050 », World Bank Group, 2018.

2 Données ADEME, 2019.

revient à peu près à 150 kg annuels par habitant. D'ailleurs, 11 % de nos poubelles sont du gaspillage alimentaire[1], et plus largement, c'est 17 % de la production mondiale de nourriture qui sont partis à la poubelle en 2021[2] ! Vous ne portez pas toute la responsabilité dans cette histoire : il y a du gaspillage tout au long du cycle de vie des produits alimentaires – fruits et légumes abîmés ou non standard retirés des étals, ruptures de chaîne du froid, procédés de conditionnement défectueux… En face : 828 millions de personnes crevaient littéralement la dalle en 2021[3]. Dans ce contexte, considérer que la démarche zéro déchet est superficielle (et s'évertuer à revendiquer notre droit à gaspiller allègrement), ça pourrait bien être le monde à l'envers.

D'autant qu'une fois jetés, les déchets entament un périple terriblement cynique. Notre électroménager, notre électronique, et toutes sortes d'autres produits en fin de vie sont souvent mal traités. Une bonne partie échappe aux filières de traitement agréées pour être exportée illégalement dans des pays en développement. Vous avez peut-être déjà vu ces images de décharges plus hautes que le Taj Mahal en Inde, ou s'étendant à perte de vue au Ghana… Il y a des chances pour que votre ex-smartphone et votre ex-machine à laver soient arrivés dans un pays d'Afrique ou d'Asie. Au mieux, ils y sont réparés et réutilisés, au pire, brûlés pour récupérer les métaux de valeur – et quelques intoxications au passage. En somme, nous pillons les ressources, en profitons confortablement, et noyons les populations pillées sous les détritus et la pollution.

« R » comme « respect »

Le zéro déchet est peut-être un objectif tout simplement inatteignable, cependant il reste une sorte d'idéal vers lequel tendre. Nos activités auront toujours un impact sur le monde humain et non humain : des « externalités négatives », qu'il s'agisse d'émissions de polluants ou de déchets. Mais se lancer dans cette démarche revêt une dimension qui dépasse le simple écogeste et nous amène à repenser la production,

1 Données ADEME, 2020.

2 UNEP, Food Waste Index Report, 2021.

3 FAO, IFAD, UNICEF, WFP et WHO, « The state of food security and nutrition in the world 2022 », Rome, 2022.

l'utilisation et la gestion de nos biens en fin de vie. Ou plus profondément encore : nous interroger sur leur utilité réelle, ainsi que sur le respect que nous leur manifestons, et par extension, que nous manifestons au vivant.

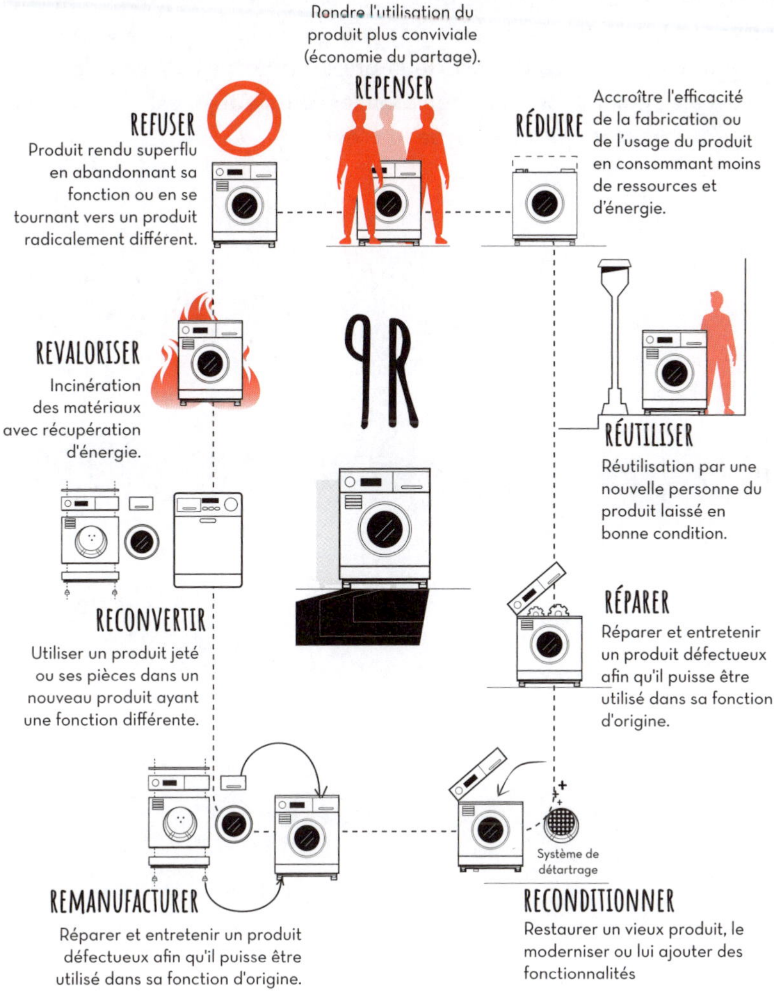

Les 9R

Source : N. van Buren *et al.*, « Towards a circular economy: the role of dutch logistics industries and governments », *Sustainability*, 2016 ; J. Potting *et al.*, « Circular economy: measuring innovation in the product chain », PBL, 2017.

Nous avons déjà abordé le sujet des 3R : Réduire, Recycler, Réutiliser. Découvrez sa version augmentée en 9R[1] : Refuser, Repenser, Réduire (lors de la conception du produit), Réutiliser, Réparer, Reconditionner, Remanufacturer (lors de l'utilisation), Reconvertir, Revaloriser (lors de la fin de vie). Ceci implique de mobiliser des acteurs publics comme privés, donc tout un système. Mais au-delà de la complexité de ce système, le point de départ de la philosophie des 9R vaut la peine d'être pleinement considéré : en premier lieu, si l'objet est plus destructeur qu'il n'est utile… refuser de le créer.

1 Zero Waste Europe, « Reusable vs Single-use packaging: a review of environmental impacts », 2020.

TROISIÈME ÉTAPE

LE REPAS : AU CŒUR DU GRAND DÉBAT

VS

TOMATES FRANÇAISES VS TOMATES MAROCAINES

Pomodoro ou pomoverde :
le localisme sauvera-t-il le monde ?

DES TOMATES EN HIVER ?

Accompagnant papy dans la cuisine pour préparer l'entrée du repas, vous ouvrez le réfrigérateur et tombez nez à nez avec une grappe de tomates uniformément rondes et rouges. Votre imparable sens des responsabilités vous pousse instantanément à vous interroger sur leur provenance.

Le saviez-vous ? Si cette pomme d'amour fait aujourd'hui chavirer le cœur des familles méditerranéennes, et malgré l'image d'Épinal de la *nonna* italienne et ses spaghettis *al ragù*, ce sont pourtant les Espagnols qui ont ramené cette merveille du Mexique au XVIe siècle (après avoir littéralement annihilé la civilisation aztèque à coups de variole et de poudre à canon). Les Européen·ne·s ont d'abord pensé que les tomates étaient vénéneuses – certainement jusqu'à ce qu'un individu en état d'ébriété, quelque part en Provence, perde un pari, en avale un cageot et découvre leur goût sublime[1].

1 Légende totalement fausse, et issue d'une série de clichés que l'on peut avoir sur les soirées arrosées en Provence.

Au-delà de ces considérations sur les goûts, les couleurs, les effondrements de civilisation, et sur le paradoxe du fruit dans un bac à légumes, vous ne manquez pas de soulever *la* problématique cruciale :

« Sérieusement papy, tu achètes des tomates en décembre ? »

Coup de torchon en revers.

« Foutriquet ! s'emporte votre papy. Tu veux de l'écologie ? Il y a un producteur de tomates au coin de la rue. Ça pousse toute l'année et c'est 100 % local ! »

LA PROXIMITÉ PROCHE DU LOCAL BIEN DE CHEZ NOUS

Le « manger local » est parfois une solution. Mais il ne suffit pas de produire tous nos fruits et légumes à la maison pour minimiser l'empreinte de nos assiettes. Cela va contre votre intuition ? Prenons l'exemple des tomates françaises et comparons-les à des tomates marocaines. L'idée commune voudrait que les kilomètres parcourus fassent toute la différence, n'est-ce pas ? En fait, ce serait le cas si le transport était le seul paramètre à prendre en compte... mais la réalité est plus complexe.

La tomate est un fruit (et un légume) qui nécessite des températures relativement élevées, entre 22 °C et 28 °C. Par ailleurs, la demande est massive : en France, il s'agit du légume frais le plus consommé. Les producteurs doivent répondre par une cadence effrénée, et pour allonger la période de productivité sous la contrainte du climat français, il est quelquefois indispensable de cultiver sous serres, voire sous serres chauffées – d'autant plus quand l'essentiel de notre superficie de production se trouve... en Bretagne.Ç

Si vous êtes à la veille de Noël, il ne fait aucun doute que vos tomates françaises ont été cultivées sous serres chauffées. Or, pour maintenir artificiellement cette température estivale, nous nous tournons généralement vers le « gaz naturel » (ce qui ne signifie rien d'autre que « gaz fossile »). Le bilan carbone des tomates *made in France* en est considérablement alourdi. L'alternative est généralement espagnole ou marocaine : ce dernier pays est d'ailleurs le principal fournisseur du marché français, avec plus de deux tiers des importations hors saison.

Il est facile de deviner que les besoins de chauffage en plein hiver sont largement moins importants au Maroc qu'aux Pays-Bas ou en Bretagne.

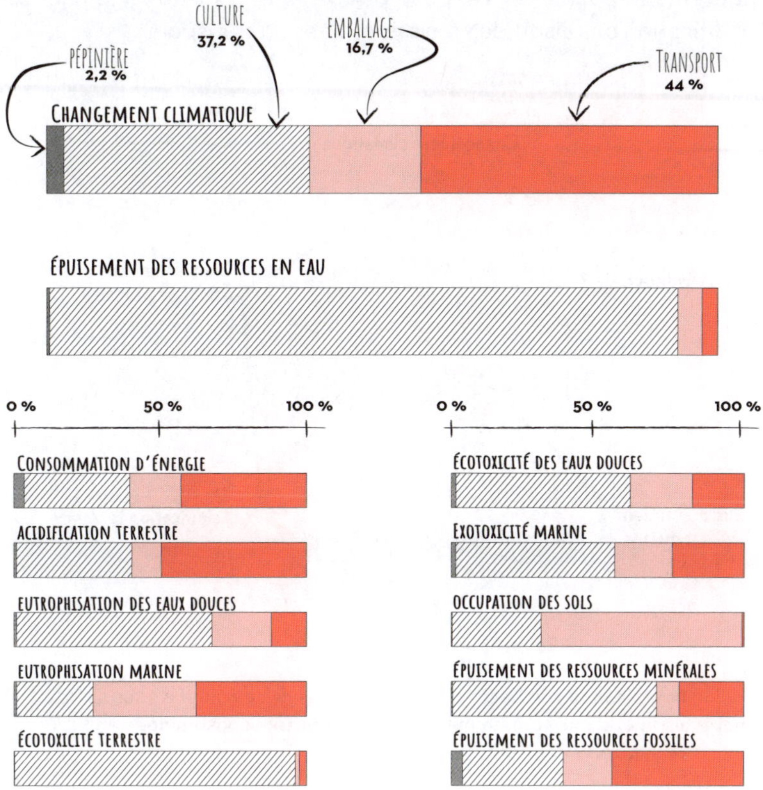

Répartition des impacts d'une tomate importée du Maroc[1]

Le dilemme est posé ! Pour faire pousser une tomate française, il faut cramer du fossile. Pour faire venir une tomate du Maroc par bateau puis camion, il faut également cramer du fossile. Il ne reste qu'à trancher : laquelle des deux tomates fait-elle le plus de dégâts ?

Réponse : même en prenant en considération les emballages et les divers intrants, les tomates importées du Maroc nécessitent trois fois moins d'énergie que les tomates françaises sous serres chauffées. Elles génèrent également moins d'impact sur les potentiels de

1 S. Payen *et al.*, « LCA of local and imported tomato: an energy and water trade-off », *Journal of Cleaner Production*, vol. 87.

réchauffement climatique et d'eutrophisation. Bilan hivernal nettement en faveur des tomates marocaines donc… Mais pas non plus entièrement, puisqu'on s'expose parfois à un transfert d'impact sur l'acidification en raison des émissions liées au transport.

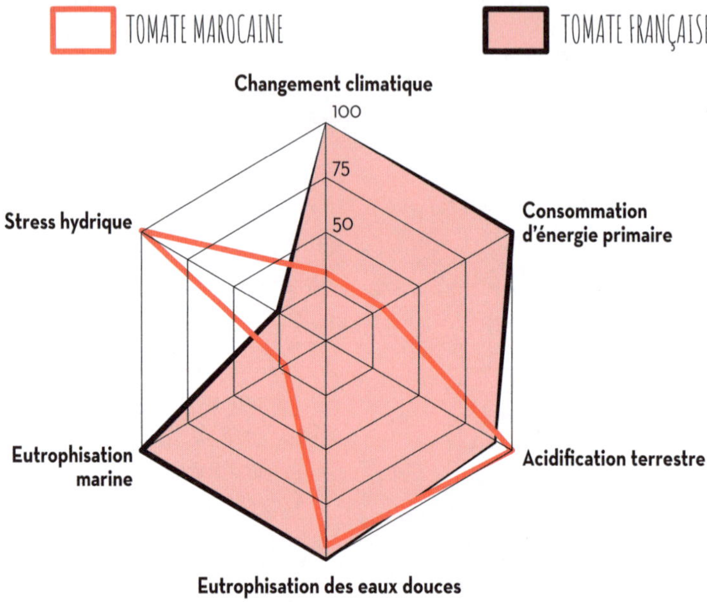

Comparaison des impacts d'une tomate française cultivée sous serres hors saison et d'une tomate marocaine hors saison, consommées en France

Source : S. Payen *et al.*, *op. cit.*

LA PLANÈTE ÉCARLATE

« Tu vois papy, ta théorie du locavorisme prend l'eau.

– Coupe ta tomate, nom d'un potager. Prendre l'eau ? C'est justement l'eau, le problème ! »

Votre papy n'a pas tort. Les indicateurs établis jusque-là avantagent les tomates marocaines, mais il serait une grave erreur d'oublier quelque chose d'aussi fondamental. Le 22 mars 2022, journée mondiale de l'eau, le Maroc était frappé par une vague de sécheresse inédite[1]. Sous l'effet

1 « Au Maroc, le stress hydrique s'installe », *Maroc Hebdo*, 19 mars 2022.

du changement climatique, l'accès à l'eau (donc à la vie) est en train d'y devenir un enjeu majeur. Si le problème ne semble pas inquiéter les marques de luxe, adorant remplir des piscines en plein désert en vue d'effectuer des défilés happening de 15 minutes[1], la population et notamment les agriculteurs locaux ne sont pas aussi optimistes quant à la disponibilité de cette ressource précieuse. Or la tomate fait partie des fruits particulièrement gourmands de ce point de vue-là, puisqu'il faut compter un peu plus d'une douzaine de litres d'eau pour une tomate de 70 g[2] ! Son impact sur la rareté de l'eau sera donc vraisemblablement bien plus critique au Maroc que dans une région tempérée (même si la situation pourrait rapidement préoccuper tout le monde sur une planète à +3 °C).

« C'est insoluble ! » soupirez-vous tous deux de concert. Faut-il donc arrêter purement et simplement de manger des tomates pour éviter de tout assécher ? Pas forcément. En revanche, il faudrait certainement arrêter d'en manger en hiver !

Rien ne sert de glorifier ou fustiger le localisme comme si tout reposait sur la distance à laquelle les tomates ont été produites. Le kilométrage est en fait rarement l'enjeu principal d'un choix éclairé sur l'alimentation, comparé à l'impact des intrants et des méthodes de production. Le concept des « kilomètres alimentaires », qui a gagné en popularité ces dernières années, peut s'avérer être un indicateur trompeur ! Un bien meilleur critère est vraisemblablement l'adéquation entre le produit et le climat du lieu de production.

De façon générale, manger des fruits et légumes frais qui ne sont pas « faits » pour pousser ici et maintenant, c'est nécessairement augmenter votre impact : soit par leur importation, soit par le maintien artificiel de leurs conditions d'épanouissement (soit les deux). Dès lors, le plus important n'est pas de s'évertuer à les départager, mais bien de s'informer sur ce qui pousse réellement près de chez vous, et à quel moment de l'année. En somme, consommer local a du sens – mais seulement si l'on consomme également de saison. C'est d'ailleurs là toute la logique du « locavorisme ».

---

1 En référence au défilé Yves-Saint-Laurent, qui au-delà de monopoliser une armée de camions citernes remplis d'eau, n'a pas hésité à faire venir des personnalités diverses en jet privé des quatre coins de la planète pour les installer dans un espace ouvert (climatisé bien sûr, car après tout il fait chaud dans le désert).

2 A. Y. Hoekstra et A. K. Chapagain, « Water footprint of nations », *Water Resources Management*, vol. 21, 2007.

VS

STEAK DE BŒUF VS STEAK VÉGÉTAL

Peut-on dire d'un repas
qu'il est vachement écologique ?

LES PIEDS DANS LE PLAT !

Les flûtes de blanquette de Limoux s'entrechoquent sur un *Let it Snow* chanté par Dean Martin. Dehors tourbillonnent les trois flocons de neige de l'hiver le plus chaud jamais enregistré. Dégustant des petits canapés salés en s'installant dans les grands, mamie Josette et ses enfants attendent le repas qui vient. Car la spécialiste du bœuf Wellington, plat aussi élégant que rustique, a décidé de laisser la jeune génération revisiter son plat favori – mettant son tablier au placard comme une vieille flic rend son insigne.

« C'est prêt, annonce un petit-neveu vêtu du tablier en question. Mais attention, hein ! Il y a un petit *twist*.

– Eh bien, crache le morceau, s'impatiente papy.

– Le Wellington moderne est entièrement végétal. »

Silence mortel. Choc des cultures. Tonton René explose.

« Végéquoi ? Mais nom de Dieu, on n'est pas des brebis ! Elle est où la viandasse ? »

Vous l'aurez compris, c'est un Noël qui s'apprête à déchaîner les passions. Écolo en herbe, vous n'en faites pourtant pas toute une montagne : vous ne l'aviez pas trouvé si fade, ce burger végan du mois dernier. D'autant que les steaks de bœuf qu'on trouve en fast-food ne sont pas exactement réputés pour leur haute qualité. Toutefois, vous vous interrogez. Il suffit de retourner l'emballage d'un de ces simili-carnés pour découvrir une liste d'ingrédients aussi longue qu'un générique de *Star Wars*. Tout ça doit forcément avoir un impact ! Entre pseudo-steak ultra-transformé et vraie bonne tranche d'animal, pas facile d'avoir une intuition des dégâts causés par votre dose de protéines…

Bienvenue au bovinocène

N'en déplaise à votre oncle cabochard (« je suis pas climatologue, mais tout de même on voit bien que »), il est aujourd'hui plutôt admis par le grand public que la production de viande pèse un âne mort dans notre empreinte carbone.

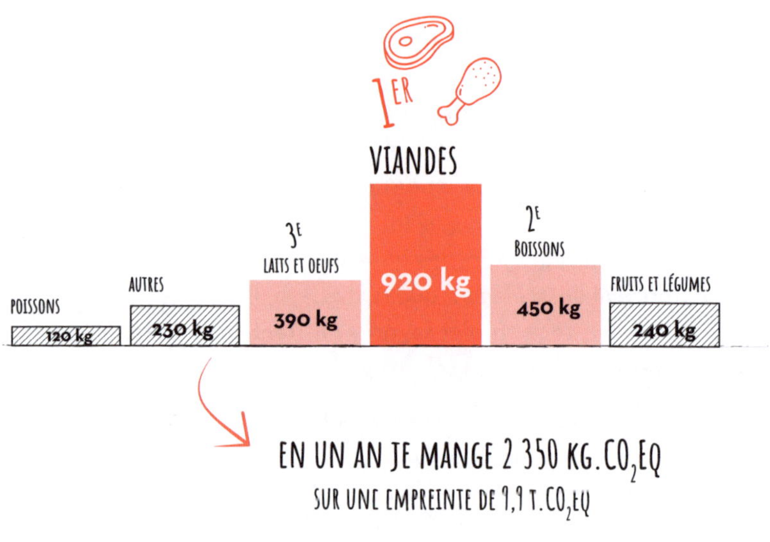

La place de la viande dans l'empreinte carbone moyenne de l'alimentation en France, en 2019

Source : « MyCO_2 », par Carbone 4.

On associe souvent la viande à des émissions de gaz à effet de serre, et à juste titre. L'élevage, et en particulier le cheptel bovin que nous entretenons, est un sacré contributeur au changement climatique. Et nous voulons toujours plus de viande ! Début 2021, on dénombrait plus de 18 millions de bovins en France[1].

Les impacts environnementaux de ces nations entières d'animaux-esclaves sont multiples. La culture des végétaux qu'on utilise pour les engraisser nécessite des machines qui consomment de l'énergie, brûlent du carburant, et grignotent sur les forêts primaires[2]. Qui dit déforestation dit émissions de CO_2 supplémentaires, et qui dit culture de végétaux (soja en tête de gondole) dit oxydes nitreux. Malheureusement, les oxydes nitreux (N_2O) ont un potentiel de réchauffement global environ trois cents fois supérieur au CO_2 et détruisent au passage l'ozone stratosphérique. À ce cocktail gazeux s'ajoutent les émissions des vaches elles-mêmes, qui à l'instar d'un tonton René désinhibé par sa cinquième bière, rotent et pètent dans le plus grand des calmes. Elles libèrent ainsi dans l'air de grandes quantités de méthane (CH_4), premier poste d'émissions liées à la production de viande.

Voulez-vous encore des impacts ? C'est loin d'être fini. On parle beaucoup moins des déjections des animaux, par exemple, qui émettent également des oxydes nitreux[3], en plus de contribuer à l'eutrophisation des milieux terrestres et aquatiques. Pour avoir un aperçu des conséquences, sautez dans un train en direction des côtes bretonnes. Vous y admirerez les algues vertes, dont la prolifération déséquilibre l'écosystème, dégrade la qualité de l'eau, et libère des gaz aussi nauséabonds que toxiques (hydrogène sulfuré) lorsqu'elles s'échouent et se décomposent. À l'origine de cette marée verdâtre ? L'azote et le phosphore... directement issus des excès de nitrates propres aux élevages extrêmement intensifs de porcs de Bretagne.

---

1 Institut de l'élevage, « Dossier annuel bovins viande », 2021.

2 Commission européenne, « The impact of EU consumption on deforestation: comprehensive analysis of the impact of EU consumption on deforestation », rapport, 2013.

3 A. Viard A *et al.*, « Le protoxyde d'azote (N_2O), puissant gaz à effet de serre émis par les sols agricoles », *OCL*, 2013, vol. 20.

Considérez également les champs inondés de pesticides, toxiques pour les écosystèmes et les animaux d'élevage (ces derniers se constituant rarement en syndicats pour revendiquer le même niveau d'exigence sanitaire que les humains). Nous les ingérons à notre tour en bout de chaîne. Considérez enfin les quantités astronomiques d'eau nécessaires, ces fameux 1500 l par steak de 100 g[1], et vous commencerez à avoir une idée du tableau d'ensemble.

Au centre de ce joli tableau se tiennent encore deux personnages, largement invisibles : l'un, sorte de meuble à cornes numéroté de 1 à 18 000 000. L'autre, société paysanne soumise à des exigences industrielles humainement intenables[2].

C'est peut-être l'impact le plus direct de notre système de consommation carnée, tellement direct qu'il en est imperceptible, inconcevable pour beaucoup d'entre nous. Des dizaines de millions d'individus bovins, ovins, et d'autres, naissent et vivent pour souffrir une non-vie. Des centaines de milliers de personnes subissent le revers physique, économique, social et psychologique intrinsèque à la gestion et l'alimentation mondialisées de ces non-vivants démesurément nombreux. En fait, même si l'élevage de masse n'avait strictement aucune de toutes les conséquences environnementales citées plus haut, aurait-on *vraiment* réduit notre impact sur le vivant ?

---

1 M. M. Mekonnen et A. Y. Hoekstra, « The green, blue and grey water footprint of farm animals and animal products », UNESCO-IHE, *Value of Water Research Report Series*, 2010, vol. 48.

2 Entre 2015 et 2017, 22 % des agriculteurs vivaient sous le seuil de pauvreté (« Pauvreté selon la catégorie socioprofessionnelle et le seuil », Insee, 10 septembre 2019) et on note un risque de suicide deux à trois fois plus élevé que pour les autres professions (Mutualité sociale agricole, « Plan national MSA de prévention du suicide 2016-2020 », 2016).

L'impact du Wellington végétal

On s'échauffe autour de la table. Heureusement, papy propose une trêve de Noël en se resservant du plat, visiblement plutôt goûtu.

« Mais la fausse viande, demande une cousine perspicace, ça pollue pas ?

– Oh, sûrement autant que le plastique dans lequel elle est emballée », glisse tonton René.

Il existe toutes sortes de galettes végétales. C'est d'abord la source des protéines utilisées qui différencie leurs impacts : les cultures du pois chiche, du soja ou du blé n'ont pas les mêmes conséquences, qui varient selon leur rendement et les intrants nécessaires (en eau, en engrais, et parfois en pesticides). Par ailleurs, vous savez peut-être que les végétaux ne poussent pas en forme de steak haché. Pour reconstituer ce familier aspect de semelle entre deux tranches de pain, il faut plusieurs étapes de modelage et tout un tas d'ingrédients issus des quatre coins du globe, et surtout, de l'énergie. Enfin, il faut emballer le tout à la sortie d'usine, puisqu'il n'existe pas encore de vente à la découpe chez votre boucher végan.

Tous ces éléments engendrent des impacts : c'est leur répartition qui varie d'un produit à l'autre. Pour le steak de la marque Beyond Meat par exemple – l'une des premières références à avoir reproduit l'aspect « saignant » –, le contributeur principal sur l'ensemble des indicateurs est la production de protéines de pois, associée à celle des huiles entrant dans la composition (en particulier colza et coco[1]). Le choix des huiles devient dès lors un levier possible de réduction des impacts. Outre le questionnement sur notre rapport au végétarisme et au véganisme que soulève cette course à l'imitation carnée, il est surtout important de voir que les produits végétaux, à l'instar des différentes viandes, ne sont pas tous égaux du point de vue de leur empreinte environnementale ou de leur qualité nutritionnelle.

1 M. C. Heller et G. A. Keoleian, « Beyond meat's beyond burger life cycle assessment », University of Michigan, 2018.

Carniste vs végan

Battez-vous ! Euh... métaphoriquement. Et prenez surtout le temps de vous poser la question : qui gagne le match, et *pourquoi* ?

Comme on peut le deviner au nombre de paragraphes dans les segments précédents, le verdict est sans appel. Quand on compare un steak de bœuf à son *alter ego* végétal, et à qualité nutritionnelle égale, le steak végan présente énormément d'avantages. Dans les catégories « changement climatique », « pollution marine » et « pollution de l'air », son impact est très largement inférieur à celui de son homologue carné. Modulo la variabilité des steaks végétaux, le lieu d'élevage des bœufs et la constitution des chaînes d'approvisionnement, on parle ici d'une réduction... de 77 % à 96 % !

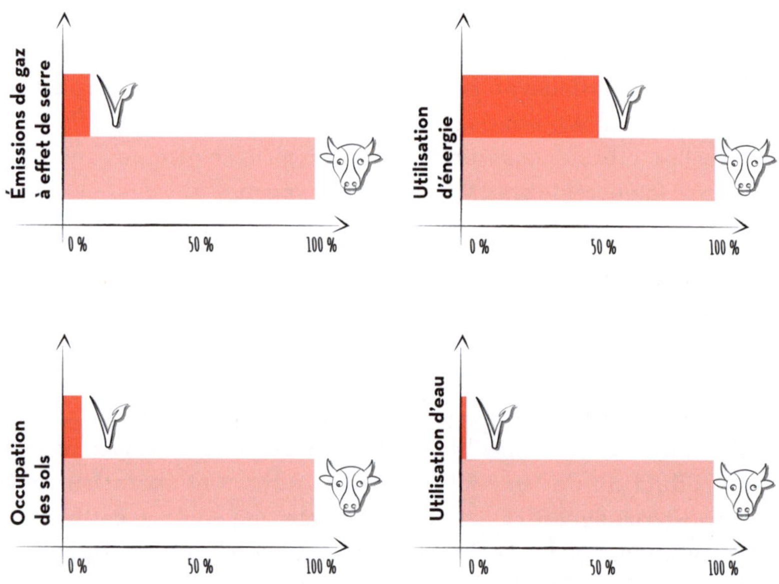

** La valeur d'impact la plus élevée des deux produits est présentée comme étant de 100 %, l'autre comme une fraction de cette dernière.*

Comparaison des impacts entre un steak végétal à base de protéines de pois et un steak de bœuf

Source : M. C. Heller et G. A. Keoleian, *op. cit.*

« Mais l'apport en protéines et en calories n'est pas comparable, défend tonton René. On parle de *nourriture* là, c'est quand même la moindre des choses de prendre ça en compte ! »

Il est vrai que les résultats de la comparaison d'impacts peuvent changer selon le critère retenu pour l'unité fonctionnelle commune : kilogramme, protéine, kilocalorie... Cependant, cette variation est très loin d'être suffisante pour remettre en cause la conclusion à laquelle on est parvenu ici.

Dans le cas particulier du steak Beyond Meat, conçu à partir de protéines de pois, on réduit de plus de 90 % les émissions de gaz à effet de serre, l'occupation des sols, et la consommation d'eau. Par quel miracle ?

Voyez les choses sous cet angle : afin qu'un steak de bœuf existe, il faut qu'un bœuf ait consommé de l'eau et des végétaux chaque jour pendant plusieurs années. D'un point de vue terriblement technique, pour fournir le service aux humains « manger x protéines », le bœuf est non seulement un esclave, mais aussi tout simplement un intermédiaire non rentable. En effet, il faut dix fois plus de surface productive pour produire un steak bovin que l'équivalent en légumineuses. D'ailleurs, si vous deviez réduire ou cesser votre consommation de ne serait-ce qu'un seul type de viande, c'est précisément le bœuf qu'il faudrait cibler. Le simple fait de passer du burger bœuf au burger poulet diviserait par deux l'impact de votre morceau de chair animale sur le changement climatique.

Toutefois, dans la mesure où même les impacts des produits animaux les « moins pires » dépassent généralement ceux des substituts végétaux, passer au steak végétal reste de loin la solution la plus efficace.

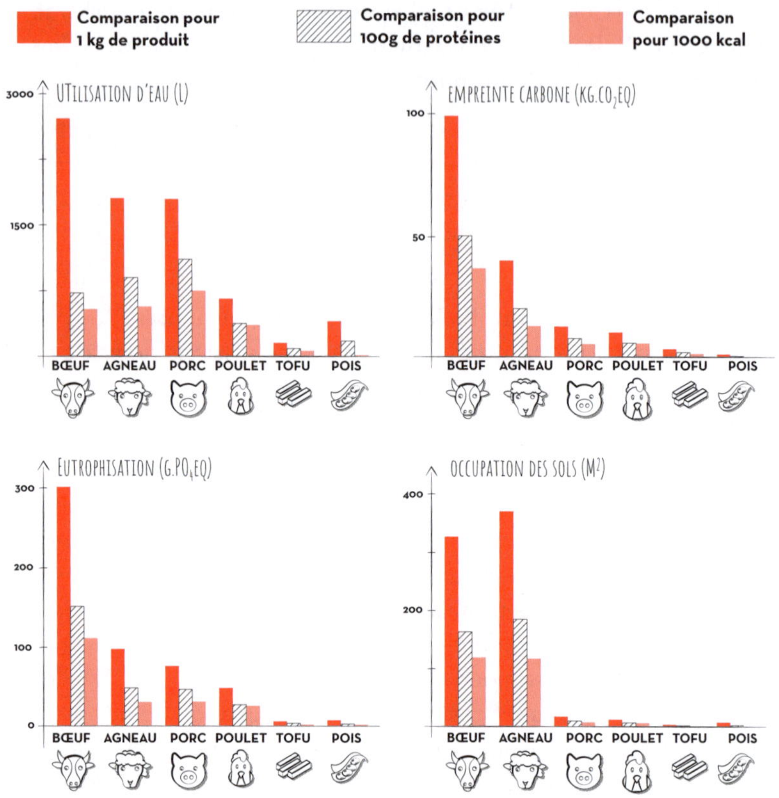

Comparaison des impacts de différentes viandes et équivalents végétaux, sur les critères du poids, de l'apport en protéines et de l'apport en calories

Source : J. Poore et T. Nemecek, « Reducing food's environmental impacts through producers and consumers », *Science*, 2018.

Sans doute existe-t-il à travers le monde de petits élevages bien plus respectueux de l'environnement et du « bien-être » animal[1] (bien que la finalité soit la même pour ces derniers)… mais ce n'est certainement pas là que se fournit la grande distribution. Quant à la question de l'emballage soulevée plus tôt par tonton René, il faut garder en tête

1 On peut d'ailleurs noter de grosses différences en termes d'impact d'un producteur à l'autre, parfois d'un facteur 10. Mais cela reste insuffisant pour être compétitif d'un point de vue environnemental avec le végétal, qui de son côté voit une variabilité moindre selon les productions.

les bons ordres de grandeur : à l'échelle d'une galette végétale, l'impact n'est pas négligeable, c'est un fait. Cependant, lorsqu'on compare notre steak végétal aux alternatives carnées, le fossé est trop grand pour que l'emballage soit vraiment un enjeu. Ce qui compte souvent le plus, c'est ce que vous mangez – pas la manière dont c'est emballé.

Dans cette optique, et à défaut de cuisiner directement des lentilles, des pois chiches ou des haricots (ce qui serait certainement l'alternative la plus vertueuse en plus de réduire les risques sanitaires liés à la consommation de produits trop transformés), les simili-steaks présents sur le marché représentent une bonne alternative pour les néophytes cherchant à réduire significativement leur impact, tout en recherchant certains goûts ou textures. Mais plus largement, tout ceci montre assez nettement l'importance d'un changement de régime alimentaire[1]. Nourrir une population croissante tout en minimisant la dégradation des écosystèmes est un défi mondial qui nécessite de repenser en profondeur la production comme la consommation. C'est en partie notre assiette d'aujourd'hui qui détermine la disponibilité des aliments futurs !

Tonton René pousse un long soupir. Carnivore invétéré, il faudra peut-être multiplier les tentatives pour le convaincre jusqu'à la moelle, mais il semble au moins avoir décidé de manger son Wellington végétal au lieu du petit-neveu.

« Si tu n'es pas content, grogne papy, il fallait participer à la cuisine !

– Boarf. J'espère au moins que quelqu'un de sensé a préparé le dessert. »

Le petit-neveu esquisse un sourire.

---

1 J. Poore et T. Nemecek, « Reducing food's environmental impacts through producers and consumers », *Science*, 2018.

VS

BEURRE VS MARGARINE

Faut-il huiler le plat pour mieux sortir du moule ?

LES CUILLÈRES TINTENT !

Voici le moment tant attendu, l'apogée du repas, le dessert : le kouign-amann… végan ! Vous et vos racines bretonnes (un tatouage « À l'aise Breizh » sur l'épaule et une passion pour les sœurs Goadec[1]) demeurez perplexes. Tout le monde a le souvenir de la recette de la grand-tante Nolwenn, essentiellement composée de beurre, de farine, de sucre, et encore de beurre. Comment peut-on végétaliser un plat relevant pratiquement du sacré ? Pourquoi ? *Qui ?*

« J'ai juste remplacé le beurre par de la margarine », explique la cousine en charge de la pâtisserie.

Tante Nolwenn fait trois tours dans sa tombe. Vous n'en revenez pas. Autant, vous passer d'andouille de Guémené, vous pourriez comprendre – après tout, un cadavre de cochon enrobé dans son propre troufignon, ça ne vous a jamais fait vibrer. Mais que quelqu'un retire le beurre du kouign-amann, et c'est un deuxième Mont-Saint-Michel

1 Pour les néophytes, il s'agit d'un trio de chanteuses de gwerzioù tout droit venues de Treffrin dans le département des Côtes-d'Armor. Des chants bien groovy !

qu'on vous enlève. Tout ça pour de la margarine ? Ce sous-produit industriel de synthèse, cette pâtée pour moineaux, ce... bref ! Sans aucun doute une catastrophe environnementale, en plus d'être une offense à votre héritage.

Sauf que vous n'en êtes pas à votre coup d'essai en matière de remise en question des intuitions. *Sans aucun doute ?* Vraiment ?

Nature et tradition

Partons des bases. Le beurre, c'est ni plus ni moins que le gras qu'on a tiré du lait de vache. Que vous vous en tartiniez la face pour adoucir la peau comme les Romains[1], ou à l'image d'un Hubert Bonisseur de La Bath dédaigneux, que vous vous en beurriez la biscotte, il faut avouer que le gras, comme disait Karadoc, « c'est la vie ». Surtout avec une pincée de sel, par souci de tradition bigoudène.

Pour passer d'un seau de lait à une plaquette de beurre, le process n'a pas beaucoup évolué depuis les Sumériens (bien qu'il se soit quelque peu industrialisé) : pompez du lait au pis de la vache, écrémez, pasteurisez (pour ne pas transmettre des salmonelloses à tout le Finistère), et une fois parvenu à maturation, battez le tout énergiquement. À la main si vous vivez dans une cabane au milieu de la forêt de Brocéliande, ou dans une énorme cuve industrielle si vous avez le sens des réalités. Ensuite, beurrez le plat, faites cuire, savourez : quoi de plus doux face au monde qui s'effondre ?

Seulement voilà. Quand sœur Augustine fait un kouign-amann, il a fallu plus de 5 l de lait pour constituer les 250 g de beurre nécessaires. Or qui dit lait dit vache. Il faut ainsi attribuer au beurre une partie des impacts environnementaux du cheptel bovin, que nous détaillions au chapitre précédent, et parmi lesquels on trouve un bon paquet de pollutions[2].

1 C'est plus ce que c'était, la cosmétique ! Pour être plus précis, nos ancêtres romains pouvaient utiliser le beurre pour soigner les rhumatismes, la graisse d'oie pour enlever les taches, et la graisse de mouton pour adoucir la peau (O. L. Wilner, « Roman beauty culture », *The Classical Journal*, 1931, vol. 27).

2 Notez qu'il faut bien différencier les troupeaux dédiés uniquement à la viande et les troupeaux laitiers, dont une partie de l'impact sera allouée à la production de lait.

Vous pourriez vous dire que, tout comme l'inévitable et fameux pet de bovin, le beurre a le mérite d'être un produit naturel, aux antipodes de la margarine et son méli-mélo d'additifs issus des trente-six coins du monde. Il y a pourtant là, une fois encore, cette dangereuse idée reçue selon laquelle tout ce qui serait « naturel » serait bon pour l'environnement. Sauf que rien n'est plus flou. Dans l'imaginaire collectif, un produit est « naturel » quand il n'est pas transformé ou ultra-transformé, mais la norme en vigueur ne répond pas du tout à cette attente implicite[1]... Par ailleurs, et surtout, rien n'est plus faux ! La ciguë est tout à fait naturelle, de même que le cyanure ou l'arsenic. Soyez plus sage que Socrate et n'en saupoudrez pas vos desserts de Noël. La consommation d'un produit « naturel » n'empêchera pas l'addition (et vos larmes) d'être aussi salées que le beurre sur les tartines.

L'ESSENTIEL EST DANS L'HUILE

De toute façon, la margarine n'est pas un produit si transformé que ça – du moins pas au point de considérer qu'elle serait moins « naturelle » que son équivalent traditionnel. Elle est principalement composée d'un mélange d'huiles végétales, parmi lesquelles on trouve colza, coco, tournesol, palme, maïs, soja, lin... L'émulsion de ces huiles représente 50 à 80 % de la composition finale. Et c'est logiquement la culture des oléagineux, desquels on extrait le gras, qui contribue le plus à l'impact environnemental de la margarine. Autrement dit, cet impact dépend pour l'essentiel du rapport de proportions entre les différents types d'huiles qui la constituent.

Vous connaissez peut-être déjà les ravages environnementaux de l'huile de palme, que l'on retrouve partout, du shampooing à la pâte à tartiner. L'huile de palme provient en majorité d'Indonésie et de Malaisie, où les monocultures induisent une déforestation massive – tout le monde a en tête ces images d'orangs-outans désemparés devant les paysages lunaires qui étaient autrefois leur foyer. Au-delà d'une saisie immobilière chez les grands singes, les conséquences du

1 Ce qui constitue réellement un ingrédient alimentaire naturel a longtemps fait débat. Tout du moins jusqu'à la publication de la spécification technique ISO/TS 19657:2017, « Définitions et critères techniques permettant de considérer un ingrédient alimentaire comme naturel ».

remplacement des forêts primaires et des tourbières par des palmiers sont massives : d'une part, la contribution au changement climatique[1] ; d'autre part, tout simplement l'anéantissement de la biodiversité.

Il faut toutefois prendre du recul par rapport à ce désastre, et garder à l'esprit certains ordres de grandeur, ainsi que la hiérarchie des contributeurs au carnage. Par exemple, si la France a fait partie jusqu'à récemment des plus gros consommateurs d'huile de palme dans le monde, ce n'était pas du tout à cause de la margarine. En 2016, l'huile de palme représentait 20 % des huiles consommées sur notre territoire. De toute cette huile de palme, seul un sixième était destiné à l'alimentaire… et 75 % terminait dans les agro-carburants de nos voitures[2]. Bien sûr, l'argument de la déforestation reste valide ! Mais lorsqu'on l'applique au beurre végétal, il est loin de peser autant qu'il en a l'air.

Tant que nous y sommes, autre prise de recul : il serait peu avisé de lutter de toutes vos forces contre la déforestation induite par l'huile de palme sans tenir compte des impacts des produits qui s'y substitueront probablement. Si l'on souhaite continuer de graisser des tartines (ou faire frire du carburant), il faut être lucide sur toutes les huiles, même lorsque leur nom sonne doux et léger. Ainsi on s'aperçoit que les huiles de palme et de tournesol ont en moyenne une empreinte carbone légèrement supérieure à l'huile de colza… mais que l'huile d'arachide explose littéralement tous les scores. Au prisme de l'occupation des sols, l'huile de palme est en fait plus intéressante que l'huile de tournesol, et pour ce qui concerne la consommation d'eau, ce sont avant tout les cultures irriguées qui posent problème : colza, arachides (et tournesol dans une moindre mesure).

1 En brûlant les arbres des forêts primaires, on relâche dans l'atmosphère le carbone accumulé. Le problème vis-à-vis du réchauffement climatique n'est pas dû à la culture du palmier à huile en lui-même, mais à la prise de terrain massive sur la forêt. Selon le GIEC dans sont rapport *Agriculture, forestry and other land use* (2018), « l'huile de palme, lorsqu'elle est cultivée sur des prairies plus marginales, peut offrir un bon bilan de GES et un stockage net de carbone dans le sol. Ces terres représentent un potentiel substantiel pour l'expansion de l'huile de palme en Indonésie sans déforestation ni drainage ni des tourbières ».

2 M.-H. Aubert *et al.*, « Durabilité de l'huile de palme et des autres huiles végétales », ministère de l'Agriculture, 2016.

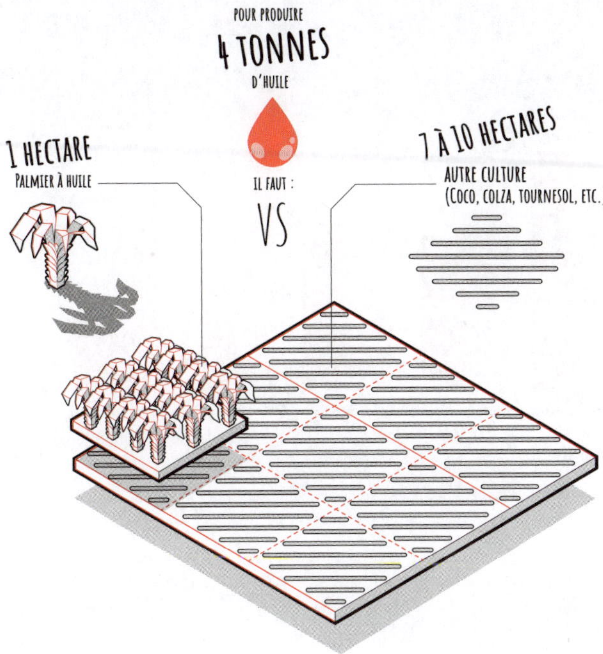

Rendement de l'huile de palme à l'hectare

QUI PREND LA PLUS GROSSE PART DU GÂTEAU ?

Ceci dit, revenons à notre kouign-amann et faisons les comptes. Rappelons-le, le produit zéro impact n'existe pas. Et la margarine a bien entendu son influence sur notre empreinte ! Mais malgré tout, à quantité équivalente de produit fini, le choix du beurre s'avère plus dommageable sur *quasiment tous les indicateurs*. En moyenne, il contribue à l'émission d'au moins quatre fois plus de gaz à effet de serre (la fonte du beurre corrélée avec la fonte des glaciers, qui l'eût cru ?). Il exerce aussi un impact deux fois supérieur sur l'acidification, l'eutrophisation et l'occupation des sols. En outre, sur l'ensemble de son cycle de vie, la production de margarine nécessite 20 à 50 % d'énergie en moins (la variabilité dépend notamment du pourcentage de matières grasses et des types d'huiles utilisées).

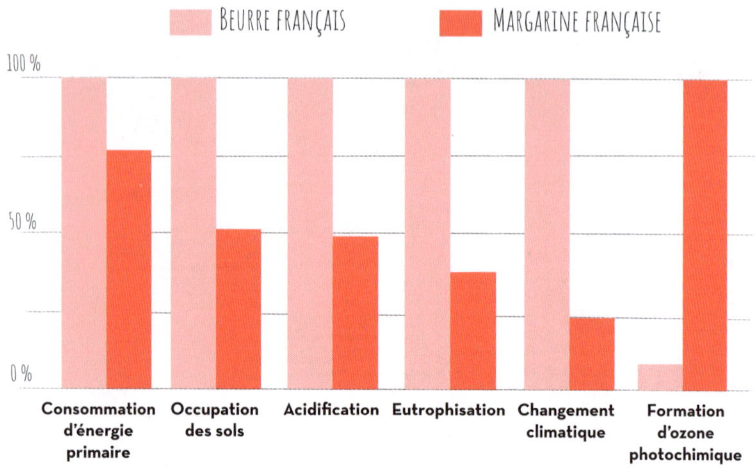

** Pour chaque indicateur, la valeur d'impact la plus élevée des deux solutions est présentée comme étant de 100 % et l'autre comme une fraction de cette dernière.*

Comparaison des impacts de la margarine et du beurre

Source : K. Nilsson *et al.*, « Comparative life cycle assessment of margarine and butter consumed in the UK, Germany and France », *International Journal of Life Cycle Assessment*, 2010.

Le tableau n'est cependant jamais tout noir ou tout blanc, hormis dans les musées d'art moderne. Et on trouve bien une catégorie d'impact dans laquelle la margarine supplante son rival ancestral : il s'agit de la création d'ozone photochimique. En cause ? Pour extraire l'huile des graines oléagineuses, on utilise souvent de l'hexane[1] comme solvant. L'hexane réagit avec d'autres polluants tels que l'oxyde d'azote, et à la lumière du soleil, forme ensuite de l'ozone – entre autres espèces, connues sous le nom d'oxydants photochimiques[2].

1 D. Bera *et al.*, « A novel azeotropic mixture solvent for solvent extraction of edible oils », ResearchGate, 2006.

2 I. T. Marlowe *et al.*, « U.K. industry and ozone pollution from volatile organic compound emissions », Warres Spring Laboratory, The Environmental Technology Executive Agency of the Department of Trade and Industry, 1991.

Vous avez certainement entendu parler d'O Zone, ce groupe de pop moldave chantant « Maia ha ha » sur les ailes d'un avion et qui n'a strictement aucun rapport avec la margarine. Pour ce qui nous regarde, l'ozone est, moins musicalement, un gaz. Un gaz dont la présence dans la haute atmosphère est fondamentale pour nous protéger de la plupart des rayonnements UV : sans cette fine couche, le soleil déstructurerait l'ADN de nos cellules et nous transformerait en cancers sur pattes, provoquant peut-être une extinction de masse comme c'est vraisemblablement arrivé il y a 360 millions d'années[1].

Au niveau du sol toutefois, c'est un excès d'ozone qui s'avérerait indésirable, irritant les voies respiratoires, les yeux, et agressant la végétation. Or plus on utilise d'huile, plus il faut d'hexane pour l'extraction, et plus on génère de l'impact sur cet indicateur. Si l'on veut améliorer le beurre végétal de ce point de vue, il faut donc l'alléger en conséquence. Au niveau individuel, dans la mesure du possible, il est intéressant d'en réduire la consommation… Après tout, pourquoi ne pas manger moins gras, tout simplement ?

En somme, bien qu'il ne soit pas parfait, ce kouign-amann végétal vous paraît bien plus léger que son prédécesseur – tant pour votre conscience écologique naissante que pour votre estomac au bord de la rupture. La recette ne met sans doute pas tout le monde d'accord, pas plus que l'idée d'en réduire le gras et la fréquence de consommation. Mais au moins tante Nolwenn, qui avait le goût du bien commun, et qui connaissait la sagesse ancestrale selon laquelle on a rarement le beurre avec l'argent du beurre, peut reposer en paix.

---

1 Des chercheurs ont d'ailleurs démontré qu'un trou dans la couche d'ozone il y a 360 millions d'années a provoqué la disparition de 70 à 80 % des espèces, ce qu'on appelle l'extinction du Dévonien. J. A. Marshall *et al.*, « UV-B radiation was the Devonian-Carboniferous boundary terrestrial extinction kill mechanism », *Science Advances*, 2020, vol. 6.

VS

LAVE-VAISSELLE VS ÉPONGE

Votre lave-vaisselle fait-il du greenwashing ?

À la plonge !

Le repas de famille s'achève ! C'en est fini de ces débats interminables. Neveux, cousines et autres tontons regagnent en titubant leurs logis respectifs, vous laissant savourer la perspective de dix tonnes de vaisselle à nettoyer dans la solitude. La mort dans l'âme, vous vous armez d'une éponge et d'un flacon de liquide vaisselle – quand votre père vous arrête net.

« T'en fais pas, mets ça au lave-vaisselle. Tu vas pas y passer la nuit alors qu'il suffit d'appuyer sur un bouton, non ? »

Vous lui rétorqueriez bien qu'il s'agit d'une question de principe, puisqu'il est beaucoup plus écologique d'utiliser une éponge et un peu d'huile de coude. Mais en avez-vous vraiment la certitude ?

Une simple bataille d'eau… ou pas

Lorsque nous comparons ces deux façons de nettoyer la vaisselle, nous avons tendance à réduire le débat à la consommation d'eau. Et il peut déjà y avoir de grandes disparités sur ce terrain : entre le lavage à la bassine et le plongeur inconscient qui ouvre les vannes à fond tout du long, ou encore parmi les 600 références de lave-vaisselles sur le marché, réparties chez une quarantaine de marques… pas facile d'avoir des repères. En moyenne toutefois, et à quantité de vaisselle équivalente, on peut retenir qu'un laveur automatique gaspille jusqu'à quatre fois moins d'eau qu'un humain à la plonge.

Mais ne tenir compte que de la consommation d'eau pour laver des assiettes pleines d'huile, c'est regarder le problème par le petit bout de la lorgnette, et c'est oublier toute une série d'impacts potentiels. Prenez cet exemple : en général, pour récurer vos couverts jusqu'à la moelle, vous avez besoin d'une eau d'autant plus chaude que le repas était gras. Dès lors votre consommation d'eau est à mesurer au prisme de ses implications énergétiques : ainsi, quelle que soit votre solution de lavage (automatique, avec une eau plus chaude qu'au robinet, ou manuelle, avec en contrepartie plus d'eau gaspillée), les conséquences dépendent surtout de la manière dont l'eau est chauffée.

Autre exemple d'un aspect occulté par la question du gaspillage de l'eau : le cycle de vie de nos deux systèmes-produits. Car pour débarrasser vos casseroles de tout germe susceptible de décimer vos invités, vous avez besoin soit d'une éponge et de liquide vaisselle, soit d'une grosse machine qui fera le travail à votre place. Or ces systèmes-produits ont tous deux été fabriqués, nécessitant d'extraire et de transformer des matériaux, et seront forcément jetés quelque part en bout de course : tout au long de ce parcours, ils auront exercé de nombreux impacts environnementaux qui nous restent largement cachés.

Un éléphant dans la cuisine

Bien entendu, un lave-vaisselle est sacrément plus complexe qu'une éponge. Votre plongeur automatique est généralement constitué de plus de 450 pièces[1], façonnées à partir de plastiques, d'élastomères, et d'une pincée de béton pour le lest et l'isolation – histoire d'éviter que le mastodonte surgisse au milieu de la cuisine après le premier cycle.

---

1 G. Porras *et al.*, « A guide to household manual and machine dishwashing through a life cycle perspective », *Environmental Research Communications*, 2020.

Mais enfin et surtout, le lave-vaisselle est généralement fait d'acier[1] : celui-ci représente la moitié du poids de l'appareil !

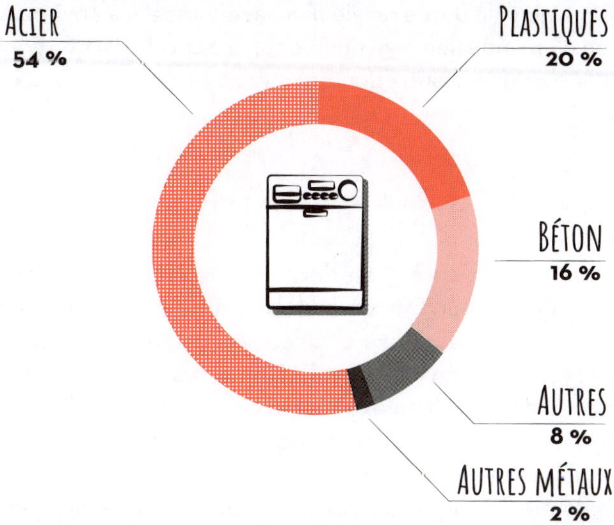

Répartition en poids des types de matériaux utilisés dans un lave-vaisselle

La production de l'acier utilise de l'énergie en grande quantité. Il n'est pas rare qu'il soit mis en forme en Chine ou dans d'autres pays dont l'électricité est majoritairement issue de centrales à charbon[2], émettant massivement des gaz à effet de serre. En outre, dans le cas des aciers inoxydables et des aciers galvanisés, on peut ajouter des émissions directes de chrome et de zinc[3] à diverses étapes de traitement. Déversés dans les eaux, ces métaux ont une influence immédiate sur l'écotoxicité des milieux et sur la santé humaine.

1 A. Fúlvio *et al.*, « Report on benefits and impacts/costs of options for different potential material efficiency requirements for dishwashers », European Commision Joint Research Centre, Institute for Environment and Sustainability, 2015.

2 Eh oui… encore une fois !

3 I. Vinot, « Impact des rejets de cuivre et zinc en milieu aquatique », université Paul-Verlaine, 2004.

Difficile de passer l'éponge sur ces impacts, plutôt démesurés s'il ne s'agissait au départ que de rincer des petites cuillères. C'est d'autant plus dommageable que le produit n'est pas conçu pour durer éternellement. On estime la durée de vie d'un lave-vaisselle à environ dix ans, à condition d'un entretien convenable sur la période d'utilisation[1]. C'est d'ailleurs le manque d'entretien qui est en règle générale à l'origine des pannes[2].

Le Valhalla des lave-vaisselles

Lorsqu'il rend l'âme après son dernier combat, tout se complique pour notre robot laveur. D'aucuns affirment qu'il est facile de le recycler – on trouve d'ailleurs des chiffres très prometteurs, comme les 74,4 %[3] de recyclage constatés par l'ADEME pour 2019. Sauf que, sans même rentrer dans la complexe réalité du recyclage (qu'il vaut mieux se garder d'idéaliser[4]), il faut contextualiser cette réussite : ce chiffre concerne uniquement les appareils orientés vers les filières agréées des déchets électroniques (DEEE). Or pour le gros électroménager hors froid, toujours d'après l'ADEME, le taux de collecte ne s'élevait qu'à 54 % en 2019.

Et pour l'autre moitié, le destin n'est pas exactement le paradis promis. Dans le meilleur des cas, on les retrouve en filière complémentaire, comme la filière métaux, où une partie de l'acier et du cuivre pourra être récupérée. Dans le pire des cas, votre vaillant lave-vaisselle commence une aventure *post-mortem* illégale vers des pays moins regardants comme le Ghana ou le Nigéria. Il y sera soit recyclé, soit désossé par des enfants pour quelques grammes de cuivre, tandis que les pièces sans intérêt finiront brûlées ou entreposées dans une décharge à ciel ouvert.

« Bon, convient votre père en attrapant un torchon. Tu fais la vaisselle, moi j'essuie les verres.

– Ouais, c'est une aberration environnementale, ce truc. »

1 C'est ce même chiffre de dix ans qui est souvent annoncé par les fabricants, et utilisé par l'ADEME.

2 Baromètre Fnac-Darty, 2019.

3 ADEME, « Équipements électriques et électroniques », données de 2019, rapport 2021.

4 Voir « Recyclable vs recyclé », p. 102.

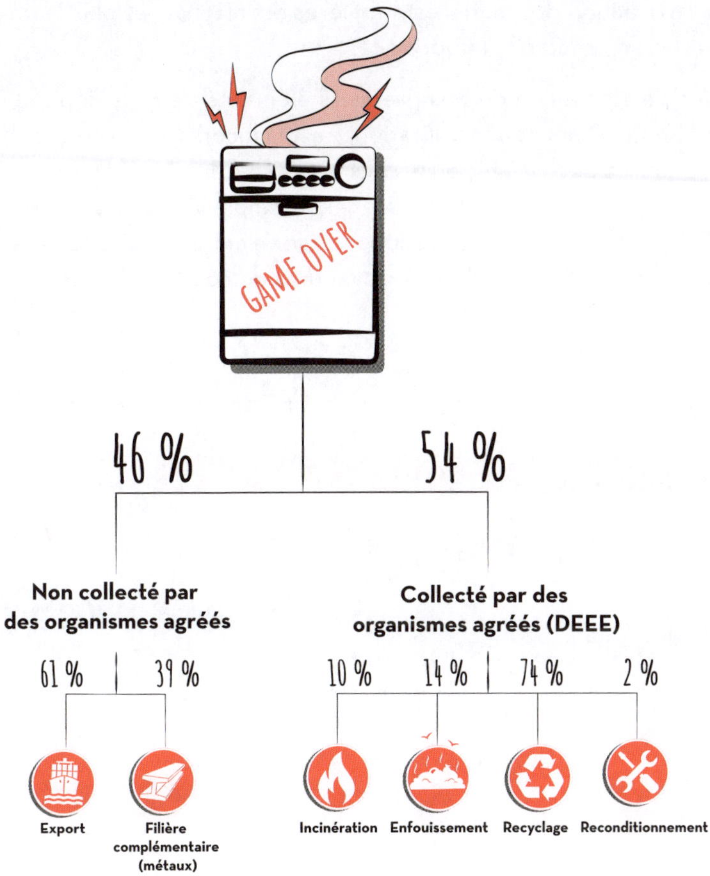

Fin de vie classique d'un lave-vaisselle en France[1]

Pas si vite ! Le tableau dressé jusque-là fait froid dans le dos, mais il faut garder l'esprit clair. En fait, la majorité des impacts du lave-vaisselle *restent associés à sa phase d'utilisation*, qui est la première contributrice sur l'eutrophisation, l'acidification et la consommation d'eau. C'est seulement en deuxième position qu'intervient l'extraction des matières premières – parmi lesquelles l'acier pèse évidemment très lourd, aux côtés du cuivre (câblages, pompes, électronique). En outre, plus le lave-vaisselle a une durée de vie élevée, plus l'impact

1 ADEME, « Équipements électriques et électroniques », *op. cit.*

lié à l'extraction des matières premières est atténué, et plus la phase d'utilisation prend de l'importance.

On en revient à l'un de nos premiers éléments de réflexion : ce qui conditionne l'impact de l'utilisation, c'est la façon dont a été chauffée notre eau. Et c'est valable aussi pour les vaisselles faites à la main, dont les conséquences varient avec l'énergie employée : gaz, électricité… Qui plus est, tous les mix électriques ne se valent pas – faire sa vaisselle en France présente d'ailleurs un avantage de ce point de vue.

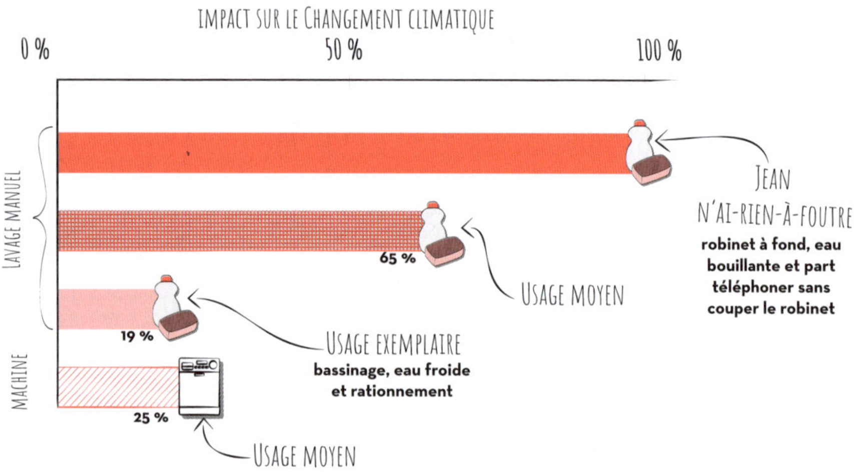

** La valeur d'impact la plus élevée de ces alternatives est présentée comme étant de 100 %, les autres comme des fractions de cette dernière.*

Impact de la vaisselle à la main ou au lave-vaisselle[1]

Source : G. Porras *et al.*, *op. cit.*

« Franchement, je suis paumé, soupire votre père en séchant son cinquantième verre à pied. C'est beaucoup trop compliqué. »

1 Il s'agit d'un contexte américain, avec le mix américain.

Ne jetez pas l'éponge

Prenons du recul. Ce que nous venons d'établir, c'est qu'en dépit d'une machinerie lourde et d'apparence complexe, l'essentiel repose moins sur une comparaison entre vaisselle manuelle et lave-vaisselle que sur des différences de comportements. Entre votre voisine amish (si chère à notre grand leader charismatique), qui lave ses couverts dans une bassine avec 3 cl d'eau froide éclairée à la lampe à l'huile, et votre voisin technophile qui installe un appareil connecté pour laver un seul bol et recevoir un texto quand le cycle est fini (en plus de lui indiquer les résultats du dernier OM-PSG), vous voyez qu'il y a tout un monde de possibilités et d'impacts potentiels.

Quelque part entre ces deux extrêmes existe un comportement moyen. Dans ce cadre, le lave-vaisselle permet par exemple une réduction de plus de 60 % des émissions de gaz à effet de serre. Ainsi en France, en utilisant une machine bien positionnée sur l'étiquette énergie, en la faisant tourner à pleine charge, et en la gardant suffisamment longtemps, il semble que vous ayez bel et bien recours à une solution de lavage pertinente. On peut aussi espérer un avenir dans lequel la tendance ne sera pas au surplus de technologie futile, mais plutôt à des modèles écoconçus : plus durables, plus réparables, moins énergivores, et avec une fin de vie mieux prise en charge – entre les mains d'usagères et d'usagers qui s'en débarrassent au bon endroit et en temps voulu.

Ces mêmes écolucides garderont probablement une éponge sous le coude pour des usages raisonnables, et n'oublieront pas d'utiliser le côté vert (celui qui gratte).

LA FACE CACHÉE DU STEAK HACHÉ

Pourquoi mangeons-nous autant d'animaux morts ?

Un vrai massacre

Cette nuit-là, vous ne dormez pas. Ce n'est pas parce que vous guettez l'arrivée du Père Noël, mais plutôt que vous repensez aux débats du repas. Assiettes en vol, convives à couteau tirés... le sujet de la viande est parfois si crispant ! Vous avez besoin de faire le point. Dans le salon vide, vos pensées vous happent.

Passer à une alimentation végétale est très avantageux, sinon crucial, pour réduire nos émissions de gaz à effet de serre et notre empreinte environnementale de manière générale. Tout porte à croire que c'est également meilleur pour la santé : l'OMS estime que les viandes transformées de type charcuterie sont cancérogènes (et probablement la viande rouge). Une étude parue en 2022 montre qu'une alimentation plus saine et moins riche en viande permettrait de gagner plus de dix ans d'espérance de vie[1]. En outre, réduire l'élevage industriel

---

1 L. T. Fadnes, « Estimating impact of food choices on life expectancy: a modeling study », *PLOS Medicine*, 2022, vol. 19.

permettrait de désamorcer le risque de pandémies qui lui y est associé[1] et, de façon moins anthropocentrée, il y a fort à parier que les animaux seraient beaucoup plus heureux en gambadant dans les champs que mutilés et entassés les uns sur les autres dans des entrepôts en attendant une mort atroce.

En Europe de l'Ouest, bien que la tendance soit légèrement à la baisse, un individu consomme en moyenne 85 kg de viande et 250 kg de produits laitiers par an. C'est plus du double de la moyenne mondiale[2] ! En France, moins de 0,5 % de la population a adopté un régime sans produits d'origine animale. Si le monde entier visait le même niveau de vie qu'en Occident, la catastrophe vers laquelle on se précipiterait serait encore plus démesurée... Dans un scénario bien différent, l'Europe pourrait devenir autosuffisante « à condition de diminuer sa production de produits animaux de moitié » et d'inverser le ratio de ses apports en protéines (aujourd'hui 70 % d'origine animale pour 30 % d'origine végétale[3]). Certains chercheurs en sont arrivés à la conclusion qu'un abandon complet de l'élevage nous ferait même gagner plusieurs dizaines d'années dans la lutte contre le réchauffement climatique[4]. Diminuer drastiquement notre consommation est pratiquement une évidence scientifique sur tous les plans. Pour beaucoup, c'est aussi une évidence éthique. Dans ce cas, *pourquoi mangeons-nous toujours autant de viande ?*

Faire partie de la tribu : l'influence normative

En psychologie sociale, la conformité, ou « influence normative », intervient lorsqu'un individu modifie son comportement ou ses croyances afin d'imiter les autres ou de correspondre à leurs attentes. Dans les années 1950, l'expérience de Asch a parfaitement illustré la puissance de ce mécanisme. Imaginez que vous regroupiez une dizaine de

1 CIRAD, « Accroissement du bétail : un facteur pandémique mondial », 22 juillet 2020.

2 « Mordue de viande, l'Europe alimente la crise climatique par son addiction au soja », Greenpeace, 11 juin 2019.

3 www.cnrs.fr/fr/une-agriculture-biologique-pour-nourrir-leurope-en-2050

4 M. B. Eisen et P. O. Brown, « Rapid global phaseout of animal agriculture has the potential to stabilize greenhouse gas levels for 30 years and offset 68 percent of CO_2 emissions this century », *PLOS Climate*, 2022, vol. 1.

personnes dans une pièce, face à un tableau sur lequel sont projetés trois bâtonnets de tailles différentes, ainsi qu'un bâtonnet de référence. Le but est de désigner lequel des trois bâtonnets a une longueur égale à la référence – rien de très compliqué. Mais neuf personnes sur dix sont en fait des complices. Lors des premiers essais, elles sélectionnent la bonne réponse, puis soudain donnent unanimement une réponse erronée. Devinez quoi ? Dans 36,8 % des cas, le sujet se conforme à la mauvaise réponse. Autrement dit, nous préférons parfois prendre une décision absurde pour rester dans un groupe. Il ne s'agit plus de choisir ce qui est juste ou cohérent, mais ce qui protège le groupe ou nous protège en son sein.

Dans bien des contextes, c'est un réflexe pertinent. La capacité à assurer la cohésion d'un groupe a permis notre survie pendant des centaines de milliers d'années. De ce point de vue, il est assez logique que nous laissions peu de place aux personnes interrogeant l'ordre établi. C'est ainsi que nous arrivons à présenter le véganisme ou le végétarisme comme des « extrémismes ». Le sous-entendu est généralement quelque chose comme « folie dangereuse », mais à strictement parler, le véganisme est bel et bien un extrême relativement à la norme, et c'est cette position qui lui vaut d'être présenté comme une croyance. Pourtant, la norme établie relève tout autant d'une croyance…

« Lorsque manger de la viande n'est pas nécessaire pour survivre, c'est un choix, et nos choix découlent toujours de nos croyances. Nous ne voyons pas la consommation de viande de la même façon que nous voyons le végétarisme – c'est-à-dire comme un choix basé sur les idées que nous avons sur nous-mêmes, sur notre monde et sur les animaux. Nous la voyons plutôt comme allant de soi, naturelle, car les choses sont ainsi faites. Nous mangeons les animaux sans y penser, car le système de croyance qui sous-tend ce comportement est invisible. C'est ce système de pensée invisible que j'appelle *carnisme*[1] », explique la chercheuse en psychologie sociale Melanie Joy.

Ainsi, manger de la viande est tellement normal qu'on ne s'aperçoit même pas que c'est une façon de s'alimenter parmi d'autres. Nous croyons même que ces autres façons de s'alimenter doivent constamment être justifiées ! En droit, le principe de l'*opus probandi* suppose que la charge de la preuve incombe à la personne qui prétend.

---

1 M. Joy, *Why We Love Dogs, Eat Pigs, and Wear Cows*, Conari Press, 2009.

Or tout comme le véganisme, le carnisme prétend bien quelque chose. Ne trouvez-vous pas étrange qu'il ne soit pas nécessaire de justifier l'abattage de 3 millions d'animaux par jour en France, mais qu'il soit nécessaire d'aligner 36 arguments et 6 rapports du GIEC pour expliquer qu'on préfère ne pas contribuer au massacre ?

C'est une des bases de l'esprit critique : ne pas se contenter de justifier un choix moral par sa normalité. Quand on y pense, au-delà de la consommation de viande, ce genre de raccourci a déjà fait commettre à l'humanité un sacré paquet d'atrocités.

La viande et nous : passé et futur

Tonton René débarque en caleçon dans le salon silencieux.

« Tu dors pas, tonton ?

— J'ai trop mangé. Et toi qu'est-ce que tu fous ? Du yoga ? »

Après un compte rendu rapide de votre cheminement intérieur, le voilà qui s'adoucit.

« Il y a un terrain d'entente à trouver. On est d'accord, les images d'abattoirs insalubres, cette cruauté, ça laisse pas insensible, évidemment je suis contre. Mais je pourrai jamais arrêter de manger de la bonne viande. À la limite, moins, mais mieux, tu vois. Quand j'étais plus jeune, déjà, on en bouffait pas autant mine de rien ! »

En France, nous sommes passés de 42 kg par an et par habitant (dans les années 1920) à plus de 90 kg dans les années 1980. Cette augmentation s'est faite au rythme des deux guerres qui ont ravagé le continent, vidant les campagnes de leurs paysans - soudain moins occupés à tenir des fourches que des fusils. Peu à peu colonisée par une approche industrielle, la paysannerie s'est muée en « exploitation agricole » vouée au rendement. Les élevages d'antan transformés en usines à bifteck, nous n'avons cherché qu'à produire toujours plus avec toujours moins de main-d'œuvre. Tonton René n'a pas tort, mais il fantasme peut-être sa jeunesse de ce point de vue, car s'il a grandi dans les années 1970, il vivait déjà en plein dans cet énorme système industriel exploiteur de ses « exploitants ». Suffira-t-il de manger un peu moins de viande pour en sortir ?

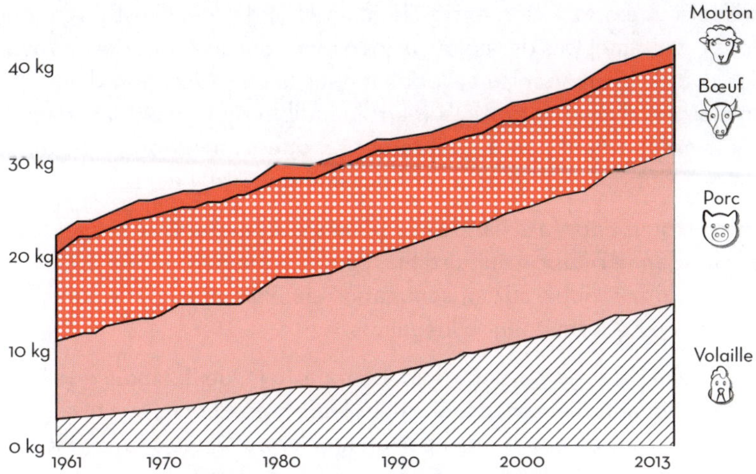

Consommation mondiale des différents types de viande de 1961 à 2013 (par an et par habitant)

« Nan mais tu peux pas me dire ce que je mets ou pas dans mon assiette, point barre. C'est ma liberté. Le végétarisme, c'est ta liberté à toi, mais ça doit pas devenir une oppression. Une oppression de... de...

– Bobo-gaucho-parigo ?

– Euh, ouais, en gros. »

Il est clair que la viande (ou son absence) a souvent constitué un marqueur de niveau de vie et d'appartenance sociale. Autrefois apanage de la noblesse, plat de la classe bourgeoise au XIXe siècle... Le reste de la population ne disposait alors pas d'un pouvoir d'achat suffisant pour s'offrir de la viande à profusion. Mais dans notre monde post-révolution industrielle, c'est un mets bien plus accessible ! Seulement cette accessibilité n'existe qu'au prix des impacts que l'on connaît désormais... et sur la base de cette prise de conscience, les normes se sont inversées. La réduction de la consommation de viande, bien que moins chère et cruciale pour le bien commun, est perçue comme une lubie ou un effet de mode de bobos privilégié·e·s – n'ayant que l'ennui à combattre dans leurs tours d'ivoire.

Parmi les fondements de ce paradoxe (la consommation industrielle de viande élevée au rang de droit naturel) se trouve peut-être notre héritage de la pensée humaniste. L'humanisme s'est en partie construit sur le refus d'exploiter les humains comme des animaux, structurant dès lors une opposition entre l'humain et la nature. C'est parce que nous ne sommes pas des animaux (non humains) que nous devons avoir des droits. L'antispécisme, reposant sur la considération d'un droit animal, est d'ailleurs pratiquement inaudible pour la plupart d'entre nous, précisément parce qu'il remet en question cet ordre de domination dont nous sommes si profondément imprégné·e·s.

La consommation de viande n'a jamais été une affaire d'égalité. Si elle en donne l'illusion aujourd'hui, ce n'est que dans les pays les plus riches. En fait, notre surconsommation de produits carnés contribue à *entretenir* énormément d'inégalités !

« Les pays pauvres vendent leurs céréales à l'Ouest, tandis que leurs propres enfants meurent de faim dans leurs bras. Et nous en nourrissons le bétail. Tout ça afin de manger un steak ? Suis-je le seul à voir cela comme un crime ? Chaque morceau de viande que nous mangeons est une gifle au visage baigné de larmes d'un enfant affamé », s'exclamait en 2012 Philip Wollen, ex-vice président de la Citizen Bank, à l'occasion d'un débat organisé par le St James Ethics Centre et le Wheeler Centre.

Une mise à jour de la pensée humaniste serait peut-être bienvenue ! Vu les enjeux écologiques actuels, il semble de plus en plus existentiel d'avoir ce débat sur notre place dans la biosphère. Nous vivons dans un entremêlement d'écosystèmes, et nous en croire déconnecté·e·s à ce point est dangereux pour tout le monde. En outre, pourquoi choisir de vénérer le hors-sol ? Pourquoi ne pas décider de trouver fascinant un changement de perspectives ?

Faites encore un pas de côté, et vous verrez que notre conception du monde vivant, hiérarchique, compétitive et violente, n'est pas si éloignée d'autres rapports de domination ancrés dans notre culture occidentale : racisme, colonialisme, sexisme. Ce parallèle ne signifie en aucun cas que l'antispécisme revendique une égalité humaine-animale à tous points de vue. Il n'est bien évidemment pas question d'accorder le droit de vote aux poules ou le permis de conduire aux éléphants.

Dans un premier temps, il s'agit au moins d'accepter de voir que nous faisons souffrir, physiquement et/ou psychologiquement, des individus par milliards tout au long de leur vie. Sur cette base, la marge de progression est gigantesque, bien avant d'en arriver à des questions beaucoup plus épineuses (comme les sujets des animaux domestiques, de la chasse, de notre rapport aux espaces « vierges » que sont les habitats naturels des animaux, de notre conception des nuisibles, ou de l'élevage non intensif). Quoi qu'il en soit, pour passer de la philosophie morale à la réalité, ce type de considérations nécessite, comme pour les discriminations humaines… de passer par le droit, qui finalement n'est qu'une conséquence de l'évolution des normes sociales.

Accorder des droits aux animaux vous paraît absurde ? Techniquement, c'est pourtant déjà le cas ! Du moins pour nos animaux préférés. Votre chien et votre chat appartiennent par exemple aux régimes des biens : amusez-vous à les torturer en public et vous risquez de passer par la case prison. Le droit les protège car on considère qu'ils nous rendent un service affectif. Mais alors, comment justifier que l'on puisse traiter de façon si différente un chien et un cochon, tous deux intelligents, sociables et n'ayant aucune envie d'être torturés puis abattus ? Et si ce droit peut être défini par le service rendu à l'humanité, comment ne pas accorder de droits aux abeilles et aux vers de terre, qui rendent bien plus de services écosystémiques que votre chat condescendant, et sans lesquels la planète serait pour nous inhabitable ?

Racisme, colonialisme, sexisme, spécisme : il y a peut-être une matrice récurrente à la racine de ces différents maux, face à laquelle il est possible, comme le suggèrent Malcolm Ferdinand dans *Une écologie décoloniale* ou les courants de pensée écoféministes, de faire converger les luttes. La maltraitance animale proviendrait, dès lors, tout simplement de cette triste manière d'être, cette façon étrange d'habiter la Terre en considérant que toute altérité au sein du vivant ne compte que comme une ressource, une partie du décor, un objet sans désir propre dont la seule fonction est de satisfaire notre liberté. Pour l'anthropologue Philippe Descola, il y a plusieurs manières de se relationner à la nature, et les cultures occidentales sont ancrées dans une forme de « naturalisme » qui oppose la nature à l'humain et considère ce dernier comme supérieur, là où d'autres cultures, notamment indigènes, auront une relation beaucoup plus fusionnelle et symbolique avec elle.

Votre cerveau surchauffe. Partant d'une interrogation sur les impacts du steak, vous voilà en train de réfléchir à la nature profonde de votre rapport au monde.

« Faut pas gamberger comme ça à 3 heures du matin, maugrée tonton René, on a plus les idées bien rangées…

— Justement.

— … et le lendemain matin, tu te réveilles avec tes obligations ordinaires, et la routine t'attend pas pour continuer. Tout le monde passe par là, tu sais. *And the show must go on*… Comme la chanson de Queen ! »

Les leviers du changement

Sauf que cette fois, c'est *parce que ne changeons pas* que le système Terre bouge, très fort et sans notre accord. Que vous soyez spéciste ou non, que vous aimiez la viande ou non, le steak quotidien ne sera à terme plus une option envisageable dans une France qui fait face à une contraction des ressources. Nous pouvons nous réapproprier notre assiette maintenant, ou subir le virage alimentaire qui s'annonce (induit entre autres par les impacts de nos steaks sur le réchauffement climatique – c'est un peu le serpent qui se mord la queue, ou l'humain qui se mord l'estomac).

« Le carnisme industriel a perdu d'avance, tonton.

– C'est bon, j'avais compris. »

C'est dur à avaler, mais la nuit semble l'avoir métamorphosé, car il se redresse soudain :

« Alors il faut un plan de sortie. »

Tonton René a touché dans le mille. Nous garderons collectivement le même comportement tant que nous ne disposerons pas d'alternative « fonctionnelle ». Au bas de chez vous, vous avez plus de chances de trouver un McDonald's qu'un restaurant végétarien, et dans l'imaginaire commun, un repas végé ou végan est simple : on remplace le steak-frites par… des frites. En somme, si l'on n'a pas mangé un peu de chair animale, on n'a pas vraiment mangé de repas[1]. Pourtant la cuisine végétale est largement assez riche ! Pourvu qu'on mette sérieusement les pieds dans le plat. En cela, l'arrivée de simili-carnés sur le marché ne peut être que bénéfique, dans la mesure où elle facilite la transition en proposant une expérience gustative familière pour le palais carniste.

Le plan de sortie ne peut toutefois pas se résumer à des imitations de viande. Qui veut vivre dans le fantôme d'une société accrochée à des rêves de cadavres bovins ? Ne peut-on pas s'emparer des menus du futur de façon plus créative ? En fait, il s'agit surtout d'expérimenter, et de créer des nouveaux récits. À commencer par notre récit personnel : pour Cyril Dion, c'est là « un acte de résistance particulièrement puissant. Il ouvre un espace dans lequel d'autres peuvent

1 P. Farb et G. Armelagos, *Anthropologie des coutumes alimentaires*, Denoël, 1985.

s'engouffrer et accorder leur récit à celui que nous avons créé. Il est plus facile à quelqu'un de dire qu'il ne mange pas de viande si deux personnes le disent aussi autour de la table d'un dîner. [...] Plus facile à un nouveau récit collectif d'émerger si une multitude de récits personnels convergent pour le nourrir et l'échafauder[1]. »

Si le changement peut intervenir dès le niveau personnel, c'est aussi aux sphères d'influences de jouer leur rôle. Quand une influenceuse suivie par 3,8 millions de personnes décide d'ouvrir un restaurant entièrement végétal à Paris, cela contribue à faire évoluer la norme. Outre-Manche, une personne sur cinq a décidé aujourd'hui de se passer de viande. En France, en 2021, trois quarts de la population sondée souhaitaient réduire leur consommation de viande... Pourtant il semble encore inconcevable d'instaurer des menus végétariens dans nos cantines scolaires ! Ainsi il y a aussi des leviers politiques à actionner, et des lobbies à combattre. Même dans une société où l'on souhaiterait conserver un peu de viande, si le choix des cantines et des restaurants était par défaut végétarien ou végane, on peut tout à fait envisager que beaucoup de gens resteraient sur l'option végétale après une période d'habituation (surtout si les steaks de bœuf de fast-food continuent à ressembler à des pneus). Pour mettre en pratique de telles décisions politiques, il y a sans doute beaucoup à apprendre des techniques de *nudge*[2], ces incitations discrètes par le contexte, utilisées aujourd'hui notamment à des fins marketing.

« Bon, bâille tonton René, tu viens surtout de m'inciter à retourner me coucher.

– Mais t'as même pas écouté ?

– Il faut dormir pour laisser mûrir ça. Et demain on se lève tôt pour mener une action de désobéissance civile.

– Quoi ?

– T'emballe pas, Green Lantern, on va juste ouvrir les cadeaux. J'espère que tu m'as pas offert un livre de recettes véganes. »

---

1 C. Dion, *Petit manuel de résistance contemporaine*, Actes Sud, 2018.

2 P. G. Hansen *et al.*, « Nudging healthy and sustainable food choices », *Journal of Public Health*, 2021, vol. 43.

QUATRIÈME ÉTAPE

L'OUVERTURE DES CADEAUX : DES POLLUTIONS BIEN EMBALLÉES

CO2
CO2
fake
VS

SAPIN EN PLASTIQUE VS SAPIN EN… SAPIN

L'arbre qui cache l'usine

Ah, la magie de Noël !

Le vin chaud sur les marchés, les 250 % de réduction sur les figurines Avengers, votre cerveau lavé en boucle par Mariah Carey sur toutes les ondes – et jusque dans les pubs sur votre Spotify ! Mais Noël, c'est aussi et surtout un beau sapin au milieu du salon : bienveillant seigneur prélevé à même la forêt sauvage, dont les frondaisons couvent à l'aube un trésor…

Depuis quelques années bizarrement, le roi a rétréci, et personne ne semble s'en préoccuper. Et non, il ne s'agit pas du *shifting baseline syndrome*[1], mais bien d'un changement des habitudes familiales : le parfum résineux a laissé sa place à des arômes de résine polymère. Un brin moins majestueux, le nouveau venu a l'avantage de ne pas perdre d'aiguilles et de se stocker au garage 350 jours par an (sans nécessiter de tronçonneuse). En outre, il déclenchera moins probablement un incendie – ce qui, reconnaissons-le, sentirait le sapin.

« Ça va trop loin ! » rugit votre grand frère.

1 Phénomène étonnant par lequel on s'habitue graduellement à l'évolution d'un niveau de référence. Par exemple, quand d'une génération à l'autre on voit les populations de poissons se vider dans une rivière, et que ça nous paraît quand même normal (P. J. Dubois, *La Grande Amnésie écologique*, Delachaux et Niestlé, 2012).

Il retient ses larmes. Manger du polystyrène[1], c'est une chose. Plastifier l'âme de son enfance, c'est plus qu'il ne peut en supporter.

« J'avoue, s'indigne une cousine à l'adresse des parents, il n'y avait pas assez de plastique dans les guirlandes ?

– Et c'est écrit *made in China*, renchérit mamie.

– En plus les vrais sapins absorbent du CO_2, explique un cousin, alors que celui-là a *émis* du carbone pendant toute sa chaîne de fabrication. »

La colère parentale monte doucement.

« Les sapins absorbent du CO_2 tant qu'on ne les décapite pas », rectifie une tante, glaciale.

Personnellement, vous n'aviez pas réfléchi à la question. La seule chose qui vous vient en tête, c'est qu'on ferait difficilement pousser un sapin en jetant des billes de PVC dans le jardin de mamie Josette. Mais les parents, en grève générale, défendent leur droit à ne plus balayer quinze hectares d'aiguilles sur le parquet, et c'est un nouveau débat houleux qui emporte la famille de bon matin.

Mon beau sapin, roi des monocultures

On peut imaginer une paisible forêt nous faisant gracieusement don de quelques résineux pour les fêtes, mais la réalité est un peu différente. La majorité des arbres destinés à décorer nos intérieurs proviennent de monocultures exclusivement créées pour cet usage. Ainsi pour jauger l'impact du sapin naturel, il faut considérer la totalité de ce qui entre et sort du système, depuis la plantation des semis jusqu'à l'élimination de l'arbre en fin de vie, en passant par la plantation, l'application d'engrais et de pesticides, et le transport.

Aux dernières nouvelles, les sapins ne sont pas livrés par six rennes et un traîneau magique : plus la distance de transport est grande, moins le bilan est réjouissant ! Le sapin aura beau stocker du carbone pendant sa croissance (en quantité variable selon les types de sols, l'exposition du soleil, les précipitations, etc.), il vous suffira de prendre la voiture et de rouler jusqu'au magasin pour anéantir ce gain environnemental.

1 Référence subtile au débat steak *vs* faux steak, dans la partie précédente.

Ne négligez pas non plus la fin de vie de votre verdoyant compagnon. Vous n'avez peut-être pas la main sur la manière dont les sapins sont cultivés, mais c'est aux particuliers de décider ce qu'il adviendra d'eux après les fêtes. Si votre arbre est composté ou broyé pour servir de paillage, il restituera de la matière organique dans le sol. S'il est tranché comme une bûche de Noël et crépite dans la cheminée au soir de l'an, la totalité du carbone accumulé pendant son existence sera libérée dans l'atmosphère sous forme de CO_2.

De la scierie à l'aciérie

Et le sapin artificiel, alors ? Contrairement à une idée largement répandue chez les 7-8 ans, il n'est pas fabriqué par une armée de petits lutins dans les ateliers du Dark Père Noël au Mordor, mais par de la main d'œuvre chinoise et des grosses machines qui découpent du PVC, extrudent des tiges en acier et assemblent le tout à quelques kilomètres de Shanghai. C'est en effet la Chine qui concentre l'essentiel de la production mondiale de faux sapins.

Cependant le transport maritime est plutôt efficace. Le nœud du problème intervient plutôt à la phase de fabrication, puisque celle-ci consomme beaucoup plus d'énergie que le transport, et concentre au passage la majorité des impacts environnementaux.

D'ailleurs, ce n'est pas tant le plastique qui en est responsable… mais la structure en acier qui lui permet de tenir droit sur son tronc ! Fabriquer de l'acier nécessite beaucoup d'électricité, souvent issue du charbon – dont l'influence est certaine sur le changement climatique, mais aussi sur l'acidification des océans, l'épuisement des ressources minérales (et au passage, l'accroissement de la probabilité que des mineurs se découvrent quelques maladies chroniques ou cancers).

Le sapin du futur

Vous l'aurez compris : à moins de fêter Noël autrement (est-ce si impensable ?), ou de planter une graine au milieu de votre domicile (ce qui à bien y réfléchir n'est pas beaucoup plus absurde que de déplacer un arbre), les deux types de sapin auront toujours un impact. Ce qui permet de les départager relève de paramétrages particuliers, tels que le nombre de réutilisations, la distance d'acheminement jusqu'à votre chaumière, et le traitement de l'arbre en fin de vie[1]. Plus vous garderez longtemps votre sapin en plastique, plus vous rentabiliserez l'impact lié à sa production.

Évidemment, l'intérêt du faux sapin ne réside pas dans le seul plaisir de forer des puits de pétrole. L'enjeu est justement sa durabilité : pour chaque année de réutilisation, on évite une itération du circuit « plantation-coupe-transport-mise au rebut » d'un sapin naturel. En conséquence, un sapin artificiel d'une durée de vie de six ans ne doit pas être comparé à un sapin naturel… mais bien à six.

Et pourtant ! Même en réutilisant un sapin en plastique pendant cette demi-douzaine d'années, son empreinte carbone serait en moyenne près de trois fois supérieure à celle de ses équivalents organiques (modulo, au cas par cas, les paramètres évoqués un peu plus haut). Après l'acquisition toute récente de vos parents, il faudrait en fait persévérer une bonne vingtaine d'années pour que votre simili-sapin familial devienne intéressant du point de vue de son impact sur le changement climatique. Pour les autres indicateurs d'impact, comptez de trois à vingt-cinq ans !

Une fois toutes ces clés en main, reste qu'il n'est pas absolument évident de trancher. Comme disait Pierre Desproges, « tout est affaire de choix ». Si votre famille est capable de conserver un sapin en plastique pendant un quart de siècle et de le léguer intact aux générations futures, sans jamais passer par la très tentante case poubelle, pourquoi pas. Dans le cas contraire, il semble un peu moins pire de se tourner vers un vrai sapin lors des fêtes… cultivé près de chez vous si possible, et sans pesticides ! Les solutions pour diminuer les impacts ne manquent pas.

Si vous n'habitez pas à Nouméa et que votre climat le permet, un sapin mis en pot pourrait bien annuler une grande partie des impacts passés en revue jusqu'ici. Encore mieux : pourquoi ne pas faire travailler sa créativité et recréer un sapin à partir de bois flotté, débris de palettes,

---

1 Thinkstep, « Comparative life cycle assessment of an artificial Christmas tree and a natural Christmas tree », 2010.

parapluies et autres artefacts sauvés de la décharge ? En somme, redonner vie à une vieille branche qui n'exerce plus vraiment d'impact sur le monde... mais que rien n'empêche de cristalliser à son tour la magie de Noël.

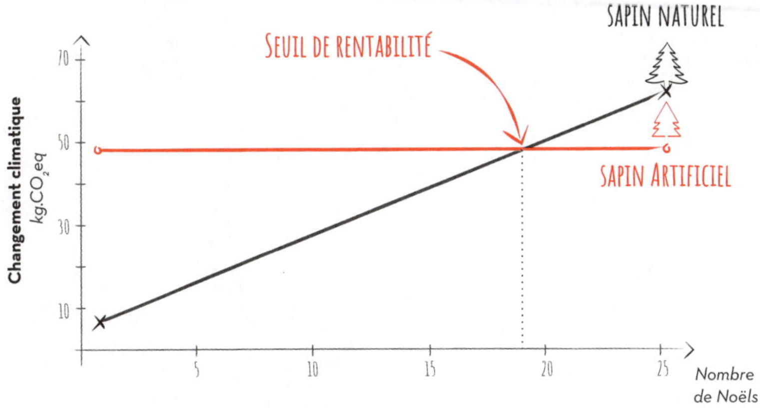

Émissions de gaz à effet de serre sur l'ensemble du cycle de vie : sapin artificiel *vs* sapin naturel[1]

Source : adapté de S. Couillard *et al.*, « Analyse du cycle de vie comparative entre l'arbre de Noël artificiel et naturel », *Ellipsos*, 2009.

1 Arbre artificiel produit en Chine et réutilisé chaque année *vs* quantité équivalente de sapins canadiens (cultivés à 150 km de Montréal, leur lieu d'utilisation). L'étude n'est pas forcément représentative d'un contexte français, mais les ordres de grandeur restent pertinents.

VS

CHEMISE EN COTON VS CHEMISE EN LIN

Le Père Noël file-t-il un mauvais coton ?

Soyeux Noël !

C'est papa qui ouvre le bal au déballage des cadeaux. Il semble trouver très drôle de prendre tout son temps pour décoller le ruban adhésif tandis que les enfants trépignent. Votre mère et tonton René s'impatientent eux aussi, heureux de voir son visage s'illuminer quand il sort enfin deux chemises blanches de l'emballage. Tout le monde sait que votre père est exactement le contraire de George Clooney, et chacun vient régulièrement au secours de la catastrophe vestimentaire qu'il a toujours été.

« L'une est en lin, l'autre en coton ! s'extasie-t-il. Laissez-moi vous en dresser un petit historique. »

Dépourvu de style, mais féru d'histoire des textiles, il commence sa déblatération face aux enfants médusés. Saviez-vous qu'à une époque, lorsqu'il était courant de vider son pot de chambre par la fenêtre et de régler ses problèmes de voisinage à coups de hache, on portait du lin et du chanvre en Europe ? Le coton était déjà connu, mais ce n'est qu'à partir du XVIIIe siècle que ce bout de nuage descendu sur terre est devenu tendance. Délaissant le lin (« so 1690 »), les Européens ont commencé à utiliser du coton en masse, combinant subtilement innovations techniques sur les machines à tisser et réduction en esclavage de dizaines de milliers d'êtres humains. Aussi vivace que son histoire est mortifère, l'industrie du coton représente aujourd'hui un quart de la production mondiale de fibres[1].

« Par contre, deux chemises, c'est trop de style pour moi.

– On savait pas laquelle choisir, explique tonton René, rapport à l'écologie, tout ça.

– Rapport à l'écologie-tout-ça il valait mieux ne rien prendre du tout, rétorque votre petite sœur, écœurée par le passage sur l'esclavage.

– Je suis bien content d'avoir eu ces chemises, adoucit votre père. Mais ça reste une bonne question : aujourd'hui, il vaut mieux du lin ou du coton ? »

L'odyssée d'un flocon

Bien avant de se trouver en paquet-cadeau, notre habit de coton a poussé sur un petit arbuste orné de flocons blancs. Son existence commence dans un vaste champ aux États-Unis, en Chine ou en Inde, lorsque les graines sont semées. En plus de nécessiter d'énormes quantités d'eau pour l'irrigation, la culture traditionnelle du coton a recours à toute une panoplie d'intrants chimiques : herbicides, insecticides, fongicides, ainsi qu'un bon paquet d'engrais. Ces intrants induisent diverses pollutions des sols : lessivage des nitrates[2], émissions de phosphate, potassium, métaux lourds[3]… Et ce n'est pas une mince affaire : 25 % de la consommation mondiale de pesticides agricoles est imputable à la culture du coton[4].

Le coton est récolté par des machines, puis une égreneuse sépare mécaniquement les graines des boules duveteuses. Pressée en balles, la fibre est ensuite expédiée dans une usine, là encore en Inde ou en

1 ADEME, « La mode sans dessus-dessous », infographie animée, 2022.

2 Quand on épand des engrais azotés (nitrates) pour nourrir les cultures, tout n'est pas toujours absorbé par les plantes. Une bonne partie peut migrer dans l'environnement, que ce soit par érosion des sols ou par lixiviation (lessivage), lorsque les eaux emportent les nitrates en s'infiltrant dans le sol.

3 Commission européenne, « Harmonisation of environmental life cycle assessment for agriculture », DG VI Agriculture, 2003.

4 K. Tyrell *et al.*, « Sustainable cotton ranking », Pesticide Action Network UK, Solidaridad, WWF International, 2017.

Chine, parmi les premiers producteurs mondiaux de textiles (respectivement 22 % et 24 % des capacités planétaires de filature et de tissage[1]). De fil en aiguille, d'autres machines prennent le relais pour mélanger, peigner, sélectionner les fibres selon leur longueur, puis les étirer, les tordre et les filer – consommant surtout, à ce stade, de l'huile lubrifiante et de l'électricité (donc du charbon). Ensuite seulement, le coton est tissé ! Il devra toutefois subir encore une ribambelle d'étapes d'ennoblissement, en tête desquelles parade la teinture… l'un des grands revers de la production de nos vêtements.

En plus d'être énergivores, nos garde-robes multicolores mobilisent en effet de multiples techniques (désencollage, lavage, décapage, blanchiment) qui font intervenir de jolies substances comme des métaux lourds ou du formaldéhyde : en fait, pour produire 1 kg de vêtement aujourd'hui, on estime qu'il faut entre 1,5 et 6,9 kg de produits chimiques[2], et 20 % de la pollution des eaux dans le monde serait imputable à la teinture et au traitement des textiles[3], de sorte que la couleur des rivières chinoises pourrait presque nous donner un aperçu des prochaines tendances[4].

Quelques kilomètres en bateau et camion plus loin, la chemise commence tout juste à prendre forme. Au programme : patronage, découpe, couture – et détail de taille, les boutons. Votre père aime peut-être se balader torse nu dans les rues occitanes, mais il doit bien accepter de fermer sa chemise en rendez-vous professionnel. Or les boutons ont leur propre cycle de vie à prendre en compte, qu'ils soient en bois, en corne de rhinocéros[5], ou plus généralement en polypropylène. Il faut extraire du pétrole, mettre en forme le plastique, l'acheminer en atelier… De la carte du monde à la carte de crédit, que de labeur pour enfin pouvoir repasser le tout et l'envoyer en boutique, jusqu'à tomber sous le regard de votre mère et de tonton René !

---

1 BioIS, « Écoprofil d'une chemise en lin », 2007.

2 S. Roos *et al.*, « Towards sustainable use of chemicals in the textile industry », Chemical Environmental Science, Department of Chemistry and Chemical Engineering, Chalmers University of Technology, 2015.

3 ADEME, « La mode sans dessus-dessous », *op. cit.*

4 Greenpeace, « Toxic threads: putting pollution on parade », 4 décembre 2012.

5 C'est de l'humour (quoique… On pourrait être surpris par l'excentricité de certain·e·s fashionistas).

Cycle de vie d'une chemise (exemple fictif pas si éloigné de la réalité)

« C'était sans doute plus simple au Moyen Âge, regrette le paternel.

– La mondialisation, c'est coton », commente papy.

D'autant que le voyage n'est même pas terminé. Pour avoir une idée de l'entièreté des impacts de cette chemise, il faudra connaître sa durée de vie - votre père est-il soigneux ? En outre, les lavages nécessiteront de l'eau, des détergents, et les repassages consommeront de l'électricité... Puis un beau jour, détricotant avec émotion les mille souvenirs vécus dans son bel habit, votre vieux papa décidera de s'en séparer. Peut-être dès demain, parce qu'il aura succombé aux sirènes de la fast-fashion, ou peut-être dans dix ans, parce qu'il aura tellement poncé le vêtement qu'on se demandera si c'était déjà un torchon à l'origine. Quoi qu'il en soit, la chemise démarre alors une nouvelle aventure : si elle n'est pas utilisée en seconde main, elle sera collectée et recyclée - dans le meilleur des cas. Dans le pire, elle finira en décharge ou dans un incinérateur. Pierre Desproges ne disait-il pas : « Marche pas dans la mode, ça porte malheur » ?

Une sacrée odyssée, et beaucoup de conséquences, pour ce qui était entré dans le monde avec la simplicité d'un flocon blanc.

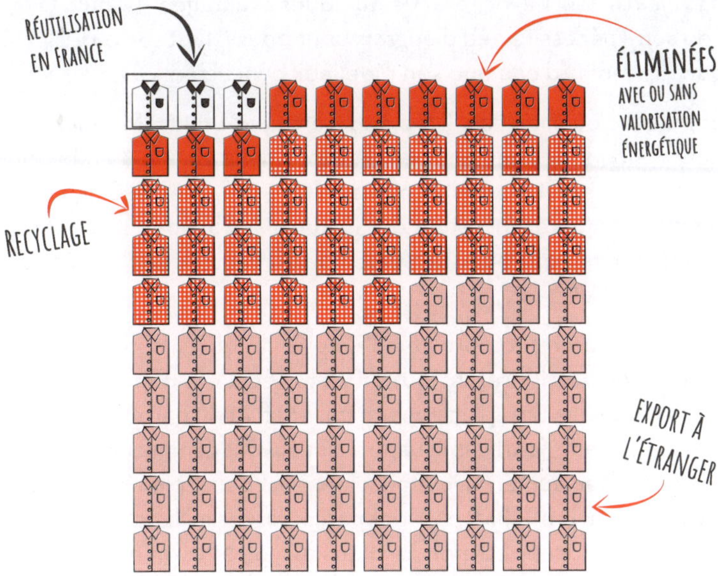

Le parcours de fin de vie des 100 chemises du dressing de papa[1]

LE LIN, FRANÇAIS DE SOUCHE

Tout comme le coton traverse les mers, le lin, lui, a traversé les siècles. Mais depuis son utilisation pour repousser les dangers de la grande peste et soulager les blessures sur les champs de bataille, il s'est peu à peu effiloché au profit de l'industrie du coton, pour ne représenter aujourd'hui qu'un minuscule 0,4 % de la production mondiale de fibres textiles[2].

« Eh oui, explique votre père. Les historiens appellent ça le déc-lin. »

Pour vous réjouir toutefois, il y a de fortes de chances que le point de départ de cette deuxième chemise soit quelque part entre la Manche et le col (du Tourmalet) – c'est-à-dire dans notre cher Hexagone. La France en est en effet le premier producteur mondial. Cocorico ! Elle

1 D'après les chiffres de Refashion (2020).

2 Confédération européenne du lin et du chanvre (CELC), « La petite & la grande histoire du lin ».

bénéficie d'ailleurs avec le lin de quelques avantages : modulo la fertilité du sol, il nécessite peu d'engrais pour pousser, et surtout, il lui faut beaucoup moins d'eau que son moelleux concurrent.

Sauf qu'avec ou sans eau, il y a apparemment un hic. Mondialisation oblige, pendant des années, peu d'étapes de la chaîne de fabrication ont été réalisées en France hormis la culture de la plante. On peut bien entendu saluer le récent retour des filatures au pays des 400 fromages, mais votre lin français a probablement fait un détour par la Chine pour être filé, tissé et teint.

Cet aller-retour impromptu vers l'Empire du Milieu suffit en général à scandaliser l'auditoire, surtout s'il vient gâcher le début d'une belle histoire nationale. Dans l'imaginaire collectif, et en particulier pour les produits de mode, le transport apparaît souvent comme un enjeu environnemental majeur. En valeur absolue, c'est bel et bien considérable : une chemise ou un T-shirt[1] peuvent parcourir des milliers de kilomètres avant d'arriver dans votre placard (jusqu'à 65 000 km pour un jean[2]). Pourtant, et ceci vaut tant pour le lin que pour tous les vêtements, l'impact majoritaire est rarement lié au transport[3].

Bien sûr, toutes choses égales par ailleurs, réduire le nombre de kilomètres dans la chaîne d'approvisionnement permet de réduire l'impact de vos chemises sur l'environnement. Brûler moins de carburant, consommer moins d'énergie, émettre moins de particules, etc. Mais au regard de la contribution à l'impact global, c'est s'attaquer à un bien petit pourcentage, et diviser la distance par deux ou dix ne change pas fondamentalement la donne.

---

1 ADEME, « Carnet de vie d'un T-shirt », mai 2013.

2 ADEME, « Carnet de vie d'un jean », octobre 2014.

3 Dans l'étude servant de support à ce chapitre, les différents transports depuis le lieu de culture jusqu'au pied du sapin de Noël sont responsables d'environ 2 % de l'impact total sur le changement climatique par exemple, aussi bien pour le lin que pour le coton (BioIS, « Analyse de cycle de vie comparée d'une chemise en lin et d'une chemise en coton », 2007).

Démêler le lin du coton

Ceci dit, le *made in France* fait sens pour d'autres raisons : en particulier, parce que le mix électrique y est relativement peu carboné – c'est justement la consommation d'énergie associée aux différentes étapes de fabrication qui contribue à ternir considérablement le cycle de vie de nos habits. Dans un deuxième temps bien sûr, la phase d'utilisation compte, et non, il ne s'agit pas de l'énergie que votre père va dépenser en se déhanchant comme dans *La Fièvre du samedi soir* avec sa chemise neuve. On parle tout simplement de son entretien : pour que papa reste élégant et propre sur lui, il devra forcément laver sa chemise (ne serait-ce qu'une fois par an), voire la repasser pour éviter l'effet sac à patates.

Pour ce qui est de l'entretien, les contributions aux impacts sont équivalentes pour le lin et le coton. Est-ce à dire qu'on se fiche de choisir entre les deux, pour peu que la production n'ait pas émis trop de gaz à effet de serre ? Ce serait faire erreur… Car si l'on pense en général à l'empreinte carbone dès que l'on parle de l'impact environnemental d'un produit, il faut élargir notre champ de considération dans le cas des textiles. C'est plutôt la consommation d'eau qui en est l'enjeu principal, ainsi que les pollutions qui y sont associées, comme l'écotoxicité aquatique ! On utilise environ 24 baignoires d'eau pour produire une chemise en coton, et près de quatre fois moins pour le lin – qui, comme on l'a dit, nécessite beaucoup moins d'irrigation.

Ce n'est pas tout. Sur plusieurs autres indicateurs importants, comme l'écotoxicité aquatique, les impacts de la chemise en lin sont jusqu'à sept fois plus faibles que ceux de la chemise en coton. C'est le résultat d'un usage bien moindre de pesticides et d'engrais : à titre d'exemple, les cultures de coton font souvent appel à des substances toxiques telles que les défoliants, qui ne sont pas utilisées pour le lin. Pour les néophytes qui n'auraient pas participé aux guerres du Vietnam et d'Indochine, les défoliants sont des herbicides qui font tomber les feuilles (et occasionnent des crimes de guerre, lorsque des Américains et des Français respirent l'odeur du napalm au petit matin sur un air de Wagner[1]). La présence de résidus dans les fibres

1 Fermez ce livre et partez vite regarder *Apocalypse Now* de Francis Ford Coppola pour ceux qui n'ont pas compris la référence.

varie d'un coton à l'autre, mais on en trouve surtout dans les déchets d'égrenage[1]. Finalement, bien qu'il puisse exister des transferts de pollutions, le lin semble présenter de nombreux avantages sur les enjeux environnementaux les plus importants pour ce type de produits.

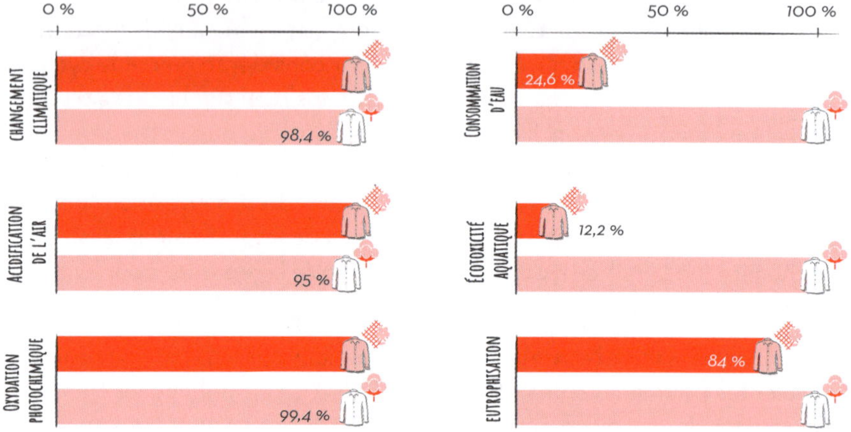

* *La valeur d'impact la plus élevée est présentée comme étant de 100 %, l'autre comme une fraction de cette dernière.*

Comparaison entre chemise en lin et chemise en coton sur tout leur cycle de vie

Source : adapté de BioIS, « Écoprofil d'une chemise en lin » et « Analyse de cycle de vie comparée d'une chemise en lin et d'une chemise en coton », 2007.

Entre coton au défoliant et lin façon Godefroy de Montmirail[2], votre père semble avoir fait son choix. Tandis qu'il enfile gaiement sa chemise en lin, vous haussez les épaules : 24 baignoires d'eau divisé par 4, c'est tout de même 6 baignoires d'eau. La prochaine fois, songez-vous, vous lui achèterez tout simplement un vêtement de seconde main.

1 M. Thibaud, « Les résidus de pesticides dans les produits du cotonnier : propositions d'études de leur impact sur l'environnement », CIRAD-CA, 1996.
2 Référence au film *Les Visiteurs*, de Jean-Marie Poiré.

Consommation d'eau ou changement climatique, comment choisir son combat ?

Plus vous avancez, plus il vous semble assez clair que tout produit, toute activité est potentiellement source d'impacts sur une multitude d'indicateurs environnementaux. Certains produits génèrent beaucoup d'externalités négatives par leurs émissions de gaz à effet de serre, et peu sur d'autres indicateurs comme la consommation d'eau. Pour d'autres produits, c'est le contraire. Ainsi, passer de l'un à l'autre pose le problème des transferts d'impacts. Dès lors, comment faire la part des choses ? Comment savoir si c'est plus grave d'émettre des particules fines à un endroit, du CO_2 à un autre, ou d'épuiser une ressource encore ailleurs ?

Dans le monde de l'analyse du cycle de vie, pour éclairer le sujet et éviter les choix hasardeux, les analystes réalisent généralement ce qu'on appelle une « normalisation ». Comment cela ? D'abord, en ramenant les impacts environnementaux du produit étudié, pour chaque indicateur, à une valeur de référence. Par exemple, cette référence peut être l'impact *moyen* d'une personne d'une certaine zone géographique comme l'Europe. On obtient alors des valeurs normalisées, qui ne correspondent plus à une unité de mesure, mais peuvent être hiérarchisées les unes par rapport aux autres. Cette méthode permet notamment d'identifier les indicateurs les plus significatifs pour le système considéré (et donc les impacts qu'il s'agira de minimiser en priorité).

VS

LIVRE VS LISEUSE

Pierre, feuille, circuit imprimé. Qui gagne ?

ÉCOLITTÉRATURE !

Vous déballez votre premier cadeau, issu d'une cagnotte familiale organisée par votre cousine.

« Ta sœur préférait la version papier, dit-elle, mais le livre est un objet du passé. Avec ça les livres coûteront moins cher, on reverse une meilleure part aux autrices et auteurs, et ça va dans le bon sens pour la planète. »

C'est donc une liseuse numérique que vous découvrez avec ébahissement, ainsi qu'un premier ouvrage dématérialisé intitulé *Écolo, mon cul*[1] *!*

« De la bonne littérature ça, ricane tonton René. On sait que tu le liras jamais, mais c'est histoire de faire un geste pour l'avenir. »

Votre machine écologique intérieure se met aussitôt en branle. Et si la liseuse était un énième piège technologique ? Comment savoir ? Pour en avoir le cœur net, vous ouvrez le bouquin digital et foncez au chapitre « Livre *vs* liseuse ».

---

1 Wow ! *Inception*, le livre dans le livre ! Quel revers scénaristique !

Tourner la page des librairies ?

Le livre papier, cet artefact archaïque qu'aurait voulu acheter votre sœur, n'est simple qu'en apparence. Derrière ses pages, bien avant les personnages, se cache toute une galerie d'étapes de fabrication, véritable épopée du réel précédant la fiction. Dans l'ordre, il faut d'abord produire du bois, le déchiqueter, et séparer la cellulose de la lignine pour en faire de la pâte à papier (le procédé peut être mécanique ou chimique). Afin que le papier vous envoûte de son éclat au fil des mots, il faut aussi blanchir la pâte, puis l'expédier en usine où elle sera pressée, lissée, séchée, embobinée.

Ensuite, le monde de l'édition prend le relais, à base d'impression et d'assemblage, de transports et de mise en vente. On n'oubliera pas le « merci » hypocrite au déballage du cadeau, que vous ferez éventuellement signer aux auteurices pour faire classe – avant de le lire, ou pas, puis de le laisser quelques années sur une étagère en attendant la mise au rebut.

Ça en fait, des étapes ! Autant d'opportunités de détruire l'environnement. Tout ça fait même intervenir des solvants, résines et autres produits qui présentent des risques pour la santé humaine… Le plus déterminant dans tout ça ? La production de pâte à papier et l'impression. Pratiquement toutes les études ont montré que ces deux étapes sont les principaux facteurs contribuant aux impacts potentiels de votre roman préféré en version papier.

Dès lors, l'impact du livre peut varier selon de nombreux paramètres, notamment son format[1]. Du point de vue environnemental, un livre broché n'est pas aussi performant que son édition de poche, plus compacte, et avec un grammage papier plus léger. La quantité d'encrage y est aussi pour beaucoup. En évitant de faire des aplats de couleur sur chaque page, le bilan environnemental ne s'en portera que mieux ! En outre, un ouvrage en papier recyclé exerce moins d'impact que son équivalent en papier vierge (logique, dans la mesure où l'on produit moins de pâte à partir de zéro). Attention toutefois : le papier

1 Nous n'aurions pas la prétention d'affirmer que le livre que vous tenez dans vos mains est exemplaire à tout point de vue. Cependant, le sujet a été pris en compte dès le départ dans les choix éditoriaux.

ne peut en aucun cas être recyclé à l'infini[1]. À chaque cycle, les fibres deviennent de plus en plus courtes, et après cinq à sept itérations dans le meilleur des cas, la matière n'est tout simplement plus utilisable[2].

Comment ne pas se laisser séduire par un objet high-tech qui permet d'éviter ce vilain programme ? Combien de milliers d'arbres épargnés tandis que vous naviguerez avec style dans une bibliothèque virtuelle de moins d'un centimètre d'épaisseur ? Sans parler de la simplification du rangement et des déménagements... Ainsi, entre autres avantages des formats e-book, on notera la simplification de l'acte d'acquisition à chaque ouvrage (plus besoin de dévisser les fesses de votre canapé[3]), et la compatibilité avec différents supports, en tête desquels on trouve d'ailleurs aujourd'hui... le smartphone[4] !

Mais bref : ce que vous avez reçu cette année, ce n'est pas un téléphone (dont les impacts sont d'ailleurs différents, de même que ceux d'un ordinateur ou d'une tablette), et c'est bien à la liseuse qu'on s'intéresse dans ce chapitre.

Liseuse : la tragédie d'un long prologue

Avant de pouvoir faire une comparaison correcte entre un livre et une liseuse, il faut avoir certains paramètres en tête.

La différence qui vous paraîtra peut-être la plus évidente se situe dans la phase d'utilisation. En règle générale, vous ne branchez pas votre livre papier sur le secteur pour le recharger entre deux paragraphes, de même qu'il est inutile d'accélérer la cadence de lecture quand la batterie faiblit et que vous avez encore paumé le câble d'alimentation.

Votre liseuse consomme donc de l'électricité tout au long de son existence, et cette électricité, il faut la produire. Selon les spécifications, une recharge peut durer autour de 4,5 heures, et une batterie

---

1 Voir « Recyclable *vs* recyclé », p. 102.

2 D. J. Dowd-Hinkle, « Kindle vs. printed book: an environmental analysis », Rochester Institute of Technology, 2012.

3 C'est aussi le cas si vous commandez un livre physique par Internet, mais celui-ci n'arrivera pas instantanément dans votre boîte aux lettres.

4 Seuls 32 % des lecteurs et lectrices de livres numériques sont équipés d'une liseuse (baromètre Sofia/SNE/SGDL sur les usages du livre numérique et audio, synthèse des résultats, mars 2022).

complètement chargée peut tenir près d'un mois (trois semaines si vous utilisez le wifi[1]). En moyenne, des chercheurs ont estimé que l'appareil nécessite 0,0068 Wh/page[2]. Notez que si le temps de lecture est crucial lorsqu'on s'intéresse aux e-books lus sur un ordinateur[3] (puisque même l'affichage d'une image statique consomme de l'énergie en continu), ce n'est pas le cas des liseuses lorsque l'écran est approprié. En fait, avec un peu de recul, on s'aperçoit que dans la plupart des systèmes étudiés, la consommation d'énergie d'une liseuse en phase d'usage n'est *pas* l'enjeu principal au regard de sa fabrication et de la gestion des déchets[4].

La liseuse est loin d'être aussi « propre » qu'elle a l'air stylée. Avant qu'elle n'arrive entre vos mains et raconte ses histoires pleines de vie, il a fallu un long prologue... commençant par un mineur qui descend dans la province du Sichuan avec son petit piolet, ou dans la région du Kivu au Congo, pour casser un gigantesque paquet de cailloux et miner du cuivre, du palladium, du lithium et tout un tas d'autres métaux et minerais. On peut mentionner l'extraction d'or, de wolframite[5], de cassitérite[6] ou encore de coltan, duquel on tire le tantale[7] essentiel aux condensateurs et aux écrans à cristaux liquides... et dont l'extraction ne se fait pas toujours dans la légalité, se trouvant même au cœur d'un trafic aux conséquences humaines et environnementales considérables[8] (on parle de transactions entre bandes armées qui ont alimenté une guerre civile à plus de 3 millions de morts et peuvent continuer de générer un climat relativement « tendu » dans certaines régions[9]).

---

1 D. J. Dowd-Hinkle, *op. cit.*

2 K. Tahara *et al.*, « Life-cycle greenhouse gas emissions of e-books vs. paper books: a Japanese case study », Journal of Cleaner Production, 2018.

3 R. Hischier *et al.*, « Environmental impact: a comparison between print and electronic media », Ecopapertech Conference, 2001.

4 A. Moberg *et al.*, « Books from an environmental perspective – Part 2 », *The International Journal of Life Cycle Assessment*, 2011, vol. 16.

5 Qui permet de produire du tungstène.

6 Qui permet de produire de l'étain.

7 Le tantale a aussi beaucoup d'autres applications spécifiques en électronique. Plus des deux tiers de la production de tantale sont aujourd'hui utilisés pour les nouvelles technologies, et on s'attend à un chiffre en hausse pour les années à venir.

8 Nations unies, « Illegal exploitaton of natural resources and other forms of wealth in the Democratic Republic of the Congo », 2003.

9 P. Bihouix, *Quel futur pour les métaux ?*, EDP Sciences, 2010.

Après le raffinage des minerais, la majorité des composants sont fabriqués en Asie (à l'exception généralement de l'encre électronique, fabriquée aux États-Unis, bien qu'elle soit ensuite réexpédiée en Asie pour l'assemblage de l'écran). Et la fabrication de ces composants apporte son lot d'impacts sur quantité d'indicateurs environnementaux : des condensateurs (acidification, création d'ozone photochimique) aux résistances (*idem*, avec la toxicité terrestre en bonus), en passant par les fameux circuits intégrés – là, c'est le grand cocktail : énergie, épuisement abiotique, réchauffement de la planète, eutrophisation, toxicité humaine, toxicité aquatique d'eau douce, toxicité maritime, toxicité terrestre... C'était déjà la guerre civile ? Anéantissons maintenant des écosystèmes à coups d'acide et d'arsenic !

Bien sûr, les liseuses à elles seules sont très loin d'être les principales responsables du carnage au regard des quantités colossales d'appareils numériques avec lesquels on inonde le marché. Mais elles font partie de ce système, elles l'entretiennent, et elles en dépendent.

Des chiffres et des lettres

Donc oui, sans aucun doute, *une* liseuse est plus impactante qu'*un* livre. Toutefois, vous dites-vous, on peut stocker une flopée d'e-books dans une seule liseuse ! Et c'est un élément déterminant pour véritablement juger de la performance environnementale des deux options. Combien de livres lirez-vous sur votre appareil tout au long de sa durée de vie ? Selon les circonstances et en fonction des catégories d'impact, la solution la plus pertinente peut être tantôt le livre électronique, tantôt le livre papier[1].

Toutefois une étude estime qu'en moyenne, il faudrait lire 40 e-books sur notre liseuse pour s'assurer d'amortir son impact sur le changement climatique. Or le changement climatique n'est qu'une partie du problème. Et si l'on adopte une vision véritablement multicritère, et que l'on inclut par exemple l'écotoxicité aquatique et l'acidification, le nombre de livres numériques qu'il faudrait lire avant de constater des gains environnementaux vis-à-vis du format papier s'élèverait plutôt à 200[2] !

1 V. Naicker *et al.*, « A life cycle assessment of e-books and printed books in South Africa », *Journal of Energy in Southern Africa*, 2016.

2 A. Moberg *et al.*, *op. cit.* ; D. J. Dowd-Hinkle, *op. cit.*

Bien entendu, c'est une estimation qui dépend de nombreuses hypothèses. Par exemple, on ne peut pas mettre sur le même plan une comptine pour enfants d'une vingtaine de pages au format poche et *À la recherche du temps perdu* de Marcel Proust (bim, 2 400 pages, j'espère que vous aimez la littérature !) – on utilise donc une moyenne représentative du marché.

Deux cents livres, sacré ordre de grandeur tout de même ! Vous tentez de compter mentalement les couvertures de votre propre bibliothèque et arrêtez lâchement à vingt-deux. En France, on achète une douzaine de livres par an en moyenne. Vous-même, ayant traversé une mauvaise passe littéraire, n'avez réussi à terminer que deux livres cette année. Le sujet n'est pas de savoir si c'est un bon chiffre de lecture ou non : sachez seulement qu'à ce rythme, pour rentabiliser l'impact environnemental d'une tablette selon les estimations faites plus haut, il vous faudrait… un siècle !

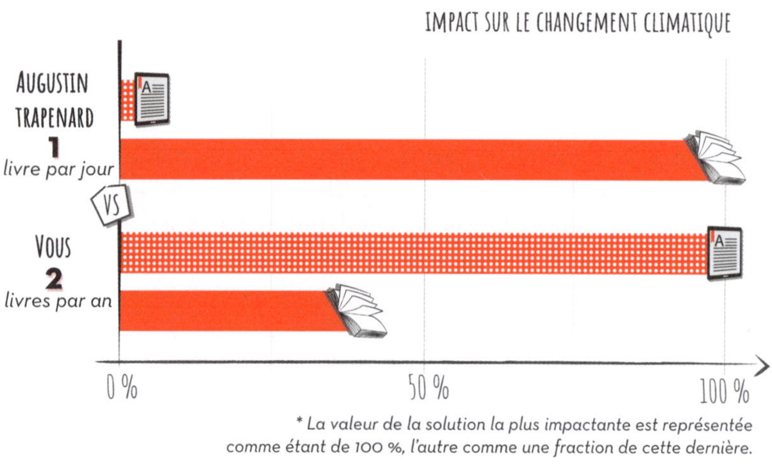

Livre *vs* liseuse : impact relatif
sur le changement climatique selon vos habitudes de lecture[1]

En fait, il n'est pas possible en l'état de décréter qu'il y aurait une bonne ou une mauvaise solution entre livre et liseuse. Tout dépend de votre fréquence de lecture, mise en regard avec la durée de vie de l'objet. On peut cependant souligner un impact propre à toutes

1 On considère ici la fonction « lire 50 livres en version papier » vs « lire 50 livres sur une liseuse d'une durée de vie de 6 ans ».

les démarches de dématérialisation, et qu'on a tendance à oublier : l'effet des nouvelles technologies sur nos usages. À peine un quart des propriétaires de liseuses lisent plus de vingt livres par an, et force est de constater que la plupart n'ont pas substitué leurs achats de livres papier par des achats numériques. Les e-books *s'ajoutent* à des lectures classiques (ou du moins à des achats de livres papier). Il existe donc de potentiels effets rebonds, et dans le cas où la liseuse n'est qu'un gadget supplémentaire qui croupit au fond de nos tiroirs, on peut sérieusement douter de sa pertinence environnementale.

La vraie question à poser n'est donc pas « livre ou liseuse, qui sauve la planète ? », mais « que faisons-nous après avoir acheté un livre ou une liseuse ? ». Et la réponse à cela n'est pas tracée d'avance. C'est un équilibre à trouver pour obtenir le résultat le plus soutenable, « une énigme que les bibliothèques et les éditeurs doivent s'efforcer de résoudre ensemble[1] ».

En outre, les chiffres de l'industrie du livre ne sont pas comparables avec ceux des industries du divertissement numérique, auxquelles nous accordons aujourd'hui beaucoup plus de notre temps et notre argent… autrement dit, pour réduire les impacts environnementaux de nos différents médias et leurs médiums, notre pratique de lecture n'est clairement pas le premier levier à actionner, et surtout, pas le *seul*. Mais cela ne signifie pas pour autant qu'il compte pour rien. Si vous pouvez l'actionner, n'hésitez pas ! Les impacts sont bien réels pour chaque livre, chaque liseuse, et si vous y mettez du cœur, vous (re)découvrirez des pratiques collectives qui permettent de faire beaucoup mieux que des solutions technologiques, comme l'emprunt en bibliothèque, les boîtes à livres qui émergent un peu partout, le prêt entre ami·e·s, ou tout simplement ce carton de bouquins que vous n'avez plus ouvert depuis dix ans et qui n'attend que la déchetterie[2]. Peut-être que vous le donnerez au Noël prochain… ou qui sait, dès que vous remettrez la main dessus ?

---

1 Q. Kang *et al.*, « Is e-reading environmentally more sustainable than conventional reading? », *Library & Information Science Research*, 2021, vol. 43.

2 Tout ça remet en cause la viabilité économique, déjà très relative, des activités d'écriture et d'édition. On est bien placés pour s'en préoccuper. Pour faire passer le secteur du livre d'une économie de la vente à une économie du prêt, c'est tout un système qu'il faudrait repenser en arrière-plan. Cela pose entre autres la question du modèle de rémunération de la création et la diffusion artistique – chantier qui déborde largement la seule industrie du livre !

VS
4G
5G

WIFI VS 4G

La tête dans le cloud, la mine dans la poche

... VVVVVVVVOTRE PORTABLE VIBRE ;)

Soir du 25 décembre. Vous avez besoin de faire une pause sociale au milieu du tintamarre de verres qui s'entrechoquent, de rires gras et querelles intellectuelles – le tout sur fond de tubes de Noël à deux doigts de vous faire sombrer dans la folie. À l'affût de la moindre notification, vous prétextez un passage aux toilettes pour vous isoler avec votre portable.

Fausse alerte ! Déception... C'était une vibration fantôme[1], un bête spasme musculaire qui ne fait que révéler votre techno-addiction. Après tout, qui vous appellerait un soir de 25 décembre ? Vous envisagez de le ranger, mais vos mains vous paraîtraient trop vides sans ce précieux miroir noir, prolongement existentiel de votre bras, vos yeux, votre cerveau...

Aussi faites-vous le plein de dopamine en réactivant les données. Espérons que la photo de famille postée en début de soirée ait fait un carton. À peine 92 likes et +4 followers. Vous scrollez avec amertume. Quoi ? François-Xavier a eu 365 likes sur sa photo pieds en éventail sur une plage à Bali, alors qu'il ne fout rien de ses journées ? Vous confectionnez un commentaire haineux au sujet de la nécessité d'une

---

1 R. Rosenberger, « An experiential account of phantom vibration syndrome », *Computers in Human Behaviour*, 2015, vol. 52.

pédicure. Envoi en attente. Vous vous impatientez instantanément. Une barre de réseau ? Mais qu'est-ce que c'est que ce trou paumé ?

« Papy, c'est quoi le code de la box ?

– Je vais te chercher ça. Tu as raison d'aller sur le wifi, la 5G ça transmet le coronavirus[1]. »

Pendant le quart d'heure qu'il mettra à retrouver le bon post-it, vous éteignez enfin l'écran de votre téléphone. Une bouffée d'air vous traverse, et vous recommencez à réfléchir. Où en étiez-vous de votre épopée bas carbone, votre quête d'un mode de vie soutenable ? Se connecter au wifi est-il une si bonne idée ? D'ailleurs, entre réseaux mobiles et réseaux fixes, lesquels génèrent le plus d'impact sur l'environnement ?

Combien pèsent les nuages ?

On associe souvent à l'essor du numérique la notion de dématérialisation de nos existences, comme si nous nous affranchissions du réel pour pénétrer la sphère du virtuel absolu. Le *cloud* ! Pourtant, le système numérique a une matérialité incontournable.

Câbles sous-marins, câbles souterrains, satellites, antennes : les réseaux sont lourds. Sans compter ces objets qui envahissent notre quotidien, du loisir au travail, de l'affection à l'introspection. Il y a votre smartphone, bien sûr, parmi les 1,35 milliard qui ont été vendus dans le monde en 2022 (et les 54 à 110 millions de portables qui dorment au fond des tiroirs sur le territoire français[2], soit plus que le nombre d'habitants). Et il y a aussi nos ordinateurs, nos box, nos télévisions, et l'ensemble des nouveaux objets connectés, de la montre à la cafetière ! L'immatériel a-t-il jamais été si… matériel ?

Cet énorme parc d'infrastructures avale et régurgite un gigantesque flux de matières premières et d'énergie, dont on ne peut négliger le coût environnemental. Pour ce qui concerne le changement climatique, on estime aujourd'hui que le numérique génère 3 à 4 % des émissions

1 C'est une blague.

2 ADEME, « Téléphones portables, une mine d'or dans nos tiroirs », 1er avril 2021.

de gaz à effet de serre dans le monde[1]. Il représentait aussi 7 à 10 % de la consommation électrique en France en 2018-2019, probablement plus aujourd'hui[2], et la tendance ne va pas en s'améliorant.

Box et 4G sur le ring

Papy cherche encore son post-it. Pendant ce temps, de si grands enjeux ont de quoi raviver votre intérêt pour la question : être connecté via une box ou le réseau mobile, qu'est-ce que ça change ?

Il n'est pas facile d'en faire une comparaison. Non seulement les infrastructures sont très différentes, mais en plus elles ne sont pas entièrement distinctes, puisque certains équipements sont communs aux deux types de réseaux. Mais on peut tenter de faire la part des choses et s'apercevoir que dans l'absolu, les réseaux fixes pèsent plus lourd dans la balance, avec un splendide 80 % de l'impact des réseaux sur le changement climatique (et une contribution de 75 à 90 % sur les autres indicateurs).

D'une certaine façon, c'est logique : les réseaux fixes requièrent plus d'équipement que les réseaux mobiles, et consomment plus d'électricité lors de l'utilisation. Sauf que s'arrêter là serait terminer le match au premier round.

La quantité de données échangées n'est pas non plus la même – en fait, elle diffère radicalement. En 2020, l'humanité a échangé près de 7 exaoctets sur les réseaux mobiles (7 milliards de gigaoctets), contre 83 exaoctets sur les réseaux fixes. Différence d'autant plus forte cette année-là que les trois quarts de la planète étaient confinés… Pour comparer ce qui est comparable, il est indispensable de mettre ces impacts au regard de la quantité de données échangées. Et ce que l'on remarque c'est que par gigaoctet transféré les réseaux fixes s'avèrent être près de trois fois moins impactants que les réseaux mobiles et ce, sur tous les plans.

Bilan du deuxième round : les réseaux fixes semblent mener !

« Bon papy, tu le trouves ce code wifi ? »

---

1 The Shift Project, « Lean ICT : pour une sobriété numérique », octobre 2018 ; GreenIT.fr, « Empreinte environnementale du numérique mondiale », septembre 2019 ; CGE, « Réduire la consommation énergétique du numérique », décembre 2019.

2 « Numérique : le grand gâchis énergétique », *CNRS Le journal*, 16 mai 2018.

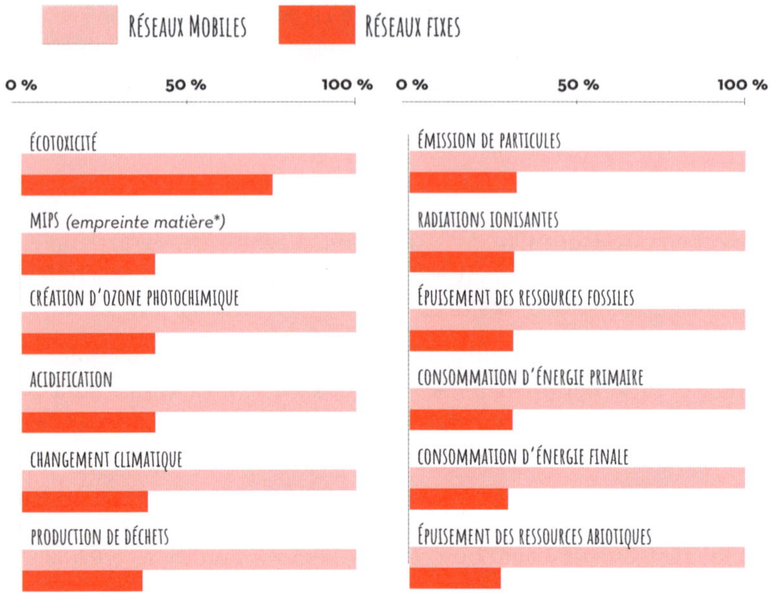

** Sur le modèle de Schmidt-Bleek, 1994 et Ritthoff et al., 2002.
La valeur d'impact la plus élevée est présentée comme étant de 100 %,
l'autre comme une fraction de cette dernière.*

Réseaux mobiles *vs* réseaux fixes : impacts par Go transféré

EFFET REBOND ET GREENWASHING

Votre ami François-Xavier, ce « digital nomad » en puissance travaillant dans la tech – et aérant actuellement ses orteils à Bali – aurait sans doute très vite trouvé la parade aux impacts des réseaux mobiles. Eh oui, l'arrivée galopante de la 5G va tout bouleverser, améliorant l'efficacité énergétique par octet transféré et proposant ainsi un accès à Internet plus écologique que jamais ! Certes… la 5G devrait fluidifier le trafic[1]. Mais le réseau 5G n'a pas tant vocation à remplacer la 3G et la 4G qu'à en rajouter une couche. Et plus fondamentalement encore, il faut comprendre que la conséquence d'une fluidification du

1 Selon Huawei, à puissance maximale, un équipement 5G consomme jusqu'à trois fois et demie plus d'énergie qu'une antenne 4G. Le débit offert est environ dix fois plus élevé, ce qui permet de servir plus d'utilisateurs. Ainsi, pour un même volume de données traitées, la 5G consomme moins que la 4G.

trafic *est précisément une multiplication des usages* : son déploiement massif sur les territoires entraînera dès lors une augmentation de la consommation énergétique du numérique. Boum, c'est l'effet rebond !

Les plus fervents défenseurs de la 5G glorifieront l'industrie 2.0, la télémédecine, les voitures autonomes et l'indispensable métavers des GAFAM. Dans la pratique, la 5G marque peut-être surtout l'avènement de l'Internet des objets (IoT), d'une pertinence très relative. Gourde connectée (au cas où vous oublieriez que vous avez soif), ceinture connectée (vous n'allez tout de même pas nous faire l'affront de prendre du ventre ?), pourquoi pas brosse à cheveux connectée – il est essentiel d'avoir de beaux cheveux dans un monde qui meurt. Qui peut prétendre manquer d'inspiration pour les dix Noëls à venir ?

« *La 5G au prix de ce que vous en faites vraiment*, grommelle papy en repassant derrière vous, non mais je vais te le trouver moi, ce post-it… »

Affiché par un grand opérateur français, ce slogan s'accompagnait de statistiques trahissant la réalité de chacune et chacun d'entre nous : la majorité de notre temps passé sur un smartphone est dédié à swiper sur Tinder ou exploser des records à Candy Crush. Les beaux discours sur le progrès social et environnemental ont peu à peu laissé place aux offres « nouveau forfait + nouveau téléphone ». Le véritable objectif, c'est que vous puissiez télécharger l'intégrale de votre série en une minute au lieu de dix. La perfection humaine ne se trouve-t-elle pas dans sa capacité à approcher le transfert de *Friends* instantané ?

Si les grandes entreprises envisageaient une seule seconde d'engager une transformation écologique, elles auraient le poids financier et politique pour faire infiniment plus que ce qu'elles prétendent faire aujourd'hui. Par exemple, si le souci social et environnemental des industries de la télécommunication était sincère, leurs porte-parole sillonneraient les couloirs des parlements pour demander aux gouvernements de négocier un moratoire international sur le déploiement de la 5G, pour mettre publiquement en débat le choix de ses usages, et pour empêcher la prolifération des gadgets connectés auxquelles elle ouvre la voie. Au lieu de cela, ils en font la promotion sans réserve sur les plateaux des médias et les écrans publicitaires.

« TIENS ! s'égosille papy. J'ai le code du wifi !

— Tu me le dictes ?

— 1, 2, 3, et ensuite, 4. »

Une affaire de consommation

Plongeant enfin sur le Net, vous avez la possibilité d'approfondir le sujet en écumant les articles sur la 5G. Un problème sous-jacent, constatez-vous, est celui de la durée de vie des terminaux. Plus on consomme de données, plus la consommation d'électricité des terminaux augmente, et plus ces derniers doivent être renouvelés rapidement. Autrement dit, l'infrastructure appelle les données, qui appellent l'infrastructure. Édifiant cercle vicieux !

Trente-sept notifications plus tard, et sans même savoir ce qui vous est arrivé, vous voici devant une vidéo de chat sur TikTok.

« 99,999 % d'Internet est possédé par des chats, glisse votre sœur. C'est ça le grand problème de l'humanité. »

Votre connexion à Internet, qu'elle soit en wifi ou en quarante-douze-G, vous paraît tout à coup d'une nécessité douteuse. Vous revenez de votre black-out félin avec un goût amer : ce n'est pas la première fois que vous passez de l'article au chat. Ce dernier serait-il le vrai grand responsable de votre addiction, et du renouvellement accéléré des terminaux ?

Si les chats pèsent sans doute plus lourd qu'ils ne devraient dans la consommation de données, le reste vous semble un peu flou. C'est justement pour éclaircir les choses qu'un rapport du Shift Project sur la sobriété numérique a décortiqué la répartition des flux en ligne.

En 2018, la vidéo représentait 80 % du trafic de données dans le monde. Et ne penser qu'aux vidéos de chat jouant du piano serait se cantonner à une façade bien prude de notre consommation. Beaucoup plus pesants, on trouve la vidéo à la demande (et toutes ces plateformes en « + » conçues pour nous asseoir sur un canapé huit heures d'affilée), ainsi que le porno, dont on a d'ailleurs rarement la mesure des impacts humains.

Trafic de femmes à grande échelle, association *mainstream* du sexe et de la domination masculine violente… Ne serait-ce qu'en raison du coût écologique de cette industrie, il peut valoir la peine, sincèrement, de gratter la surface de notre rapport à cet indicible monde[1]. Quant aux aspects les plus sombres du darkweb, ils ne figurent même pas dans la balance !

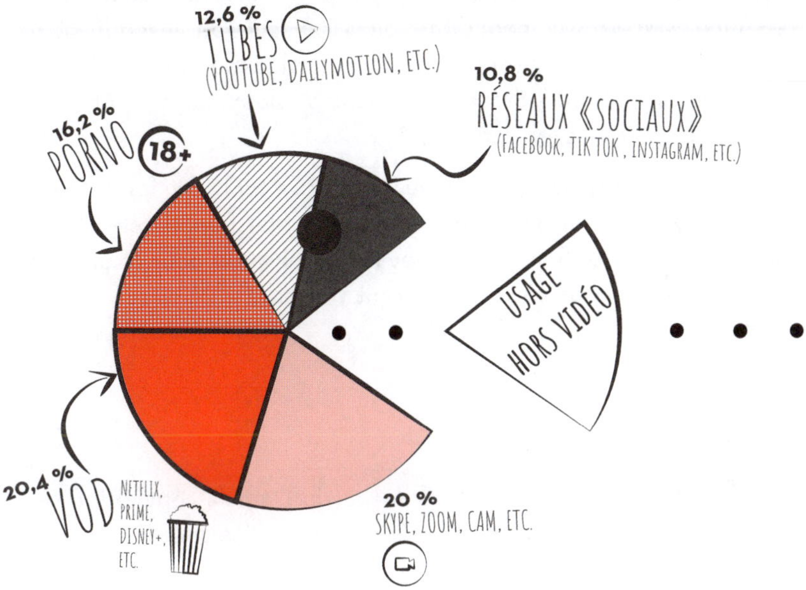

Répartition des flux de données en ligne
entre les différents usages en 2018 dans le monde

Source : The Shift Project, 2019.

En somme, réduire la data des chats n'est peut-être pas le plus important des combats. Reste qu'il serait peut-être temps de remettre en question nos habitudes sous cette pluie de données : réfléchir aux contenus qui nous sont utiles, interroger nos formats favoris, etc. Quand on sait que la trilogie du *Seigneur des anneaux* en HD pèse autant que l'intégralité du texte de Wikipédia (6,5 millions d'articles), est-il une nécessité de regarder nos séries en 1080p sur un smartphone dans le RER A ?

1 Tabou *vs* expression décomplexée et initiatique de la sexualité ? Au-delà de ces marges où nous reléguons communément le sujet, le porno est peut-être bien plus massivement une industrie ultra-violente. Pour s'ouvrir à une discussion sérieuse sur ce que le porno *mainstream* dit et fait de nous, voir A. Dworkin, *Pornographie : les hommes s'approprient les femmes*, LIBRE, 2022.

Bien sûr, par leur conception et leur modèle économique, les plateformes de diffusion orientent fortement nos choix, donc nos impacts. Il ne s'agit pas uniquement de comportements individuels, mais d'un système plus large sur lequel nous avons peu de prise. En outre, ce système est matériellement diffus, dans la mesure où il est difficile de faire le lien entre un usage et ses ressources physiques (une vidéo peut transiter par plusieurs datacenters dans plusieurs pays avant d'être visionnée en France, en wifi ou 4G).

Mais ça ne signifie pas que rien ne puisse être tenté. Au fond, il reste toujours possible de remettre nos désirs en question. Un bon départ pourrait être de se familiariser avec l'idée suivante : pour solutionner l'effet rebond, nous n'avons pas tant besoin d'efficience… que de limites !

Impacts : prise de recul et ordres de grandeur

Après cette excursion sur TikTok (pardon, sur la répartition des habitudes de consommation numérique), vous éteignez de nouveau votre écran. Votre smartphone est glacial dans votre main, compact, vertigineux.

Une récente étude de l'ADEME a permis de décrire l'impact environnemental du numérique en France. Il ressort qu'au-delà même de l'utilisation, ce sont justement les terminaux, c'est-à-dire la panoplie d'appareils qui peuplent nos foyers, qui sont à l'origine de la plus grande partie des impacts sur tous les indicateurs. Les datacenters eux-mêmes ne représentent « que » 4 à 20 % des impacts, tout comme les réseaux à strictement parler, fixe et mobile, n'occupent « que » 4 à 13 % du camembert.

La majorité des conséquences écologiques de votre téléphone ne réside pas dans sa propension à scroller sur Instagram… mais dans les 70 kg de matières premières qui lui ont permis d'exister.

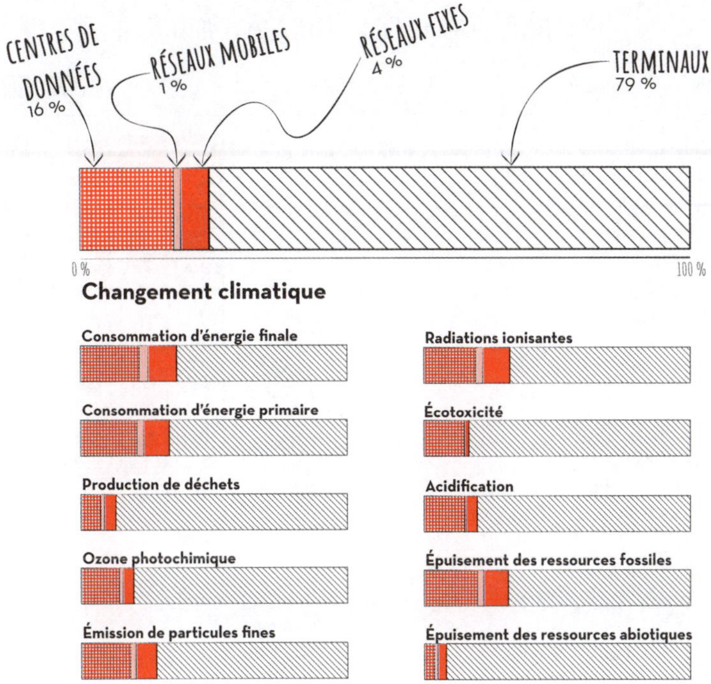

Décomposition des impacts liés aux équipements et infrastructures numériques

Source : adapté d'ARCEP, ADEME, « Évaluation environnementale des équipements et infrastructures numériques en France », 2022.

Vous vouliez un système d'exploitation moderne ? Voici IOS Mendeleïev, qui convoque deux tiers des cases du tableau périodique des éléments. Cochez l'indium, sous-produit du minerai de zinc, utilisé dans le film transparent qui couvre votre écran pour le rendre tactile. En décomposant votre batterie, cochez le lithium et le cobalt (chiné en République démocratique du Congo ou en Zambie) : c'est leur capacité à contenir beaucoup d'énergie par unité de volume qui permet de faire des téléphones toujours plus fins. Pour passer en mode vibreur, cochez également vos aimants préférés, le néodyme et le praséodyme. Il a fallu extraire tout ça ! Et la liste est longue…

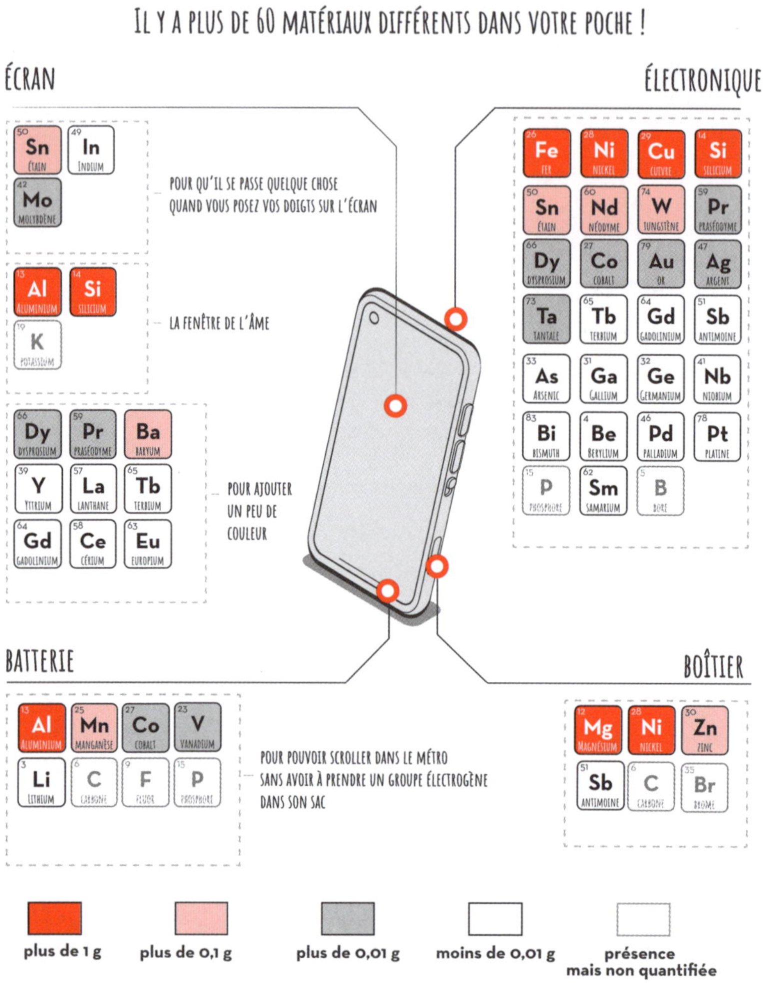

Liste non exhaustive des éléments présents dans un smartphone

Source : adapté de B. Bookhagen *et al.*, « Metallic resources in smartphones », *Resources Policy*, 2020, vol. 68.

Quand les politiques et industriels nous vendent les *smart-cities*, ces villes inondées de terminaux et capteurs en tout genre, au prétexte de réguler les flux de voitures et mettre en veille votre machine à café, on peut raisonnablement s'interroger sur les gains environnementaux réels que ces technologies permettront. Aujourd'hui, un prototype de véhicule autonome (armé de caméras, radars, lidars et sonars pour éviter le crash au premier virage) génère entre 5 et 20 To de données par jour. Intel projette un volume de 20 To par véhicule et par heure[1] ! Avant de quadriller le pays d'antennes 5G pour qu'un chirurgien japonais vous opère à cœur ouvert depuis sa salle de bains à Tokyo, pourquoi ne pas financer l'installation de la fibre (ou, au hasard, des postes et des salaires) pour les soignants de l'hôpital le plus proche ?

« Les terminaux pèsent plus lourd que leur utilisation, songez-vous donc, mais qu'y puis-je ? »

Encore une fois, cela ne veut pas dire que renoncer à *La Chronique des Bridgerton* sur Netflix soit inutile. Bien que la baisse directe sur les impacts en sera quasi nulle, il faut bien tirer le modèle économique là où il n'a pas l'habitude d'aller. À titre individuel, le geste le plus efficace, sinon le plus révolutionnaire, est simplement de ne pas acheter de nouveau terminal. La version douce serait de ralentir la cadence, en n'achetant pas chaque année le portable dernier cri que les grandes compagnies affichent sur trente mètres de façade dans les rues parisiennes (tout en planifiant l'obsolescence du modèle suivant).

Évasion

« Wow, t'as fait un *bad trip* ? » demande votre grand frère lorsque vous revenez enfin vous asseoir auprès des autres.

Vous avez raté le dessert et tout le monde est plongé dans son écran. Un jeu de cartes pas même distribué gît au milieu des convives. Votre besoin de quitter un repas bruyant s'est mué en une urgence de sociabilité et d'affection.

« On pourrait faire une *digital detox* le jour de Noël, émettez-vous. Réfléchir à ce qu'on regarde sur Internet. Réfléchir aux écrans qu'on achète.

– Belle proposition, dit mamie.

---

1 P. Thouverez, « De multiples enjeux autour des données générées par les capteurs du véhicule autonome », *Techniques de l'ingénieur*, 26 octobre 2021.

– Je valide, hoche votre petite sœur.

– De quoi ? fait votre mère en levant le nez de votre liseuse.

– C'est à décider collectivement bien sûr », ajoutez-vous.

Tonton René ricane.

« Tu veux retourner jouer à Tetris comme un Amish ?

– Je sais pas, rétorquez-vous, ton enfance était si malheureuse ? »

Bim. L'idée vous est venue dans le feu de l'action, aussi spontanée qu'elle modifie votre conception du monde. Le présent est-il par définition meilleur que le passé sur tous les plans ? A-t-on vraiment amélioré nos existences avec les 26 iPhones qui sont sortis depuis 2010 ? Votre ordinateur portable n'a pas changé de taille, mais la résolution des fichiers vidéo augmente chaque année : 720p, 1080p, 4k, 8k. Aujourd'hui la 12K se profile à l'horizon. Toujours plus de données et d'énergie, pour... plus aucune réelle différence perceptible.

Vous commencez à rêver de cyberminimalisme[1].

---

1 K. Mauvilly, *Cyberminimalisme : face au tout numérique, reconquérir du temps, de la liberté et du bien-être*, Le Seuil, 2019.

ACHADDICTION

Pourquoi consommons-nous autant de trucs ?

Air frais, soleil doux...

Au matin du 26 décembre, c'est la randonnée familiale. Les cadeaux de la veille semblent soudain bien vides de sens, tandis que vous ne vous souciez plus que de gambader, de bavarder, d'exister. L'euphorie du déballage est redescendue, passant parfois par la nausée, et vient s'apaiser ici, pas après pas, dans votre corps en marche.

« C'est quand même curieux, lance votre grand frère : cette tradition de s'offrir cette montagne de trucs, dont on n'a tellement pas besoin qu'il faut se creuser la tête pendant six mois pour trouver les objets les moins inutiles. »

Curieux en effet. Vous passent en tête ces images de Black Friday, où des hordes de zombies agglutinés attendent péniblement l'ouverture des hostilités devant les grilles des magasins. Vous-même savez mieux reconnaître les logos des marques inondant vos réseaux que les variétés d'arbres qui poussent près de chez vous.

« Ouais, réagit votre sœur. Comment on a pu en arriver là, en fait ? »

Comme on l'a vu, l'analyse du cycle de vie s'appuie fondamentalement sur la notion de *fonction*. Lorsqu'on étudie l'impact environnemental d'un produit ou d'un service, on n'étudie pas le produit en tant que tel, mais en tant qu'il rend un certain service. La notion de fonction est la clé qui permet de comparer les performances de plusieurs systèmes-produits, parfois d'échelles très différentes, au prisme d'un socle fonctionnel commun. Cependant, cette démarche a un deuxième bénéfice, plus intéressant encore : elle peut nous amener à ré-interroger le besoin réel qui se cache derrière le produit ou service[1]. En somme, elle pousse à démêler la fin des moyens… un peu comme une bonne heure de marche vous aère le cerveau après Noël !

Un récit pour les gouverner tous[2]

« Tout, dans dix ans d'ici, sera soumis à la publicité. » Non, cette phrase n'a pas été prononcée par un Jacques Séguéla affichant sa réussite Rolex au poignet, mais par Andoche Finot dans *Illusions perdues* de Balzac (1837). Comme quoi les marchands n'ont pas attendu 2023 pour happer votre attention et promouvoir leurs produits sur tous les supports. Si quelque chose a changé depuis le temps, c'est peut-être les moyens mis en œuvre à partir des années 1950 pour formaliser la science du marketing – et pour induire chez nous, artificiellement, les désirs et les comportements capables de nous transformer en véritables machines à acheter. Le marketing et la publicité piochent jusque dans les sciences cognitives pour mieux nous décrypter[3] !

En fait, les entreprises dépensent aujourd'hui autant dans la publicité qu'en recherche et développement[4]. Ce qui explique en bonne partie l'essor du greenwashing, puisque ces entreprises utilisent parfois littéralement plus de ressources pour vanter les vertus environnementales

---

1 Bon, faire une ACV ne garantit tout de même pas à coup sûr de poser les bonnes questions. On peut très bien faire l'ACV d'un objet d'une utilité douteuse, si une entreprise qui le produit a envie de se payer un label autocongratulatoire de type « missile thermonucléaire écoconçu ».

2 Référence au pouvoir corrupteur de l'anneau unique créé par Sauron dans *Le Seigneur des anneaux*.

3 Voir notamment la pratique du « neuromarketing », qui vise à identifier les zones du cerveau responsables de la sécrétion d'hormones, afin de vérifier si la vue des publicités et le parcours client sont efficaces !

4 En France, les « dépenses » de communication commerciale à proprement parler (hors ressources humaines notamment) pèsent 31 milliards, ce qui est à peu près l'équivalent des investissements privés en R&D (32 milliards). France Culture, « Pourquoi les entreprises dépensent-elles autant en publicité qu'en recherche et développement ? », podcast, 2021.

de leur produit « 100 % green »... que pour ne serait-ce qu'*essayer* de le rendre effectivement moins impactant.

Depuis Balzac, tout a changé d'ordre de grandeur. La télévision a permis une diffusion de masse de ces messages, secondée par les réseaux sociaux où le ciblage se fait beaucoup plus finement (grâce aux données personnelles récupérées et revendues par les plateformes). Sur ces réseaux nous ne sommes d'ailleurs plus dans la réception passive, mais devenons à notre tour médias de diffusion. Bienvenue dans le monde de l'influence et du co-*branding* : prenez une marque random dont tout le monde se fiche, associez-y une star ou une personne influente, et votre produit s'imprégnera miraculeusement de ses caractéristiques ! Ainsi votre café lambda devient sensuel et mystérieux... Depuis que vous avez recruté George Clooney, les ventes ont même progressé de 30 %. *What else ?*

Des réseaux comme Instagram poussent particulièrement les jeunes (et les moins jeunes) à la consommation. Comment voulez-vous être socialement digne d'intérêt si vous n'avez pas une nouvelle tenue sur chaque photo ? On entretient au passage le problème de la fast-fashion (évoqué quand votre père a reçu ses chemises), entre autres injonctions à voyager ici ou là pour prendre des clichés dignes de nourrir votre *feed* (#travelporn). Sans ces clichés, la machine publicitaire qu'est Instagram s'arrêterait rapidement de tourner : ce n'est pas pour rien que le divin algorithme conditionne votre « visibilité » à votre capacité à poster toujours plus de contenu !

Essayez de compter le nombre de fois dans une journée où vous tombez nez à nez avec une publicité. Que vous surfiez sur Google, scrolliez sur Insta ou Facebook, rêvassiez sur YouTube, consultiez vos mails, que vous écoutiez votre playlist « Dimanche pluvieux à Palavas-les-Flots » sur Spotify, que vous ouvriez votre boîte aux lettres, que vous regardiez un match de foot ou une série télé, ou que vous *ayez simplement les yeux ouverts* quelque part dans une ville, vous n'y couperez pas plus de quelques minutes : ACHÈTE !

Cette profusion d'incitations à l'achat, accompagnée de son océan de marchandises en stock, crée toute une galerie de besoins artificiels[1]. Elle métamorphose aussi de réelles nécessités en besoins

---

1 R. Keucheyan, *Les Besoins artificiels*, Zones, 2019.

illusoires – c'est le cas lorsque la nécessité de se déplacer devient comme par magie le « besoin » de rouler en gros SUV noir aux jantes chromées avec des néons sous le châssis. Cela signifie que, dans notre civilisation contemporaine, les objets ne sont pas forcément associés à une fonction. Ils répondent à une logique sociale et à un désir construit. Ainsi entre autres, nous détruisons la vie sur Terre parce que nous nous convainquons mutuellement que c'est le seul moyen d'être des personnes intéressantes. Ce récit vous semble absurde ?

Pourtant, il nous domine.

Besoin de rien, envie d'achat

De Nabilla et son shampoing à George Clooney et son café, nous nous identifions aux personnes que l'on admire... et nous croyons nous accomplir en nous inspirant des styles de vie qu'elles mettent en avant dans l'espace médiatique. En grandissant, et en particulier à l'entrée dans l'âge adulte, nous constituons même notre propre personnalité sur la base de ces modèles.

La publicité utilise amplement ce mécanisme pour réveiller en nous des désirs qui auraient tout à fait pu ne jamais exister, et qui ne pourront jamais être assouvis. Car l'imaginaire publicitaire ne vise pas à refléter notre train-train quotidien (le périph du lundi matin n'est pas assez sexy pour les constructeurs auto, contrairement à cette route sauvage qui n'attend que vous pour être domptée). Le but est de nous faire fantasmer sur une vie idéale : un « monde de rêve, fait de perfection[1] » derrière la vitrine. Confort parfait, corps parfait, famille en harmonie – une carotte fictive, en somme, qui a pour propriété de ne jamais pouvoir être mangée, et que nous ne pouvons que tenter de croquer perpétuellement.

Croquer : c'est-à-dire acheter des objets et des services. Car cette quête du bonheur, référence absolue de la société de consommation, s'exécute moyennant finance. De cette paire de baskets qui

---

1 *Confessions d'une accro du shopping*, film réalisé par Paul J. Hogan en 2009.

boostera votre estime de vous-même, à cette crème de nuit qui vous offrira la jeunesse éternelle, en passant par les applis garantissant l'amour ! Paradoxalement, le bonheur est la dernière chose que le capitalisme souhaite vous voir atteindre : si vous mangiez la carotte, vous risqueriez de cesser de croquer dans le vide, et de ne plus avoir faim…

« Dans ma profession, personne ne souhaite votre bonheur, parce que les gens heureux ne consomment pas », lance Octave Parango, publicitaire cynique dans *99 francs*[1].

« Mais je suis conscient de ça, s'exclame votre père qui a pris la critique personnellement. On essaye tous de mieux consommer !

— Mieux consommer, ça reste consommer », remarque mamie Josette.

De fait, l'époque est à la « consomm'action responsable », à l'« achat éthique ». Étant donné le système actuel, c'est certainement pour le mieux. Mais il faut voir que la logique reste profondément la même, et que le marketing a bien compris l'enjeu qu'il y a à happer ce segment de marché, qu'on pourrait ranger dans le rayon des « gens qui veulent bien faire ». La consommation saine est devenue elle-même une facette du bonheur capitaliste, inatteignable par essence et incitant à l'achat perpétuel : on ne consomme donc jamais assez bien, assez bio, assez pur.

Le système économique en place veut que le but premier d'une entreprise soit d'engendrer des profits. À partir du moment où vous voyez un écolabel ou une incitation à consommer tel ou tel produit meilleur pour votre santé, c'est qu'il y a un business en arrière-plan. Dans certains cas, on ne peut pas nier le bénéfice de la démarche, parfois effectuée avec une vraie bonne intention. Mais cette démarche s'inscrit *quand même* dans un objectif global de vendre un maximum de produits, et va souvent de pair avec une fâcheuse tendance à fermer les yeux sur les potentiels effets rebonds. Un business reste un business[2].

---

1 F. Beigbeder, *99 francs*, Livre de Poche, 2015.

2 Modulo certains nouveaux modèles d'affaires qui émergent en se concentrant sur la réponse à un réel besoin et en sortant de cette logique capitaliste qui incite à surconsommer, comme ce peut être le cas de la marque de vêtements Loom.

L'EFFET REBOND

C'est l'une des limites de l'analyse du cycle de vie, qui ne le prend pas forcément en compte. Et surtout, c'est le point aveugle de tous les adeptes du techno-solutionnisme : « Non mais la science trouvera bien des solutions pour que nos produits soient moins impactants ! » Grave erreur.

Ce phénomène omniprésent repose sur un biais d'usage : c'est plus efficace ? On peut donc consommer plus à présent ! William Stanley Jevons le remarque dès 1865 dans son ouvrage *Sur la question du charbon*. Avec l'arrivée de la machine de Watt, divisant par dix la consommation de charbon par les machines à vapeur, le charbon est devenu assez rentable pour que l'usage des machines se généralise dans les entreprises. Résultat : multiplication par vingt-deux de la consommation de charbon ! Un siècle plus tard, c'est la même chose avec la 5G (plus rapide) et les avions (plus légers). Dans le cas des voitures, les matériaux ont perdu assez de poids pour qu'on puisse aller plus vite, plus loin. Mais en augmentant de nouveau la masse des véhicules, tous ces bénéfices ont été perdus... on consomme donc toujours autant, voire plus, de carburant !

Qu'à cela ne tienne, covoiturons pour limiter l'impact ! Sauf que malgré l'entrée de BlaBlaCar dans les mœurs, le taux d'occupation moyen des véhicules est en baisse régulière depuis plusieurs années. Le covoiturage tel qu'il est ne représente encore qu'une part infime du trafic[1], vide les trains au lieu de vider les autoroutes[2], et ajoute essentiellement des voyages « exceptionnels » aux trajets quotidiens. On partage les frais, c'est moins cher : on peut donc faire plus de route ! D'ailleurs derrière le volant, 21 % des gens déclarent qu'ils se déplaceraient moins souvent sans le covoiturage.

1 A. Bigo, *op. cit.*

2 Chiffres issus d'une enquête IFOP pour la SNCF, 2015.

Partie du groupe, partie de l'élite

Revenant chez vous par la ville, votre petite troupe croise une de vos amies d'enfance, celle qui a mal tourné – tenant dans la main droite un sac Jacquemus à 450 € capable de contenir une clé de boîte aux lettres, et dans la main gauche un sac-poubelle Balenciaga coûtant la modique somme d'un SMIC et demi. À ce stade, pensez-vous, la meilleure résolution pour l'année qui vient est peut-être de faire le ménage dans vos 2000 amis Facebook.

« Salut. Pourquoi achètes-tu des trucs chers et inutiles ? lui demandez-vous sans préambule.

– Parce que c'est des milliers d'heures de travail minutieux, répond-elle avec ferveur, et un authentique savoir-faire européen en matière de mode et de sacs à main. Bonne journée ! »

Désormais éco-*fighter* surentraîné·e, vous décelez pourtant les mécanismes à l'œuvre en arrière-plan. Les sacs de votre amie d'enfance sont en réalité des biens *positionnels*, faisant partie d'une « consommation ostentatoire[1] » censée signifier un statut social : en exposant sa réussite personnelle aux yeux du monde, votre amie essaie de susciter l'admiration pour se sentir mieux acceptée par une élite.

Vous rappelez-vous le phénomène d'influence normative, ce besoin de faire partie du groupe et d'en adopter inconsciemment les codes ? Quand il s'agit de consommer, nous répondons en fait à deux types de nécessités : d'une part des besoins directs, comme manger, boire, dormir au chaud. D'autre part, des besoins induits par des normes sociales, forgées collectivement et tout à fait variables... mais définissant un standard de vie auquel nous ne pouvons qu'aspirer, puisqu'il conditionne notre sentiment d'appartenance à la société ! C'est d'ailleurs en partie ce qui explique que certaines personnes en situation de pauvreté, incitées à consommer même lorsqu'elles ne le peuvent déjà plus, sont engrenées dans les rouages de l'endettement. Si vous ne le faites pas, vous risquez l'exclusion de la société de consommation, ce qui est très violent.

---

1 Voir T. Veblen, *Théorie de la classe de loisir*, Gallimard, 1979.

On peut appeler ça « effet de mode » ou « snobisme » : c'est le même combat d'appartenance à un groupe. Historiquement, cette sociabilisation par la consommation a d'abord reposé sur la possession elle-même. Par exemple, avoir une voiture, manger de la viande ou partir en vacances était l'apanage de la bourgeoisie, qui se distinguait des autres classes par ces privilèges. Mais avec la révolution industrielle et le capitalisme moderne, l'accès à ces activités s'est plus largement répandu au sein des populations occidentales, facilitant leur accès pour des franges de plus en plus modestes de la population. Les privilèges n'étant plus des privilèges, la hiérarchie a donc dû s'effectuer de manière plus fine. Tout le monde a une voiture ? L'élite se reconnaîtra à ses SUV et ses coupés sport. Elle portera des montres à plusieurs milliers d'euros, mangera du bœuf de Kobe et voyagera encore plus loin, si possible en première classe.

Les lubies du capitalisme

Dans ce « mirage d'une classe universelle[1] » bourgeoise et sa logique de l'ostentation généralisée, où les plus pauvres consomment pour participer symboliquement ou par procuration à la vie des riches, vous êtes toujours potentiellement les millionnaires du futur. Travaillez dur et vous mériterez votre place dans l'ascenseur social ! Ben voyons...

L'inégalité est l'essence même de notre système, qui ne peut exister qu'au travers d'une division planétaire du travail. Si vous n'êtes pas tout en bas, c'est qu'il y a quelqu'un au-dessous de vous, ou un autre pays. Certaines populations consomment plus que les autres, qui elles, produisent ce que les premières consomment. C'est l'une des vertus de l'analyse du cycle de vie, et encore plus de l'analyse *sociale* du cycle de vie : on prend conscience de ces dynamiques sous-jacentes, sans lesquelles les produits dont nous jouissons n'existeraient pas. Et c'est ici que se trouve la limite d'une transition écologique telle qu'elle est envisagée aujourd'hui, même par certains députés écolos : si vous ne voyez pas les inégalités fondamentales inhérentes à notre société de consommation... vous êtes capable de croire à la croissance verte. Décarboner la France sans rien changer à notre mode de vie ? Facile ! Il suffit d'exporter nos pollutions dans d'autres pays...

1 A. Galluzzo, *La Fabrique du consommateur*, Zones, 2020.

« Il n'en a pas toujours été ainsi, vous savez. »

Déboutonnant ses chemises neuves qu'il avait mises l'une sur l'autre pour ne pas avoir froid, votre père profite de votre retour à la maison pour donner un de ses cours d'histoire.

« Revenez trois siècles en arrière, et les gens faisaient preuve d'une relative autonomie. La population était... Quelqu'un peut m'aider à déboutonner cette fichue chemise ?

– Tu as boutonné les deux chemises ensemble, papa. »

Ce que votre père voulait dire, donc, c'est que trois siècles en arrière, la population était majoritairement paysanne, boutonnait correctement ses chemises, et produisait ce dont elle avait besoin pour subsister. Une fois fait le nécessaire pour vivre... on s'arrête, on se prépare une petite citronnade, et on se pose pour contempler la nature. Comme l'explique André Gorz, la norme était au juste nécessaire pour une majorité : « On règle le niveau de l'effort en fonction d'un niveau de satisfaction recherché, et *vice versa*, le niveau de satisfaction en fonction de l'effort auquel on consent[1]. »

Comment est-on passé, en un battement de cils de deux siècles, de *ça* (une société majoritairement paysanne et autosuffisante, où l'on produit ses vêtements et où l'on construit sa maison avec le bois d'en face et la terre cuite du jardin)... à *ça* (une société majoritairement salariée, consommatrice, urbaine, connectée et hyperspécialisée, dans laquelle mamie nous appelle quand la télécommande de la télé ne marche pas, où l'on n'est pas capable de se nourrir sans passer au supermarché, et où à de rares exceptions près on ne produit absolument rien de ce que l'on consomme) ?

« Par la technique, répond votre père en troquant sa chemise mal mise pour un gilet à fermeture Éclair. Par la technique, les enfants. »

Répétons-le : la société de consommation n'aurait pas pu exister sans la révolution industrielle. Ce sont les énergies fossiles qui ont permis l'accélération de la circulation des humains, des marchandises, de leurs images. Opportunément associée à une logique capitaliste, cette société de la technique s'est entièrement développée autour des notions de « plus de production/plus de consommation/plus de

1 A. Gorz, *Éloge du suffisant*, PUF, 2019.

profits». Allumez la télé sur n'importe quelle chaîne d'info, et il y a fort à parier qu'on vous parlera de pouvoir d'achat ou de produit intérieur brut. En outre, ce même capitalisme dépossède la plus grande partie des gens de tout moyen de production, de pouvoir décisionnel sur l'organisation du travail... ou même sur son but.

« Mais alors, demandez-vous, le bonheur dans tout ça ? »

Votre sœur rétorque :

« Hum... tout de suite une page de pub. »

Dialoguer pour choisir ce qui compte

Une seule chose est certaine dans l'affaire. Au sein d'un monde contraint, il va devenir de plus en plus important (et il va peut-être nous paraître de plus en plus naturel, voire socialement avantageux) de questionner la raison d'être de chaque produit et chaque service. Distinguer, au sens où l'entend le sociologue Razmig Keucheyan[1], les besoins de base « légitimes » nécessaires au bien vivre, et les besoins « égoïstes et insoutenables », largement dispensables. Forcément, ce n'est pas si simple : le superflu d'hier est parfois devenu le nécessaire d'aujourd'hui, à l'image de ce smartphone qui ne servait à rien quand il a été inventé et dont votre survie dépend vingt ans plus tard. Quelle autorité serait capable de faire le bon choix ? L'État ? Vos parents ? Le Père Noël ? Vous-même ? Pour des penseurs comme Dominique Bourg, il pourrait s'agir d'une assemblée citoyenne du futur[2] chargée de traiter la politique du long terme.

« C'est ça, grogne tonton René en faisant chauffer la tisane, une assemblée écolo, pour plus avoir le droit de rien faire. »

Papy Jacquot s'installe dans son fauteuil.

« À moins que je me trompe fiston, si l'humanité s'éteint, tu pourras plus faire grand-chose non plus. »

1 R. Keucheyan, *op. cit.*

2 D. Bourg, *Inventer la démocratie du XXIe siècle*, Les liens qui libèrent, 2017.

De l'obsolescence programmée à l'économie de la fonctionnalité

Prendre des décisions sur l'utilité des biens et des services nécessite de s'attaquer à l'obsolescence matérielle, sur laquelle repose largement notre système actuel, qui a intérêt à ce que les objets ne durent pas. Cette obsolescence est technologique (un iPhone tous les dix mois), esthétique (un nouveau pull tous les dix jours), et les entreprises en partagent la responsabilité… avec nous. Comme le disait Coluche : « Quand on pense qu'il suffirait que les gens n'achètent plus pour que ça ne se vende pas ! »

Bien sûr, ça n'est pas toujours simple, surtout face à toutes les stratégies de vente à l'œuvre. Mais il faut avoir en tête que, dans beaucoup de cas, nous avons individuellement la capacité de renoncer à certains achats. Et ce sans en subir de conséquence autre qu'une déception temporaire… aussitôt suivie du sentiment gratifiant d'avoir exercé notre liberté.

Heureusement, de nouveaux modèles économiques alternatifs semblent émerger, s'affranchissant de la logique productiviste pour revenir à l'essence fonctionnelle des objets : fournir un service à quelqu'un.

On n'offre pas un véhicule, mais la mobilité. On ne vend pas une chaudière, mais du confort thermique. Dans une économie de la fonctionnalité, l'entreprise qui fournit un service, quand elle est propriétaire du matériel, n'en vend que l'usage : location, leasing, mutualisation, partage… Dans d'autres cas, les consommatrices et consommateurs sont les propriétaires du matériel, mais bénéficient d'un service additionnel par l'entreprise (maintenance, reprise, réparation).

Quand le service prime sur la vente, les bénéfices de l'entreprise ne sont pas conditionnés au nombre d'objets qu'elle produit, puisqu'elle a intérêt à en allonger la durée de vie. On peut donc s'attendre à des bénéfices environnementaux conséquents. Même s'il existe bien sûr des ratés, à l'image des flottes de trottinettes électriques en libre-service, d'une durée de vie si faible qu'elles relèvent parfois pratiquement du jetable.

Notre assemblée du futur, quelle que soit sa forme, pourra au passage interroger plus fermement les habitudes de nos élites autoproclamées, qui s'imposent comme référence à tout le corps social. Mais plus largement, elle devra s'ancrer dans un débat de fond, qui concerne tout le monde, et qui porte sur les *limites* des niveaux de consommation[1].

Un tel débat doit bien sûr impliquer les consommatrices et consommateurs, mais aussi, et crucialement, la sphère politique et les entreprises. Pour espérer parvenir à une demande raisonnée, il faut une offre raisonnée. De toute évidence celle-ci ne se raisonnera pas d'elle-même... ce qui implique une régulation du système économique - régulation éclairée, débattue, et appliquée ! Or il faut s'y résoudre : les acteurs politiques ne mettront la main à la pâte que si nous les élisons *pour qu'ils le fassent*, ou si nous créons les structures démocratiques qui permettront de le faire.

En ligne de mire de ce débat devrait sans doute se trouver le sujet de ce *que nous voulons*. Des interfaces, ou des relations ? Du travail pour acheter des objets pas forcément utiles, ou du temps libre pour être disponibles à nous-mêmes ? Dans un monde qui peine à s'épanouir, ces questions ne se posent pas qu'au futur.

« Joyeux Noël, dit tonton René en levant sa tasse de tisane. Et bon courage pour remplacer le mythe du Père Noël par autre chose que le père fouettard.

– Pourquoi pas juste le mythe des gens qui s'aiment et qui se retrouvent ensemble de temps en temps ? suggère votre sœur.

– Sans s'offrir de cadeaux ?

– J'en sais rien », dit-elle.

Elle réfléchit un instant. Les petites cuillères tintent dans les tasses de tisane.

« On a fait une chouette balade. »

---

1 Ou sur des quotas, comme le propose Dominique Bourg.

L'INDIVIDU ET LA MASSE

Petits gestes ou grands changements ?

La portée des écogestes : ordres de grandeur

Nous y voilà ! Vous avez dit adieu à la viande, et vos brochettes de barbecue sont composées de légumes bios de saison achetés au producteur du coin, ce qui n'est pas sans déclencher l'hilarité de votre entourage. Mais vous encaissez. Vous enfourchez votre vélo d'occasion pour aller au boulot, même les jours de pluie, slalomant entre les scooters et les SUV qui klaxonnent avec férocité. Désertant les aéroports au profit des gares et des aires de covoiturage, vous découvrez les régions françaises et les pays limitrophes – que vous connaissiez finalement si peu. Quand il y a un match à Nantes, vous vous y rendez en char à voile, sur les conseils éclairés de l'entraîneur du PSG. Côté style, adieu la fast-fashion ! Vous arpentez les friperies, où vous avez d'ailleurs trouvé le même pull à col roulé qu'arbore fièrement le ministre des Finances en hiver – diminuant considérablement votre facture de chauffage au passage. Vous n'avez même pas honte de l'afficher lorsque vous prenez des *selfies* avec votre téléphone reconditionné, en pleine partie de jeux de société puisque vous travaillez sur votre addiction au streaming.

Tous ces choix, vous les avez faits sans débourser le moindre centime – cela vous a même permis de faire quelques économies. Pédaler chaque matin et limiter le temps d'écran, voilà qui vous a aussi fait du bien. En plus, vous avez baissé vos émissions annuelles de gaz à effet de serre de presque 3 tonnes de CO_2eq : pas mal quand la moyenne française tourne à 10 tonnes !

Si vous gagniez au loto, vous envisageriez d'ailleurs d'initier des chantiers plus conséquents : rénover l'isolation de votre logement, installer une pompe à chaleur alimentée par des panneaux photovoltaïques[1]... Le cabinet Carbone 4 a publié un rapport explorant la part des gestes quotidiens dans la réduction de l'empreinte carbone française. Bien qu'il soit focalisé sur un seul indicateur d'impact (le changement climatique), ce rapport est assez édifiant. On y découvre qu'en accumulant les changements de comportement les plus ambitieux possibles, vous pourriez réduire vos émissions de gaz à effet de serre de 45 %[2]. C'est énorme ! Pourtant, c'est insuffisant. Car pour atteindre ne serait-ce que les objectifs fixés par les accords de Paris, il faudrait parvenir... à 2 tonnes de CO_2eq par an et par personne, soit une réduction de 80 % si vous êtes dans la moyenne !

À ce stade, l'indignation vous submerge : tous ces efforts seraient condamnés à rester vains ?

En fait, la part restante sort de votre champ d'action directe. Elle relève de changements d'ordre collectif, qui se décident au niveau des collectivités, des États et des entreprises. Vous aurez beau investir dans une petite citadine électrique, les gains seront vite limités si vous roulez dans un pays qui produit son électricité avec du charbon. Et si vous privilégiez le bus pour réduire votre empreinte, ce n'est plus vous qui choisissez le type de motorisation ou l'itinéraire...

Dans un autre registre, jusqu'aux années 1960, nous fonctionnions essentiellement avec des circuits de consignes. Pouvons-nous imputer la disparition progressive de la consigne[3] à des choix de consommation ? Vous a-t-on seulement demandé votre avis ?

---

1 Rappelons qu'un des gros chantiers auxquels va devoir s'atteler le pays dans les années qui viennent est la rénovation thermique des bâtiments, l'habitat représentant une part importante dans notre empreinte environnementale.

2 Carbone 4, « Faire sa part ? Pouvoir et responsabilité des individus, des entreprises et de l'État face à l'urgence climatique », 2019.

3 « Recyclage : comment la consigne a disparu en France », *Le Monde*, 15 novembre 2017.

Probablement autant et de la même manière qu'on vous l'a demandé pour le déploiement de la 5G. Et quand un gouvernement préconise de baisser le chauffage en hiver en période de crise énergétique, non content de manquer cruellement de lucidité sur la précarité d'une partie de sa population, il oublie sa propre responsabilité ! Tant dans la gestion du parc français que dans la rénovation des passoires thermiques, laissée de côté au fil des mandats successifs, de droite comme de gauche.

De l'éco-enfumage à la diffusion de responsabilité : l'individu face au système

Politiques aux ambitions court-termistes comme grandes entreprises s'accommodent bien d'une vision individualiste et autoculpabilisante de l'écologie, qui participe au désamorçage systématique de toute action ambitieuse de leur part.

« Il est très bien comme ça, le monde ! Pourquoi changer[1] ? »

Façade pour l'inaction écologique, les petits gestes ne sont, dans ce contexte, qu'une forme néolibérale d'impuissance politique bien entretenue. On voit difficilement comment il pourrait en être autrement quand on considère les injonctions paradoxales dans lesquelles nous baignons en continu : cet « en même temps » dénué de sens, dont la réaction de notre société face au Covid-19 a fourni une parfaite illustration… « Restez chez vous, mais allez travailler », « Pensez à déconnecter, mais soyez réactifs ». Des injonctions qui relèvent parfois allègrement de l'oxymore, comme le fameux « traçage anonyme ».

Dans le champ de l'écologie, ces absurdités logiques prennent la forme de la « croissance verte », de « l'agriculture raisonnée » ou de la « consommation responsable ». Il ne faut pas trop se déplacer (ce qui est pertinent), mais on nous bombarde d'offres exceptionnelles pour partir en vacances. On nous alerte sur l'impact de la fast-fashion (ce qui est pertinent) tout en nous invitant à profiter des soldes. Et surtout n'hésitez pas à monter dans un jet privé, mais pensez à couper le wifi, pendant qu'on déploie la 5G en arrière-plan.

---

1 Réplique du film *OSS 117*.

Pour Bertrand Méheust, l'injonction contradictoire est assez représentative de notre époque, et ce n'est pas anodin : « utilisé à dose massive, l'oxymore rend fou ». C'est d'ailleurs son sens étymologique ! Et « transformé en "injonction contradictoire" par des idéologues, il devient un poison social[1] ».

Malheureusement pour nous, ce n'est pas parce que quelque chose d'absurde ou d'impossible est prononcé avec style que cela devient soudain possible dans le réel. Ces ambiguïtés ne contribuent d'ailleurs qu'à laisser une porte grande ouverte au greenwashing. Notre conscience écologique naissante conditionne de plus en plus l'image que doivent entretenir les marques[2] : il s'agit donc pour elles d'un nouveau segment de marché à conquérir. La crise énergétique en cours vient ajouter une couche, le corps politique multipliant les contorsions pour appeler *à la fois* à l'hypercroissance et à la sobriété. Or parler sérieusement de sobriété, cela signifie faire le constat des limites physiques du système et raisonner nos besoins en conséquence.

« Reste donc à élaborer une grille d'analyse qui permette de différencier les besoins "radicaux" ou "qualitatifs" de ceux qui sont purement artificiels et dispensables. Assouvir ces besoins augmente-t-il le bien-être de l'individu[3] ? »

Fin du monde vs fin du mois : vers une répartition des efforts

En 2021, afin de prendre conscience de la finitude de sa propre existence, Jeff Bezos a décollé à bord d'une fusée *Blue Origin* pour passer dix minutes dans l'espace, prendre un *selfie*, et faire un laïus sur la fragile beauté de la Terre vue du ciel – tout cela pour la modique somme de 200 à 300 tonnes de CO_2[4].

1 B. Méheust, *La Politique de l'oxymore*, La Découverte, 2009.

2 L'intention d'achat est près de deux fois plus importante chez les consommateurs qui perçoivent la « positivité » d'une marque et son engagement (« Observatoire des marques positives », par Utopies).

3 R. Keucheyan, *op. cit.*

4 Soit cinquante ans d'émissions pour une personne qui serait dans la moyenne planétaire (trente ans pour la moyenne française).

Pecunia non olet, il paraît que l'argent n'a pas d'odeur. Toutefois reconnaissez que ça sent un peu le gaz quand on s'aventure du côté des grandes fortunes. N'en déplaise aux fans de discours malthusiens du type « le problème c'est les Africains et les Chinois qui sont trop nombreux », le problème réside beaucoup moins dans le nombre d'humains qui gambadent à la surface du globe… que dans leur tendance à faire absolument n'importe quoi dès que le système leur en fournit les moyens[1].

Lorsque nous discutons de nos impacts personnels, nous nous référons souvent à l'empreinte carbone française moyenne. Celle-ci tourne aux alentours de 10 tonnes de CO_2eq par individu[2]. Bien qu'il s'agisse d'un outil formidable pour identifier les bons ordres de grandeur, il devient très problématique quand nous voulons nous projeter dans des changements individuels ou collectifs.

En effet, la moyenne d'un pays entier ne fait aucune distinction entre les différences d'émissions qui résultent des différences de richesse. Pourtant, la consommation moyenne d'une tranche plus restreinte, comme celle des 10 % les plus pauvres (4,7 t), n'a rien à voir avec celle des 10 % les plus riches (18,4 t). Ces derniers émettent beaucoup plus que les faibles revenus (d'un facteur 4) ! Si l'on considère que les émissions ne sont pas uniquement imputables à celle ou celui qui craque pour ce nouveau smartphone ou ces pots de yaourt à la vanille de Madagascar, mais également à l'actionnaire qui en récupère les bénéfices, on passe à un facteur 10. Et si on isole les 1 % les plus riches, la crème de la crème française (on parle donc des gens qui gagnent plus de 15 600 € par mois), les émissions par personne atteignent 77,5 t par an, soit sept fois plus que la moyenne… ou trente fois plus que la tranche des 10 % les plus pauvres[3].

---

1 E. Pont, *Faut-il arrêter de faire des enfants pour sauver la planète ?*, Payot, 2022.

2 Notons par ailleurs que l'impact environnemental de la consommation d'un citoyen européen moyen se situe en dehors de la *safe zone* pour l'humanité et ce pour plusieurs autres catégories d'impact, à savoir l'utilisation des ressources (fossiles, minérales et métalliques), l'eutrophisation de l'eau douce, la formation d'ozone photochimique, l'utilisation des sols et les émissions de particules.

3 En masse totale de gaz à effet de serre, ce groupe des « top 1 % » émet donc trois fois plus que celui des « bottom 10 % ». Ô surprise ! Réduire les émissions d'un petit nombre de riches s'avère beaucoup plus efficace que de réduire les émissions d'un grand nombre de pauvres.

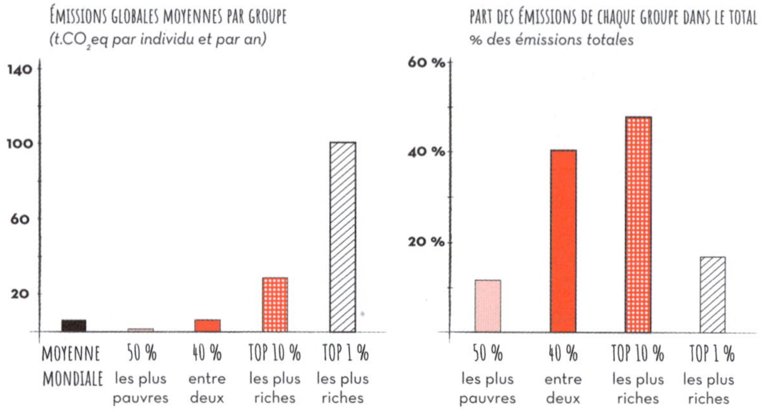

Émissions mondiales de gaz à effet de serre en fonction de la richesse (2019) : à gauche, émissions individuelles moyennes ; à droite, part des émissions totales

Source : adapté de L. Chancel, « Global carbon inequality over 1990-2019 », *Nature Sustainability*, 2022, vol. 5.

Ces chiffres sont hallucinants ? Eh bien respirez un bon coup, parce que ce n'est qu'un aperçu des disparités les plus monumentales. Ainsi il y a de fortes chances pour que Bernard Arnault, entre ses croisières en yacht, ses balades en hélico ou en jet privé, et ses apéros caviar-bœuf de Kobe dans l'une de ses villas, ait une empreinte carbone près de mille fois supérieure à la vôtre[1].

Vous pouvez prendre le problème dans un sens ou dans l'autre, il semble très clair que le mode de vie des personnes les plus riches (leurs choix quotidiens, leur conception du monde, leur déconnexion vertigineuse des ordres de grandeur normaux), est individuellement beaucoup plus polluant et destructeur que ne l'est collectivement le train de vie des plus pauvres. Et pas de bol, plus une personne enrichit son patrimoine, plus elle est en capacité de peser dans l'information ou la désinformation du public et dans l'élaboration des lois.

Les ultra-riches nous fascinent parfois, mais ils incarnent et entretiennent un monde de violence, où la réussite se mesure en termes de

1 R. Wilk et B. Barros, « Private planes, mansions and superyachts: what gives billionaires like Musk and Abramovich such a massive carbon footprint », *The Conversation*, 2021.

domination (sociale, technique, économique, politique), souvent avec des destructions écologiques en arrière-plan. Leur comportement est trop hors sol pour être compatible avec le bien commun. Admirer cette « réussite », c'est se priver de la possibilité de s'indigner du niveau de destruction que ces personnes exercent sur le monde. Et pendant que la majorité de l'humanité subit la crise environnementale de plein fouet, certains ultra-riches ralentissent sciemment toute tentative de changement.

La suite est logique. Les défis environnementaux ne seront tout simplement jamais relevés si nous ne relevons pas le défi de la justice sociale[1], en France comme dans le monde. Car c'est aussi l'inégalité elle-même, dans sa démesure et son omniprésence structurelle, qui a généré et renforce encore le couperet des effondrements écologiques en cours. Ainsi, pour la première fois de son histoire, l'humanité doit résoudre ses problèmes d'ego en interne pour espérer rester dans la partie.

Relever ce défi signifie répartir équitablement les efforts de sobriété à fournir. Même en redescendant d'un cran, le mode de vie des plus riches à l'échelle mondiale (ce qui est en France un mode de vie moyen) n'est pas universalisable dans le cadre des limites planétaires. Dans ce contexte, difficile de justifier le privilège qu'il représente !

Sans un effort collectif, sans un renoncement matériel et énergétique partagé équitablement[2], il y a fort à parier que de plus en plus de personnes voudront se faire justice elles-mêmes… À commencer par des pneus de SUV dégonflés dans les villes, des trous de golf bétonnés en période de sécheresse, des blocages ou du sabotage d'infrastructures industrielles[3] – actions d'une efficacité pour l'heure très relative, tant le rapport de force et d'influence est déséquilibré, mais avec une marge de progression proportionnelle à la violence que présente la situation.

1 De toute façon, vaudrait-il autant la peine de se battre pour l'écologie si le monde soutenable qui en découlait restait aussi inégalitaire que le nôtre ?

2 Plus on possède, plus il faut apprendre à renoncer !

3 S. MacMillan, *Résister à l'écocide*, LIBRE, 2022 ; A. Malm, *Comment saboter un pipeline*, La Fabrique, 2020 ; M. Löwy et D. Tanuro, *Luttes écologiques et sociales dans le monde*, Textuel, 2021.

Les changements individuels seraient donc inutiles ?

Tout ça peut avoir de quoi décourager nos efforts. Face à l'ampleur de la tâche et l'inaction totale du domaine public et économique, changer de comportement à l'échelle individuelle peut ressembler à un vain supplément de charge mentale. « Pourquoi j'arrêterais de rouler en 4×4 si ma voisine prend l'avion tous les quatre matins ? » s'insurgera tonton René.

Haut les cœurs ! Il y a plus d'une façon de voir que cette action a plus de sens que tonton ne semble le croire. Déjà, parce que tonton améliorerait un peu la situation en polluant moins, ce qui est mieux que rien, et au point où on en est, il faut faire des efforts partout où cela est possible. Ensuite, parce que, si certains choix individuels pèsent plus que d'autres, ils ne conditionnent pour autant pas tout. Dans un futur où les ultra-riches cessent soudain de polluer mais où tous les autres conservent leur mode de vie, le problème global ne serait pas réglé !

Plus largement, ce n'est pas parce qu'on a évité de tomber dans un biais de raisonnement (culpabiliser les individus en misant tout sur les écogestes) qu'il faut aussitôt tomber dans le biais inverse (dénigrer tout appel au changement individuel). Certes, l'effort individuel est insuffisant… mais il est *quand même* indispensable. Pour le dire en termes mathématiques, l'évolution des comportements individuels est une « condition nécessaire mais non suffisante » pour aller vers une société soutenable. Et il en est exactement de même pour les changements collectifs !

Ce n'est pas tout. En prenant ses responsabilités, tonton René contribuerait aussi à affaiblir la norme de l'inaction (par exemple en augmentant les chances que sa voisine questionne son propre mode de déplacement). On l'a évoqué à plusieurs reprises dans ce livre : nous nous concevons comme des entités indépendantes et maîtresses de leurs décisions, mais nous agissons aussi en fonction de ce que font les autres, et cette influence normative est parfois très forte. Ce mécanisme est souvent celui qui nous piège… Toutefois, il n'en est peut-être pas moins le meilleur outil pour sortir de là. Si vous voulez que des personnes autour de vous adoptent un comportement hors normes, vous pouvez essayer de les y obliger, de les supplier ou de les soudoyer, mais il y a fort à parier que le plus efficace sera d'adopter vous-même ce comportement, et de le faire ainsi entrer dans la *vie normale* des gens qui vous environnent, quitte à nager à contre-courant pour un temps.

Matrice des efforts

INDIVIDUEL	COLLECTIF		SOUTENABILITÉ DE LA SOCIÉTÉ
✗	✗	→	✗
✓	✗	→	✗
✗	✓	→	✗
✓	✓	→	✓

La porte logique « ET » pour un monde soutenable

Si vous avez beaucoup de visibilité, c'est ce qu'on pourrait appeler l'exemplarité. Si vous êtes une personne raisonnablement intégrée dans le réseau des relations sociales (famille, amies et amis, collègues), vous ferez bouger les normes à votre échelle. Il semble même que ces changements locaux pourraient mener à un point de bascule : il suffirait qu'une minorité atteigne une certaine masse critique pour infléchir la tendance globale des normes sociales[1].

Attention, quand on pense aux normes en question, un autre biais peut se glisser, qui consiste à considérer que l'engagement individuel ne s'incarne que dans des choix de consommation. Toutefois il est très réducteur de ne vous caractériser que par votre pouvoir d'achat. Il existe de nombreuses voies pour agir autres qu'acheter son café en vrac et manger bio. Le défi auquel nous faisons face est trop important pour être résolu par une liste de courses, et comme nous l'avons constaté, il faut forcément s'intéresser à un moment ou un autre aux rapports de pouvoir et aux structures de notre société… notamment en questionnant leur propension à concentrer à la fois la richesse et l'impact environnemental.

1 D. Centola *et al.*, « Experimental evidence for tipping points in social convention », *Science*, 2018, vol. 360.

Sur quels plans modifier nos comportements, alors ? Au risque de vous surprendre, derrière chaque consommatrice ou consommateur se cache également une personne qui vote et participe à la vie publique, une personne qui travaille, qui prend parfois des décisions pour une entreprise ou un pays, qui investit de l'argent, une personne qui peut avoir de l'influence, à petite comme à grande échelle. Emmanuel Pont parle des six axes de la responsabilité environnementale[1]. De notre côté, nous préférerons les voir comme des leviers d'action.

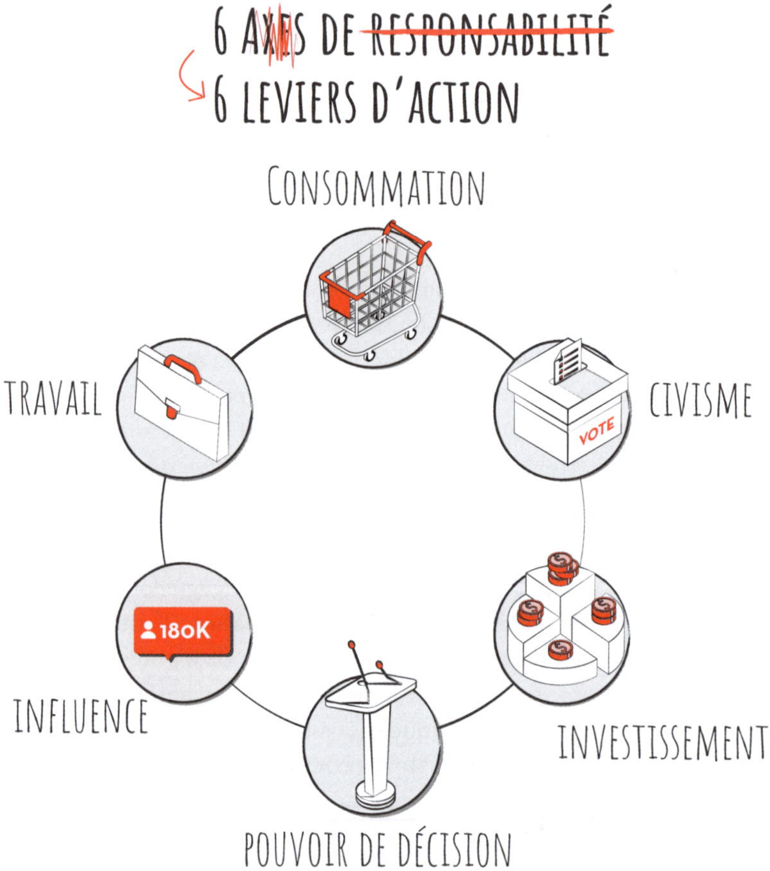

Comment agir ?

1 E. Pont, *op. cit.*

Vous remarquerez d'ailleurs que beaucoup d'entre nous ne font pas forcément le lien entre leur engagement intime et leurs choix au quotidien. D'autres encore agissent sur leur consommation mais ne font pas le lien avec leur vie professionnelle, comme s'il s'agissait d'un espace à part, hors de toute citoyenneté et de toute conséquence. Bien sûr, on touche ici à des choix profonds, compliqués, qui relèvent de notre organisation économique et familiale, et de l'identité que nous nous sommes forgée. Mais il faut garder en tête que certains de ces choix, grands ou petits, sont peut-être plus à notre portée qu'on ne le croit.

Par ailleurs, dans la mesure où l'adoption personnelle d'écogestes pourrait bien être une porte d'entrée vers un engagement plus large[1], il paraît crucial de tenir ces gestes en estime plutôt que de les dédaigner (tout en se gardant de les idéaliser). Pour la même raison, il semble également important d'envisager la responsabilité individuelle au niveau des personnes qui dirigent les entreprises et les États. Si ces personnes changent leur comportement personnel, on peut imaginer qu'elles seront un peu plus susceptibles d'orienter leur entreprise dans le bon sens. Et il ne s'agit pas uniquement d'exemplarité, mais bien de prendre des décisions ayant de grandes conséquences. En moyenne, près de 80 % des impacts environnementaux d'un produit sont déterminés dès sa conception[2]. Aujourd'hui, alors même que les entreprises font partie des acteurs indispensables de l'effort collectif, les dirigeants des grands groupes semblent être à côté de la plaque sur les enjeux écologiques[3].

La responsabilisation personnelle contribue aussi à redonner du sens à une vie – ce qui accessoirement est un bon moyen de devenir

---

1 Des études ont trouvé des corrélations positives entre le fait d'adopter un écogeste et certaines formes de participation politique. M. Willis *et al.*, « Does changing a light bulb lead to changing the world? Political action and the conscious consumer », *The Annals of the American Academy of Political and Social Science*, 2012, vol. 644 ; F. Vandermoere *et al.*, « Can sustainable consumption trigger political activism? An empirical investigation of the crowding-in hypothesis », *Sustainability*, 2020.

2 T.E. Graedel et B. R. Allenby, *Industrial Ecology*, Pearson, 1995.

3 « Les chefs d'entreprises sont-ils les dilettantes du climat ? », *La Revue des cadres*, octobre 2020.

plus heureux·se. D'ailleurs, peut-être que le monde changera quand donner un sens à sa vie ne signifiera pas quitter son poste dans une grande boîte pour lever des fonds et monter une start-up de poubelles connectées, mais plutôt essayer de se rendre réellement utile au bien commun.

Réussir à changer

Alors bien sûr, on ne passe pas en un battement de cils de la prise de conscience pendant une Fresque du Climat au sabotage des pipelines de TotalEnergies en Ouganda. Personne n'est parfait. Mais nous disposons toutes et tous d'un périmètre sur lequel nous sommes relativement autonomes, et sur lequel nous avons la possibilité de faire bouger les lignes.

Si le premier pas vous paraît insurmontable, rien n'empêche de commencer avec quelques écogestes simples. Cependant le monde change vite, et il est crucial d'aller rapidement au-delà. Face à un changement brutal, tout être vivant réagit toujours plus mal que s'il a eu le temps de s'adapter. Pour se donner de l'audace, mieux vaut en faire un enjeu d'entraide[1] que de compétition : pourquoi ne pas proposer à cette amie, ce coloc, à vos parents ou à tonton René, d'entreprendre le changement avec vous ? La question des comportements individuels, c'est aussi, sinon avant tout, une question de sens à l'échelle des relations quotidiennes. C'est aussi une façon d'apprendre et de s'approprier les enjeux écologiques dans notre contexte immédiat, et ainsi se constituer un socle solide à partir duquel on pourra s'investir dans des changements plus larges.

« La société n'est pas prête pour ça », peut-on entendre. Pourtant, elle n'a pas le choix : ces changements sont inéluctables. De plus, c'est en partie faux, comme l'a montré l'expérience de la convention citoyenne pour le climat. Réunissez cent cinquante personnes représentatives de la population française tirées au sort, formez-les sur les enjeux du réchauffement climatique, et demandez-leur d'élaborer des stratégies pour réduire nos émissions de gaz à effet de serre... Bien sûr, vu le

1 Pablo Servigne et Gauthier Chapelle, *L'entraide : l'autre loi de la jungle*, Les liens qui libèrent, 2019.

nombre de mesures retenues par le gouvernement, c'est un échec. Mais c'est aussi une énorme réussite, puisqu'on a vu qu'en informant correctement et en responsabilisant des personnes de tous horizons, y compris climatosceptiques, elles proposent en quelques mois le programme écologique le plus ambitieux de toute l'histoire politique française !

On l'a dit, notre société soutenable, quelle que soit sa forme, ne pourra reposer que sur une offre bien pensée répondant à une demande lucide. Or une bonne partie de ce livre montre que nos choix peuvent facilement être biaisés par une flopée d'idées reçues. Quand on affirme avec assurance qu'un *tote bag* est plus écologique qu'un sac plastique, c'est qu'on n'a pas apprécié la complexité du cycle de vie de ces deux alternatives et de leurs contextes d'utilisation.

Nous ne cesserons pas comme par magie de fonctionner sur la base d'idées reçues. Personne n'est doté d'omniscience ! Mais nous pouvons au moins réduire la marge d'erreur sur nos choix, en questionnant et nous renseignant, plus régulièrement et plus en profondeur, sur tout ce que nous faisons ou constatons. Vu le tableau actuel, on peut partir du principe que pour chacun de nos comportements, il y a toujours une amélioration significative à envisager. Et pour cela, il y a un écogeste fondamental qu'on a tendance à sous-estimer : prendre des décisions sur les sources d'information auxquelles on choisit de s'exposer, et sur le temps que l'on y consacre.

Au-delà d'apprentissages purement techniques, cela vaut pour tout : musiques, radio, podcasts, vidéos, live-streams, séries, jeux vidéo, livres, réseaux sociaux, pornographie… Durant l'essentiel de notre journée, nous faisons rentrer des mots et des images dans notre tête. Hormis pour ce qui relève des panneaux publicitaires, et modulo notre addiction favorisée par des algorithmes, nous avons généralement le loisir de faire des choix sur ce flux de concepts entrants. Ces concepts façonnent notre vision du monde, notre capacité à le comprendre ou non, à nous en détacher ou non. Ils déterminent notre fascination pour les ultra-riches ou les lanceur·euse·s d'alerte, pour les fusées Space X ou les low-tech, pour la compétition ou la coopération, pour la violence ou la bienveillance.

Nous avons une marge de manœuvre pour réduire ou privilégier certains contenus médiatiques. Ainsi il vous est possible, si vous le choisissez, de renforcer votre propre envie de changer, et de combattre votre envie d'utiliser des objets complexes inégalitaires, destructeurs du vivant, et contribuant à l'épuisement des ressources. Sans mener ce combat dans notre intériorité, comment espérer le mener à l'échelle d'une civilisation ?

Vers de nouveaux récits

Bon. On sent bien le vent tourner. À peu près tout le monde sait que le capitalisme et le néolibéralisme, dans les proportions qu'ils ont prises aujourd'hui, sont déjà morts. Et quoi que l'on pense de la décroissance, il s'agit bien ici de ralentir ou périr[1]. On ne coupera pas à une réduction de la taille de nos économies[2] – anticipée et relativement agréable, ou subie sans aucune équité sous forme de récession planétaire violente. Autrement dit, on peut foncer droit dans un mur avec notre caddie de supermarché en croisant les doigts pour atterrir à Poudlard, mais il est plus probable que les moldus[3] que nous sommes finissions notre course dans la douleur. Ou bien on peut ralentir le plus tôt possible, et essayer de lâcher le caddie pour changer de trajectoire.

Il est trop tard, pensez-vous ? Sans doute. Il est toujours trop tard pour les souffrances et les échecs passés. Nous ne cessons de perdre un temps précieux en enchaînant les désillusions face aux verrouillages de société. Mais nous n'existons que dans le présent, et comme dirait Gandalf, « tout ce que l'on peut décider, c'est ce que nous allons faire du temps qui nous est imparti[4] ».

1 En référence au livre de T. Parrique, *Ralentir ou périr*, Le Seuil, 2022.

2 Sujet traité notamment dans le livre d'O. Rey, *Une question de taille*, Stock, 2014.

3 Dans l'univers de Harry Potter, les moldus n'ont pas accès au monde de la magie.

4 Réplique du magicien gris dans *Le Seigneur des anneaux*.

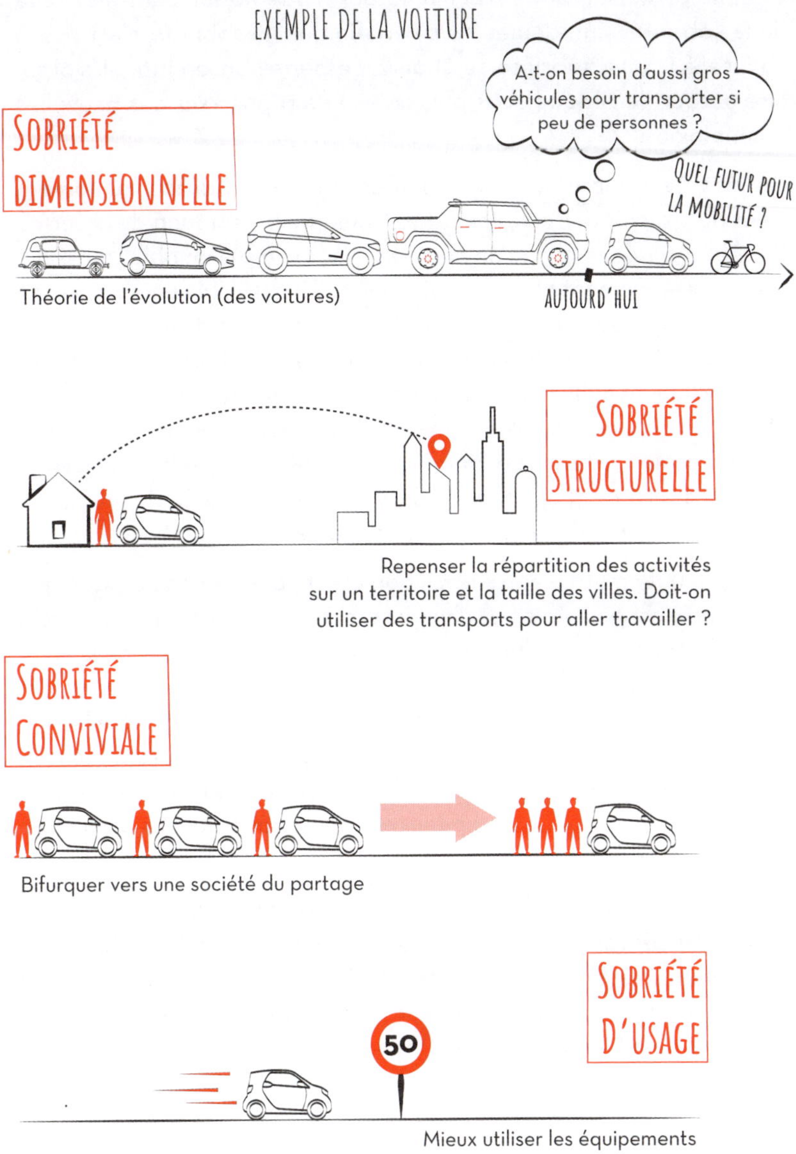

Différents leviers de sobriété (loin de la sobriété individualiste prônée par des politiques en cols roulés)

Comme on l'a vu, tout s'articule autour d'une notion centrale : celle de la sobriété. Anti-démesure par définition, la sobriété n'est pas la pauvreté (car la sobriété se choisit, se pense ensemble, et s'organise autour de l'équité), pas plus qu'elle ne repose sur des nouvelles technologies.

Ce piège est ancré dans notre culture moderne : quand le moment vient de trouver des solutions, il y a toujours la tentation de créer ou d'acheter quelque chose de nouveau, par exemple un objet qui fonctionne différemment et consomme moins d'énergie. Mais ce qui ressort de votre voyage écologique de Noël, c'est que dans de nombreux cas, la décision individuelle et collective la plus pertinente n'est pas de faire matériellement mieux. C'est de faire matériellement moins[1] ! Motoriser et conduire *moins*, emballer et jeter *moins*, élever et tuer *moins*, acheter et utiliser *moins*. Tant que créer signifie « créer et vendre en masse », donc détruire toujours plus d'écosystèmes et ajouter des usages à d'autres usages, alors il semble urgent de cesser de créer.

S'il y a lieu de mettre notre ébullition créative au service de quelque chose, ce n'est peut-être pas dans les prochains slips de bain connectés et le métavers… mais plutôt dans les autres façons d'être, celles que nous sommes encore incapables de visualiser, et dont nous avons pourtant tellement besoin. Pour Étienne Klein, « l'idée de futur a été laissée en jachère intellectuelle. Or croire au progrès c'est se représenter, configurer le futur à l'avance d'une façon qui est crédible et attractive. De sorte qu'on est d'accord pour travailler à faire advenir ce monde futur qui est désirable[2] ».

Comme l'explique Cyril Dion, l'essentiel de notre organisation et de nos croyances repose sur notre capacité à nous raconter des histoires. Le bonheur n'est pas conditionné à l'ultra-mobilité, la transformation du monde en poubelle, l'abattage de masse du vivant, la consommation effrénée ou à l'innovation high-tech. Tout ça est une *fiction*. Cette

---

1 « Qu'il s'agisse de réduire la probabilité que l'effondrement arrive, d'en atténuer la criticité, c'est-à-dire la violence de l'impact, ou de préparer l'après, il est aujourd'hui vital, au sens littéral, de modifier nos modes de vie et d'apprendre à vivre avec moins », énonce C. Morel Darleux dans *Plutôt couler en beauté que flotter sans grâce*, Libertalia, 2019.

2 Arte, France Culture, festival « Et maintenant ? Le festival international des idées de demain ».

fiction n'est pas écrite telle quelle dans les lois de la physique ou dans notre génome. Elle n'existe que parce que nous l'avons collectivement inventée, crue, et incarnée. Au point de ne plus être capables de voir que notre grand récit occidental a pris le pas sur beaucoup d'autres fictions possibles[1]... Or quand on y pense, notre scénario à nous est sacrément nul pour la majorité des personnages[2] !

L'avantage des récits, toutefois, c'est qu'on peut les réécrire, quitte à changer les scénaristes. C'est « par les récits que nous pouvons engager une véritable "révolution"[3] », et fort heureusement, ce ne sont pas les alternatives qui manquent quand on cherche à remplir le vide – ce vide existentiel qui sera laissé là, grand ouvert, après l'échec de notre civilisation. Du *buen vivir*[4] issu des cultures sud-américaines, où le bonheur relève d'un équilibre et le progrès ne se caractérise pas par une vision linéaire, à l'écologie Marronne[5], qui accorde une valeur non mesurable intrinsèque à la Terre... rien ne dit que le nouveau récit sera unique et spectaculaire, et rien ne dit que l'Occident en sera le héros.

Quoi qu'il en soit, il vaut mieux que ce récit émerge positivement, pour lui-même et parce que nous le voulons, plutôt qu'il soit subi et autoritaire (après tout, c'est ce qui nous pend au nez dans une économie en contraction). Vu l'inertie de notre système, il semble peu probable que nous éviterons certains gros dégâts à venir. Dans cette perspective, si des systèmes alternatifs ne se sont pas déployés entre-temps, il est crucial qu'ils aient au moins commencé à exister dans nos têtes et à être expérimentés, pour être immédiatement disponibles lorsqu'ils seront devenus les seules solutions viables.

---

1 D. Quinn, *Ishmael*, LIBRE, 2022.

2 Et ce depuis des siècles de colonialisme et de domination occidentale.

3 C. Dion, *Petit Manuel de résistance contemporaine*, Actes Sud, 2018.

4 A. Escobar, *Sentir-penser avec la Terre*, Le Seuil, 2018.

5 « La matrigenèse Marronne retrace les relations par lesquelles nous vivons sur Terre, où le monde se découvre peuplé de communautés humaines et non humaines qui habitent ensemble. Il s'agit de reconnaître politiquement cette qualité matricielle d'une Terre qui excède tout calcul économique et qui, en retour, met en lumière des obligations envers les ensembles qui la composent. [...] Ces ouvertures étaient toutes contenues dans ces refus premiers, les refus des inégalités, des humiliations et des destructions. Refus portés par la conviction profonde qu'un autre monde est possible. » M. Ferdinand, *Une écologie décoloniale*, *op. cit.*

Soyons optimistes : on peut espérer qu'à chaque effondrement de tel ou tel pan de l'échafaudage actuel, ces solutions alternatives préexistantes gagneront soudain en crédibilité et bénéficieront d'efforts renouvelés. Si notre imaginaire collectif est aujourd'hui complètement hors champ par rapport à ce que l'avenir nous réserve, il évoluera ainsi peut-être plus vite qu'on ne le croit. En ce sens, il y a beaucoup de conséquences positives à attendre du travail mental que nous aurons fait aujourd'hui.

ÉBAUCHE D'UNE DÉMARCHE POUR PENSER L'AVENIR

Fictions, médias, langage, symboles[1], valeurs, attitudes, choix de vie, peurs, désirs… Notre conception des futurs viables est si balbutiante ! C'est une immense opportunité créative, ainsi qu'un immense défi de communication. Par où commencer ? Bonne question. À tout hasard, on peut faire l'hypothèse de quelques principes utiles :

1. Fondamentalement, sans cesse, écouter l'altérité. Autre que vous et nous, autre que l'Occident, autre que l'humanité peut-être. C'est-à-dire faire preuve d'humilité, donc de recul, et se mettre en capacité de sortir de notre ornière mentale.
2. De là, faire preuve d'imagination à toutes les échelles, pour accompagner ce mouvement de sortie et en déployer les possibles.
3. Cheminer dans la complexité du réel au côté des scientifiques.
4. Envisager chacune et chacun notre propre place dans le récit, la façon dont nous pouvons nous épanouir en menant ce grand changement, dans les décennies à venir et dès maintenant.

1 Une partie de ces idées viennent de l'astrophysicien et militant écologiste Aurélien Barrau. Pour une réflexion approfondie sur le travail symbolique à mener, et pour plein de *punchlines* écologistes, n'hésitez pas à écouter une de ses conférences sur YouTube, telle que « Barrau chez Janco : exposé devant le Shift Project à Lyon », postée le 13 septembre 2022.

Vous n'êtes pas seul·e dans ce chantier. Des personnes qui font le monde de demain, même minoritaires, il y en a déjà plein ! Nouveaux repères, nouvelles références : quelle que soit la démarche, elles tentent des choses pour sortir de ce grand flou ambiant entre superflu et nécessaire, désir et besoin, plaisir et bonheur. Dans beaucoup de domaines, on est passé d'une écologie qui attendait que les autres agissent à une réappropriation citoyenne de ces enjeux. C'est le cas des monnaies locales qui émergent, des écoles alternatives, des employés qui quittent leur *bullshit job*[1] après un burn-out pour se lancer dans la paysannerie[2], des développeurs informatiques qui bifurquent vers une formation de réparateur de vélos... Tous les champs de compétences sont indispensables : une société ne se repense que dans son ensemble. C'est d'ailleurs en cela aussi qu'il est urgent d'adopter une pensée complexe, tant dans la représentation de notre empreinte environnementale que dans l'élaboration des solutions – en ne traitant pas les problèmes en silo, et en prônant l'interdisciplinarité.

De notre côté, un ingénieur en écoconception et un écrivain, nous essayons d'aider en proposant ce livre. Il nous reste beaucoup à apprendre à nous aussi, y compris de ce que nous avons écrit. On espère que ce travail vous sera utile pour avancer face à cet embranchement entre deux mondes : celui qui meurt et celui qui doit naître.

---

1 D. Graeber, *Bullshit jobs*, Actes Sud, 2019.

2 Bon, en l'état ça ne résout pas forcément le problème du burn-out.

REMERCIEMENTS

Ce livre est le fruit de plusieurs mois intenses de recherches et de rédaction, nourris par plusieurs années d'expérience dans le domaine de l'écoconception. Il n'aurait pas abouti sans le soutien et l'aide d'un certain nombre de personnes.

Nous tenons particulièrement à remercier Rachna Bhoonah, chercheuse en analyse de cycle de vie, pour ses retours quant au contenu du livre, ainsi que Christophe Gilabert et Anaïs Prévoteau pour leur soutien sur la mise en forme graphique.

De même, nous exprimons toute notre gratitude à Hugo Bouxom, chercheur en psychologie sociale, et Charlotte Polifonte (@mangeuse_dherbe) pour leurs regards sur les questions du carnisme et de l'antispécisme, ainsi qu'à Enzo Muttini et Lise Nicolas (M. & Mme Recyclage) pour leurs éclairages sur les réalités du recyclage de certains produits et matériaux.

Enfin, un immense merci à nos proches et ami·e·s, qui nous ont soutenus tout au long de cette aventure et qui ont su se montrer présent e·s pour nous challenger dans l'écriture des divers chapitres : Laura Bezault, Gabriel Frisch, Barbara Lacoste, Marie Rouvière, et, bien sûr, nos parents.

COPYRIGHTS DES VISUELS

Illustrations d'ouverture des chapitres : © Anaïs Prévoteau, à partir des illustrations Shutterstock suivantes :

p. 41 © Roman Belogorodov ; Patryk Kosmider

p. 51 © learningstock ; Tommy Alven

p. 63 © Moura Pereira ; WitthayaP

p. 97 © Wojciech Boruch ; Nils Z

p. 107 © Victor Moussa ; My Sunnyday

p. 117 © Nastelbo ; JIANG HONGYAN

p. 135 © MarcoFood ; Magdalena Wielobob ; Levent Konuk

p. 141 © Ermak Oksana ; trinessimo ; Timolina ; bigacis ; Anna Kucherova

p. 151 © Tanya Sid ; Eric Isselee ; beats1 ; Vitalina Rybakova

p. 159 © ppart ; Anton Starikov

p. 179 © Juliya Shangarey ; ukmooney

p. 185 © Arkhipenko Olga ; Andrei Dubadzel

p. 195 © Jure Divich ; Roman Samokhin

p. 203 © Vladimir Kazakov ; ROJ-THANAKORN

Autres illustrations : © Pierre Rouvière.

Achevé d'imprimer en France par la Sepec - 21682230104
Dépôt légal : Février 2023

IMPRIM'VERT®

PEFC 10-31-1470 / Certifié PEFC / Ce produit est issu de forêts gérées durablement et de sources contrôlées. / pefc-france.org